生活与哲学

陈先浩　著

苏州大学出版社

图书在版编目(CIP)数据

生活与哲学 / 陈先浩著. —苏州:苏州大学出版社,2010. 10(2011. 10 重印)
ISBN 978-7-81137-594-7

Ⅰ. ①生… Ⅱ. ①陈… Ⅲ. 哲学-基本知识 Ⅳ. ①B

中国版本图书馆 CIP 数据核字(2010)第 196356 号

生活与哲学
陈先浩 著
责任编辑 金振华

苏州大学出版社出版发行
(地址:苏州市十梓街1号 邮编:215006)
丹阳市兴华印刷厂印装
(地址:丹阳市胡桥镇 邮编:212313)

开本 850×1168 1/32 印张 7.5 字数 185 千
2010 年 10 月第 1 版 2012 年 10 月第 3 次印刷
ISBN 978-7-81137-594-7 定价:15.00 元

苏州大学版图书若有印装错误,本社负责调换
苏州大学出版社营销部 电话:0512-65225020
苏州大学出版社网址 http://www.sudapress.com

目　录

导 论 篇

生活，是人们永恒的话题。

生活，是一片广袤的原野，那里有清风徐徐，垂柳悠悠，蝶飞蜂舞，弦歌笑语；也有暴风骤雨，冰雪严寒。生活的新与旧、冷与暖、明与暗、曲与直、清与浊、美与丑、善与恶、奋起与沉沦、振作与失望、急进与彷徨、勤奋与懒惰、大胆与怯懦、开朗与忧愁互相交织、交替产生。生活的矛盾常在。

每一个人来到这个世界，都有属于自己的生活，或幸福，或痛苦；或美满，或辛酸；或平安，或灾难；或富裕，或贫穷；或荣耀，或平庸；或丰富，或贫乏。对于不同的生活境遇，有的人说是上帝安排的，有的人说是命中注定的，有的人说是客观环境决定的，也有的人说是自身经历造成的。的确，各人的命运是各不相同的，各人的生活境况也是各不相同的，就如同在森林里找不到两片同样的树叶一样。每一个人生活的各个年龄段也是不一样的，“童年是一场梦，少年是一幅画，青年是一首诗，壮年是一部小说，中年是一篇散文，老年是一本字典”，从而构成了整个人生多姿多彩的生活历程。

朋友，当你处于生活的某个路口，可曾听说在生活的门槛边，将会遇到把守大门的“斯芬克司”的质询？

在古希腊的神话故事中，相传忒拜城外有一个长着翅膀的怪物——斯芬克司，她有美女的面孔、狮子的身躯，长年盘踞在路口，向人们提出种种谜面，执拗地要求每一个过客回答谜底。人们如果不能猜出她的谜底，就会被她撕得粉碎并吞食下去。忒拜人深受其害,甚以为虑。后来,一个名叫俄狄浦斯的青年来到这里。斯芬克司出了一道深奥的谜题难为他——什么东西“在早晨四只脚走路,中午两只脚走路,晚间三只脚走路,在一切生物中这是唯一用不同数目的脚走路的生物,脚最多的时候,正是速度和力量最小的时候”。俄狄浦斯略加思考便猜中了谜底,斯芬克司因失败而感到羞愧,从悬崖上跳下自杀了。

俄狄浦斯猜中的谜底是——人。他回答说:在生命的早晨,人是最孱弱无助的孩子,他四足着地爬行。在生命的当午,他成为壮年,用两只脚走路 。但到了老年,已临生命的迟暮,他需要扶持,因此拄着拐杖,作为第三只脚走路。一个关于“人”的谜底,因被俄狄浦斯猜中,而翦除了斯芬克司妖女。

“斯芬克司之谜”虽是神话故事,其中却蕴藏着很多生活的哲理。恩格斯说过,斯芬克司就是大自然,它向每个人、每个时代、每个民族提出人生的路如何走的问题,谁能正确地回答她,谁就能生活得幸福,否则,就会落入斯芬克司的魔口,遭受大自然的惩罚。

那么,我们到底要选择哪一种生活方式呢?这方面的道理不少,可谓仁者见仁,智者见智。而真正形成共识的,那就是要学习哲学,懂得哲学,用哲理来回答斯芬克司生活之谜,用哲理来处理生活的矛盾,用哲理来引导自己的人生旅程。

什么是哲学?

“哲学”一词源于古希腊文,原由“爱”(Phileo)和“智慧”(Sophia)两个词所组成,意即“爱智慧”。在汉语中,“哲”的字义释为“聪明”、“智慧”。哲学,从字面上讲,可以称为使人聪明、给人以智慧的学问。所以,哲学,有的人又把它叫做“明白学”。

哲学,是通过人们的抽象思维,运用概念进行判断、推理,用逻辑论据对客观事物的本质和规律作出科学的证明。哲学不是针对某一具体事物的,它不能解决某个具体问题。比如,哲学不能盖房子、修机器,哲学只有看不见的用处。所以,哲学又被说成是“无用之学”。

哲学,究天人之际,将自然、社会、人生都包括在里边。科学地讲,哲学是一门关于世界观的学问。恩格斯断言,锻炼创新思维能力,“除了学习以往的哲学,直到现在还没有别的办法”。所以,有的人又把哲学和数学并列为“大学”、“科学之科学”。

哲学与生活是什么关系?

概括地讲,生活中时时处处有哲学,哲学就是生活观。

生活中时时处处有哲学

人生问题是个哲学问题。任何一门具体科学,无论是物理学、化学、数学、生物学、地质学等,都不能回答人生问题,不能解决人生的意义和价值问题。有人常说人生是个谜,是猜不透的谜。其实,对于具体科学来说,它也许是个谜,可对哲学来说却并不是谜,而是着力研究的对象。关于人生及人的生活,千百年来,无数哲学家和思想家们从各个领域提供过不少有启发的思考。因此,人要懂得人生和怎样生活,就必须进入哲学领域。只有哲学,才能找到人在宇宙和社会中的恰当位置,从宽广的视野、从最深最高的层次理解和把握人生及人的生活。

我们的日常生活,举手投足,吃喝拉撒,似乎和哲学离得很远。其实,我们每时每刻都在寻求出路,权衡得失,辨别美丑,决定取舍——这些都是哲学行动。是这些行动,或者说,是你的生活哲学,使得“你”成为“你”——既区别于“我”,又区别于“他”。人的生活就是哲学,你脑袋中的哲学发生了变化,你的生活就会发生变化。虽然哲学不能解决你生活中的面包和牛奶问题,正如“相对论”不能解决下水道问题一样,但它可以使你减少一些盲从,多一些独立思考的理性精神,这是无可争辩的事实。哲学虽无小用,但有大用。正确的哲学尽管不能直接帮助我们解决生活中所面临的具体问题,但能从根本上为我们解决这些问题提供一种理念和方法论;哲学尽管不能帮助我们具体去认识一个对象,但能从根本上帮助我们去把握这一对象的普遍精神;哲学虽不能帮助我们去作具体的判断,但可以从根本上为我们提供一种判断标准。谁愿意永远生活在被人“使由之”的状态中而茫然不知所措呢?谁愿意终生独步于人生的暗夜而不知所往呢?那么,除了学习哲学,靠近哲学,热情地拥抱这朵人类理性思维最精致的花朵之外,你还能有什么别的更有效的途径呢?

有的人讲,我没有读过哲学的书籍,不懂得什么是哲学,不是照常生活得很好吗?实际上,这是一种糊涂的观念。马克思有一个著名的论断:个人怎样表现自己的生活,他们自己就是怎样。诚然,历来不是“先学养子而后嫁”,许多人并不是先学了哲学再去生活和工作的。然而,这并不能说明他没有按哲学在生活。哲学是普遍存在的。可以说,在任何一个人的活动和经验中,都内在地包含着符合或是违背哲学的问题。生活好了,这只能说明你的生活方式自发地符合哲理。反之,生活得不好,也只能说明你没有按哲理生活。说这种话的人也无意中说出了真理的一个特性:当你按照它的要求去办事的时候,并不觉得它的存在,但只要你违背了它,就要受到惩罚。恩格斯说过:“人们远在知道什么是科学辩证法之前,就已经辩证地思考了,正像人们远在散文这一名词出现之前,就已经在用散文讲话一样。”不识哲学真面目,只缘身在哲学中。生活中时时处处有哲学,哲学的流水渗入生活的每一个缝隙,遍及人生活的方方面面。凡是成功者,都在有意或无意地按照哲理赋予的智慧与才学进行着实践。任何一个正常的人都有自发的辩证唯物思想,这是他在实践中自发形成的,只有傻子和疯子才是完完全全的唯心主义者。其实,只要你能在生活中认真地思考,深入地反省,那么,你就会切实地感到“处处留心皆学问”,时时都可发现哲学的踪迹,事事都可受到哲理的启示。

例如,你遇到一位阔别多年的老同学,从他外貌上看苍老多了,但从言谈中又发现他比过去老练多了。如果把“话匣子”打开,你们就会有许多的联想和感慨——觉得改革开放以来,国家变化大了,人们的生活好了,新生事物欣欣向荣,有些事物在衰老,逐渐地退出了社会舞台。总之,由你同学的变化,联想到事物的变化,已在你的头脑中闪现出“一切皆变”、“一切皆动”的观念。这时,你即使没有学过哲学,但实际上你已有了一定的哲学思考,也就是说,有了一定的世界观,只不过你没有自觉地意识到这一点罢了;甚至当别人给你指明这一点时,你还不以为然哩!因为在你看来,那位久别重逢的老同学引起的各种感觉都是“人之常情”,本属生活中常有的事,这与你原先想象中的那种高深的哲学学问挂不上钩。这恰恰说明你不知道生活中充满了哲学。

黑格尔说,既然生活是琐碎的,那么,就让我们谈哲学吧!

冯友兰先生在《中国哲学史新编》中讲得很明白:“哲学可以给人一种境界,人可以在其中心安理得地生活下去,他的生活可以按部就班地保持和平,也可以枪林弹雨地进行战斗。无论是和风细雨之下,或是惊涛骇浪之中,他都可以安然自若地生活下去。”

个人的生活离不开哲理的引导,一个政党、一个国家也同样如此。我们党有两次思想大解放:一次是延安整风运动,正是毛泽东同志的《矛盾论》、《实践论》,把全党的思想统一起来,从而使我们党进一步成熟起来,领导中国人民取得了民族革命和民主革命的伟大胜利。这场胜利,首先是马克思主义哲学的胜利。另一次是三十多年前的真理标准大讨论,这场决定中国命运的大讨论,又一次显示了哲学无比磅礴的力量,哲学作为锐利的思想武器的作用得到了充分的显示。一个哲学理论观点的讨论与新时期党的思想路线的确立、建设中国特色社会主义道路的开辟,在历史转折关头联系得如此紧密,这在党的历史上是绝少见的。

抛弃哲学是要受到惩罚的。尽管这个世界为不断藐视哲学而付出了惨重代价,但很少有人意识到他们究竟缺少什么。他们自以为是地活着,却不知这种消解意义、淡化价值、行尸走肉般的苟活并不是生活;有的人常常陷入莫名其妙的孤独和惆怅之中,却不知痛苦的根源究竟来自欲望还是无知;有的人小有成功就忘乎所以,稍有失败就怨天尤人;有的人经常不知自己究竟是谁,到底该想什么、能干什么,更不知应该怎样去干。于是乎,别人经商他也"下海",别人上岸他又跟上来晒太阳。这种缺乏行为指归的"群体力量"和"集体无意识",实在是太多太多了。但这些朋友往往不是坏人,勿宁说他们大多怀有美好的动机,但他们缺乏起码的哲学意识,不知唯物辩证法为何物,不知黑格尔与黑木耳有什么不同。这样的"好人"聚而成阵,就不可避免地要出现"人有多大胆,地有多大产"那样的雄心壮志,就必然形成某一地区"一收就死,一放就乱"那样的"活跃局面"。倘若此类人恰好成为某一地区的"父母官",那么,"原子弹不如茶叶蛋,手术刀不如剃头刀"的颠倒现象就在所难免,"说你行你就行不行也行,说你不行你就不行行也不行"的怪状大概又会层出不穷。不仅如此,什么"三年任务两年干,一年节省几千万",什么"不怕没条件,就怕不想干",什么"困难面前没英雄,英雄面前无困难",等等,各种貌似慷慨激昂,实则充斥主观唯心意志论色彩的漂亮口号就会如毒蘑菇般地遍布生活大地。流弊所至,便有见木不见林的形而上学的片面性,有不顾子孙后代死活的短期行为,有蔑视大自然的"大开发"、"大建设",有蔑视客观规律的一窝蜂,有不由分说的非此即彼。辩证法成了某些人手中的变戏法,于是乎,今天国民经济到了"崩溃边缘",明天又能吹气似地进入"历史最好时期"。这样的教训我们难道见得还少吗?日本《朝日新闻》的一个记者在《神秘莫测的国度》一文中形容中国人"说话慢吞吞,走路迈方步,做事从来不着急。但是一想到将来,就好像一个晚上就变了样"。这话也许还有失偏颇,但我们却不能不深思:为什么会给人家这个印象?有人大胆地提出:"要改造中国,必须改造中国人;要改造中国人,必须改造中国人的思维。”

有人说，哲学是一根风筝线，风筝就是我们的行为和实践。风筝线是由两股线拧成的：一股是唯物论，一股是辩证法。这两股线结结实实地系着实践这架风筝，这风筝不管多小，比如一个人；不管有多大，比如一个党和一个国家；也不管你飞得有多远，有时好像远得看不见，但还是离不开这根线，还是要把你拉回来。

我们的行为如果有失误，可以从多方面找原因，但最终却可以从哲学上找到原因。

建国以来，我们曾有几次想挣断风筝线远去，但最后都被拉了回来。第一次是1957年“反右派”，现在的结论是扩大化了。为什么扩大化？把形势估计错了，估计得严重了，主客观不一致，犯了唯心论的错误。第二次是1958年的大跃进、人民公社，想提早进入共产主义社会，人为地改变生产关系，忘了马克思说的：“无论哪一个社会形态，在它们所能容纳的全部生产力发挥出来以前，是决不会灭亡的；而新的更高的生产关系，在它存在的物质条件下和在旧社会的胎胞里成熟以前，是决不会出现的。”犯了唯心史观的错误。第三次是1959年的反右倾，庐山会议本来是要反“左”的，却开成了反右的会。这一次更是错估了形势，不但对大跃进、人民公社可能给社会生产力造成的破坏估计不足，而且对党内特别是高层的批评也看得过重，整出一个反党集团，犯的是主观唯心论的错误。连续三年三次错误，接着是三年自然灾害（三分天灾七分人祸）的惩罚，使人民生活几乎到了悲惨的地步。这时，头脑才冷静下来。但刚过了三年多，1966年又爆发了“文化大革命”，这是第四次错误。对此，我们党在哲学和思想上的结论是：“形而上学猖獗，唯心主义盛行，无政府主义、极端个人主义、派性严重泛滥。”我们又一次犯了唯心论、唯心史观的错误，比以前偏得更远。

十一届三中全会以后的胜利，首先是马克思主义哲学的胜利。因为这个新的历史时期的序幕就是从一场关于真理标准的论战开始的。我们在犯了四次大的错误之后，在四次想挣断马克思主义哲学这根风筝线而栽了大跟头之后，终于明白哲学这根线是不能断的，最终也是挣不断的。

十一届三中全会以来，我们有四次大的胜利：一是全党实现了工作中心的转移；二是由计划经济体制向市场经济体制的成功转变；三是改革开放以及西部大开发的战略调整；四是科学发展观的提出和实施。党和国家的事业在新时期要放飞得更高，人民生活要全面达小康，还是要回过头理好哲学这根风筝线。

哲学就是生活观

哲学并不“玄”，这个关于“世界观的学问”，并不是关在哲学家的书房里或高等学校的课堂中，而是深深扎根在人们的实际生活中。进一步讲，哲学就是生活观。

为什么说哲学就是生活观呢？

首先，从哲学要回答的基本问题来看，哲学要回答的基本问题是：存在是第一性的，还是意识是第一性的？恩格斯在马克思墓前讲了这么一段话：“人们首先必须吃、喝、住、穿，然后才能从事政治、科学、艺术、宗教。”这就是说，存在是第一性的，意识是第二性的。这是哲学必须回答的基本问题。既然承认存在是第一性的，那么，人们就得首先解决人生活的必需品。因此，哲学研究的对象就不能不是生活问题。哲学与社会活动、社会生活以及社会需要是分不开的，如果哲学脱离了社会存在和社会生活，不去研究实际生活中的基本问题，那就不是真正的哲学。

其次，从哲学的基本内容来看，在历史上，哲学家们无论把哲学看做什么，以什么作为对象，其实都没有离开人及人的生活，都是要为人类论证并追求一种合理的生存方式。区别在于，古代哲学立足于从理性来解释人的生活，把人的生活世界主要归结为理性世界；而马克思主义的实践唯物主义则立足于用实践来解释人的生活。在马克思看来，德国哲学是从天上降到地下，它虽然是从

"人"出发，却是从抽象的、理性的人出发解释人的现实生活。而马克思哲学则是从地上升到天，即把人的世俗生活上升为哲学。从生活的观点理解马克思的实践唯物主义哲学，既反映了哲学的主题是从关注自身世界到理性世界又转向生活世界的这样一种历史逻辑，也符合马克思创立新哲学的实际过程和思想本意。后来，列宁说，"生活，实践的观点是辩证唯物主义认识论首先的和基本的观点"，把"生活"与"实践"并列，也表述了对马克思哲学的这种理解。

再次，从哲学的基本任务看，当初，马克思从现代工业社会两极分化即分化为少数资产者和大多数无产者出发，把自己的哲学主要规定为无产阶级解放的思想武器。虽然他也提出人类解放的思想，但由于社会发展的限制以及后人解释的倾向性，这一思想并未真正地被人们理解和重视，至多把它推向遥远的未来。如今，随着全球一体化和人类之间的广泛交往，人类生活的普遍性、趋向性越来越突出，那么，马克思哲学对生活世界的关注就不仅仅具有阶级的价值，而更具有人类价值。另外，许多学者更多地把马克思关于生活哲学的论述，分别归于经济学、历史学、科学社会主义等，这就等于肢解了马克思的哲学，既把马克思哲学弄得脱离实际生活而显得枯燥，也不符合马克思创立新哲学的本意。再者，生活世界可划分为整体社会生活和个人日常生活。诚然，个人与社会、个人生活与社会生活是有区别的、有矛盾的。正如《日常生活》的作者赫勒所说："日常生活是在个人的直接环境中发生并与之关联，国王的日常生活范围不是他的国家而是他的宫廷。"然而，马克思在《1844 年经济学哲学手稿》中曾强调提出两者的一致性，认为应当避免把"社会"作为抽象物与个人对立。个人是社会的存在物，人的个人生活和人类的生活并不是相同的，个人的生活表现是社会生活的表现和确证。而在后来的发展中，只是强化了与整体生活的相关的部分，如生产力与生产关系、经济基础与上层建筑、阶级与国家、人民群众与英雄人物等，弱化甚至取消了与个人生活直接相关的部分，这就使得唯物史观越来越成为阶级、政党、国家以及政治家和思想家们认识社会、进行阶级斗争和社会管理的理论工具，而与百姓的日常生活愈来愈远。

本来，唯物史观对人类社会历史的研究，正是从日常生活的经验事实出发的，即"从现实的、有生命的个人出发"，承认"人们首先必须吃、喝、住、穿"，就是说首先必须劳动。从日常生活出发，既是唯物史观创立的起点，也是发展的源泉。到了现代社会，人类生存的主要矛盾已由自然伸向社会，随着自然界在越来越大的范围内、越来越深刻的程度上转化为属人世界，人实际上还要生活在他自己所创造的世界之中；而人类生存的主要矛盾，也转移到人同自己的活动及产物的关系上，人类发展面临的主要问题已不是人与自然关系上的"生存"危机，生存危机实质上在于社会，人类的"麻烦"源于自己。例如，近年来作为热门话题的所谓"生态危机"问题的实质不在自然界，也不在生产力、科学技术本身。所以，要解决人与自然界的危机，首先要调整好人类自身的观念和活动。

还有关于人的生活意义问题。生活的意义不是事实问题，而是价值问题。它主要不是回答人是怎样存在、怎样生活的，而是人为什么要生活，这样生活有什么意义，即生活的目的性和价值性问题。由于生活的意义是一个高尚的属于精神需求的问题，所以，人们往往鄙视人的肉体的存在和物质活动，而从所谓的高尚本意和精神需求出发去寻求意义，如人的理性、道德、信仰等。这样理解生活的意义固然高贵，而且也有必要，但却缺乏现实可靠的生活依据。而马克思仍然是从人类的生活世俗基础——劳动出发，去揭示生活的意义。按马克思的观点，劳动既是人类生命存在的基本方式，也是创造和体现生活意义的基本方式。在这个过程中，人类不仅得到了生活资料的满足，同时也享受到生命活动的意义和体验。特别是劳动作为创造性活动，它不是简单地复制一个自我，更不是肉体的自我,而是创造一个理想的自我。人总是有理想、抱负的,要做什么样的人,做什么样的事,会成为他一生追求的目标和生活意义。当他通过自己的劳动(或通过许多人的共同劳动)实现了这个理想和目标时,那就等于说他实现了自我,他也因此享受到人生最大的满足和乐趣。对于这个道理,黑格尔曾作过一个比喻:"例如一个小男孩把石头抛到水里,以惊奇的神色去看水中出现的圆圈,觉得这是一个作品,在这个作品中他看出自己活动的结果。"这里,把小孩的扔石头比喻人的劳动,水圈是劳动的外化以及自我复现,看水圈是对劳动成果的欣赏和体验。

过去评价生活意义,"成就感"往往是最重要的。一个人有了宏伟的志向,做出一番辉煌的事业,取得令人羡慕的成就,被人认为生活是最有意义、最有价值的。那么今天,随着人们的生活由理想转向现实,由崇高转向世俗,那些生活在社会底层的芸芸众生,他们的生活意义是否应该成为关注的重点?在我看来,这正是哲学所要研究和思考的问题,这也正是新哲学的生命力所在。

哲学与生活的关系就是如此的清晰。我们要使自己的生活过得美好,过得有意义,过得有价值,就要时时哲理性地对待生活,用哲学来引导生活。

人的生活是丰富多彩的,它植根于人的情操、情趣和情爱的感性世界之中。本书试从这几个方面来具体地、现实地领悟哲学与生活的关系,勉力为人们的生活提供一点哲理上的启示。

情操与哲学篇

一个人的理想越崇高，生活就越纯洁。

——伏尼契

生活好比旅行，理想是旅行的路线，失去了路线，只好停止前进。生活既然没有目的，精力也就枯竭了。

——雨果

情操：理想、信念，道德、情怀，感情、操守也。每一个人各自有着自己的信念和情怀、自己的道德和操守。而情操是高尚的还是低俗的，是向上的还是平庸的，决定着一个人生活的方向、生活的价值、生活的品位及生活的意义。加里宁说过："有理想的，充满社会利益的，具有明确目的的生活，是世界上最美好的和最有意义的生活。"列夫·托尔斯泰也说过："理想是指路的明灯。没有理想，就没有坚定的方向。没有方向，就没有生活。"因此，一个人要生活得有意义、有价值、有品位，就必须使自己有一个高尚的、积极向上的情操。

如何才能使自己有高尚的、锐意进取的情操呢？我看，一是立信念，二是重实践，三是常修炼。

立信念

如果不献身给一个伟大的理想，生命就毫无意义。

——何塞·黎

人有了物质才能生存，人有了理想才谈得上生活。你要了解生存与生活的不同吗？动物生存，而人则生活。

——雨果

信念：理想、志向、信仰也。

作为一个社会人，我们可以没有富足的金钱物质，可以没有成功的事业，可以没有许多东西，但我们绝对不能没有坚定的道德信仰和追求。人有了信仰才能有方向，才能把日常生活中的一点一滴做得更好。

正确的理想和信念从哪里来？培根说过："除了知识和学问之外，世上没有任何其他力量能在人的精神和心灵中，在人的思想、想象、见解和信仰中建立起统治和权威。"科学文化知识是一个人的精神食粮。一个人立身处世、建功立业，必须用科学文化知识来丰富和武装自己。"天行健，君子以自强不息；地势坤，君子以厚德载物。"智为进德之基，学为立身之本。学习和掌握的知识愈多，我们的眼界就愈开阔，精神就愈充实，思想境界就愈高。因此，加强学习，是我们应有的修养和必备的品质。"学习是工作，而且是重要的工作。"这一观念必须确立。一段时期，我们强调实践是检验真理的唯一标准，主要的是要反复阐明什么是检验真理的客观依据，并不是要告诉大家实践比知识和理论重要，可惜我们相当一部分人是这样认识的。

我们所说的科学文化知识，包括革命理论、科学技术和优秀的中华文化。我们能不能攀登这三座高峰，不仅关系到中华的腾飞，也关系到我们每一个人的命运。从确立积极向上的理想和信念来讲，主要的是要弄懂弄通马克思主义这门学问。

马列主义、毛泽东思想、邓小平理论是革命的真理、行动的指南，是世界观、方法论、正气歌，也是塑造美好精神境界的教科书。要辨是非、明大局、讲政治、会生活，不读这类书不行。“不懂理论，何以论理?”要到马列著作中去找立场、找观点、找方法，确立坚定的信仰，自觉抵制各种腐朽思想的侵蚀，使自己成为一个坚定的、清醒的、有作为的革命同志。所以，要把学习革命理论放在生活和一切工作的首位。

学习革命理论，树立积极向上的理想和信念

人不一定能使自己伟大，但一定可以使自己崇高。要做到这一点，生活就得有价值、有目标，一定要有所追求。韦伯讲，只有追求不可能的东西才能得到可能的东西。我们得到的可能不是理想的东西，但如果没有追求，我们就得不到任何现实的东西。一个失去精神家园的流浪汉，最终只会沦落为欲望的奴隶，而不可能升华为自己生活的缔造者。

15 世纪一个宗教改革家写过一本书，他在书中讲了自己青年时代的一个小故事，而正是这个故事改变了他的一生。

他说有一天，他路过一个烈日炎炎的巨大的工地，所有的人都在汗流浃背地搬砖。

他问第一个人：“你在干什么呢?”

那个人没好气地说：“你看不见啊，我这不是在服苦役吗?”

宗教改革家又用这个问题去问第二个人，这个人的态度要比第一个平和得多，他把手中的砖码齐，看了看说：“我在砌砖墙啊。”

后来，宗教改革家又去问第三个人，那个人脸上一直有一种祥和的光彩，他把手里的砖放下，抬头擦了一把汗，骄傲地说：“你是在问我吗？我是在盖一座教堂啊！”

大家看一看，这三个人做的事可是一模一样的，但他们给出的解释却是三个层次：

第一种人的态度我们称之为悲观主义的态度。他把我们所做的每一件事都看做是生活强加给他的一种苦役，他关注的是当下的辛苦。

第二种人的态度我们称之为职业主义的态度。他知道自己在砌一堵墙，这堵墙是一个局部产品，他知道要对得起今天的岗位，要对得起他那一份薪水、一个职务和职称，所以他的态度不低于职业的底线。这就是孔子所说的“器”的境界，作为一个容器的存在他合格了，但是他没有更高的追求。

而第三种人的态度我们称之为理想主义的态度。也就是说，他看到眼前的每一块砖，每一滴汗，他都知道这是在通往一座圣殿和教堂。他知道他的每一步路都是有价值的，他的付出一定会得到最终的成果。此时，他所做的事情绝不仅仅是作为一个器皿，而是关系到我们的生命、我们的梦想，关系到最终能不能建成一座教堂。而就是因为有这种追求，他成了一个超出平凡的个体。

人应该有一个积极向上的理想。生活的理想，就是为了理想的生活。理想，是有理之想，不是空想，更不是妄想。有人把理想看成是这样的：

理想是石，敲出的是火；
理想是火，点燃熄灭的灯；
理想是灯，照亮应行的路；
理想是路，引你走向光明；
饥寒的年代里，理想是温饱；
温饱的年代里，理想是文明；
离乱的年代里，理想是安定；
安定的年代里，理想是繁荣。

真正科学的理想，是对自然发展规律、人类社会发展规律的信仰和崇尚。而要做到这一点，就要学习革命导师的理论。

革命理论，是一种科学的信仰。它是建立在对世界态势正确的评判、对社会发展理性的思维、对人类走向科学的选择基础之上的。马克思主义不是伟大人物心血来潮的偶然发现，而是人类最先进的思想文化成果的集大成，是从知识的矿藏中提炼出来的真金。马克思从普通的商品研究开始，最终得出“社会主义必然胜利，资本主义必然灭亡”的科学论断，指引着人类前进的方向。毛泽东从“枪杆子里面出政权”的新民主主义理论到“只有社会主义才能救中国”的社会主义理论，把中国从半封建、半殖民地的旧社会引向社会主义的康庄大道。邓小平的“猫论”（不管白猫、黑猫，抓到老鼠就是好猫）、“摸论”（摸着石头过河）、“模论”（社会主义没有固定的模式），使中国走上了改革开放的道路，中国很快富裕起来。实践证明，他们的学说是正确的、科学的，是不能违背的。

学习革命理论，确立科学的世界观、人生观和价值观，正确地看待生活，选择人生

人人都有世界观，但有自发、零碎和朴素的世界观与理论化、系统化的世界观的区别，而马克思主义哲学就是理论化、系统化的世界观。马克思主义的哲学科学地揭示了自然界、社会和人类思维发展的一般规律，是“自己时代精神的精华”和“文明生活的灵魂”。

以马克思主义为指导的、以为人民服务为核心的、以集体主义为原则的无产阶级人生观和价值观，是高尚的、代表人类未来的科学的人生观和价值观。

只有将马克思主义的世界观、人生观和价值观树立为指导思想，才能真正掌握和运用其立场、观念和方法，才能从中获得思想指导、工作动力和精神支柱。有了正确的世界观，也就掌握了“实事求是”的根本观点及辩证的思想方法，才能善于分析各种复杂矛盾的问题，透过现象看本质，高瞻远瞩，见微知著，有政治头脑和战略眼光。有了正确的人生观，才能知道生活的本质、人生的真谛，摆正个人同社会及他人的关系，富有使命感，能做到淡泊名利，克己奉公，无私无畏，勇往直前。有了正确的价值观，才能使自己的目标设定和行为取向的选择，产生于科学的价值意识和正确的价值判断，由此获得的是正当合理和高尚的物质动因和精神动因，使生活充满价值和意义。在现实生活中，为什么有的人进步快、成就大，而有的人进步慢、无作为？为什么有的人人品高尚、为人正直，而有的人人格低下、处世庸俗？为什么有的人积极向上、乐于奉献，而有的人沉湎于享乐、精神颓废？说到底，前者有一个正确的世界观、价值观和人生观，而后者是理想淡薄，精神空虚，价值错位，人格分裂。因此，产生前后两种不同的生活态度和生活境遇就是自然而然的了。

古希腊哲人说过，知识即德性。对于每一个人来讲，志向坚定、信念正确、情操高尚都来源于理论素养的支撑。大量的事实证明，一些人，特别是一些有权力的人沉沦堕落之路，正是沿着理论贫乏——信念崩溃——心灵扭曲的轨道运行的。他们在是非、名利、荣辱、苦乐、清浊等面前定位迷失、选择不当、趣味低俗、行为卑琐，甚至走上犯罪的道路。我们强调以“德”育人，首先要克服在一些人中以文凭代替水平、以工作代替学习、以专业知识代替基本理论的错误观念。要使大家懂得，只有掌握正确的理论，才能具有科学认识主客观世界、驾驭主客观世界、改造主客观世界之“德”，才有高举远慕、慎思明辨、创新跨越的理性气度，才能真正坚定信念、信仰和信心，才能拥有底蕴、拥有力量、拥有品位、拥有真正的生活。“道生之，德基之。”胸无理论根底浅，腹有马列气自华。我们就是要以讲学习养志气、讲政治养正气、讲奉献养底气、讲负责养浩气、讲人格养骨气，志存高远、常怀敬畏，心不歪、身不斜、手不伸，慎独、慎始、慎微，无论在任何情况下，做人、做事、做官都要堂堂正正、勤勤恳恳、清清白白。

学习革命理论，掌握科学的思维方式和思想方法，正确地把握生活，驾驭人生

马克思主义既是正确的世界观，又是科学的方法论。方法要比结论甚至理论体系具有更大的价值。黑格尔讲过，方法不是外在的形式，而是内容的灵魂。恩格斯也说过，在一切哲学家那里，体系只是暂时的东西，但包括在体系中真正有价值的方法却可以长久地启人心智、发人深思。一般说来，结论总不免受到时代条件的限制，它们可能随着时间的推移而过时，可能有必要作重大的修正，也可能是错误的，但正确的方法却能给人们指出独立思考的合理途径。方法是理论体系的精华。马克思主义历来重视方法的制定和运用，恩格斯在谈到马克思创造性地运用辩证方法时说："这个方法的制定，是一个其意义不亚于唯物主义基本观点的成果。"俄国早期马克思主义思想家普列汉诺夫也强调："理论体系中最有价值、最值得珍视的是科学的研究方法。"因此，我们要正确地运用马克思主义的方法论，在复杂的社会生活中紧紧地把握好自己的命运，驾驭好自己的人生，做一个生活的强者。

要善于用系统的观点把握生活

事物是互相联系的，生活是社会化的，工作是一环扣一环的。我们不能孤立地去看待社会、生活和工作，要善于区分主要矛盾和次要矛盾。在集中主要力量抓生活和工作中最重要、最具有决定意义的问题的同时，要兼顾其他问题的解决，突出重点，带动一般。我们不能抓了西瓜丢了芝麻，更不能捡了芝麻丢了西瓜，使生活出现缺失。要统筹兼顾，全面系统地安排好生活的每个细节，使生活充满节奏感。

要善于用联系的观点选择生活

孔子说："己所不欲，勿施于人。"这就是人际关系的辩证法。

要在事物的普遍联系中找准自己的生活定位和生活方式，但也不能把自己的思维定式和生活取向强加于人。同时，在人际关系上，不要理会一些妨碍你进取的东西，要集中精力干你的正事。你不理睬它，那些妨碍你的东西就不起作用了。人的生活不是孤立的。社会是一个有机的整体，每一个人在社会中既是“我”，又是“你”，还是“他”，要把生活看做是一个合作的舞台，而不是角斗场，能做朋友尽量做朋友，不能做朋友也不做对手。世界大得很，给了每一个人足够的“双赢”空间。

要善于用发展的观点去创造生活

现在的生活充满竞争，竞争不承认过去，只承认现在和将来。我们要用发展的观点认识改革，认识自我，向前看，搞创新，紧跟时代的步伐。要注重抓机遇，人的生活经常处于选择之中，选择这选择那，最终选择的是客观现实为你所提供的各种机遇。只有着眼发展，着眼长远，才能作出最佳选择。

要善于用质量互变的原理去取舍生活

生活中的任何事物同时具有质和量两个方面。质和量的统一，称为度。度在把握上是有层次的。儒家把不偏不倚、无过无不及作为品德修养和处理事情的基本原则和方法。度的层次有三：一是水到渠成，恰到好处。成都武侯祠中有一副很有名的对联：“能攻心，则反侧自消，自古知兵非好战；不审势，即宽严皆误，后来治蜀要深思。”这里的“攻心”“审势”都有“度”的意思。“度”掌握得好，“反侧自消”，“宽严不误”，否则，“反侧难消”，“宽严皆误”。二是深思远虑，留有余地。留有余地不是消极的，而是积极的。在条件不完全具备、时机尚未成熟时，宜行则行，宜止则止，无疑是明智之举。有时，退一步是为了进两步。三是宁可不足，不要过头。不足是量变，可以弥补；过头是质变，难以挽回。在利害之间是“两利相权取其重，两害相权取其轻”。

要善于用因果关系驾驭生活

生活中的原因和结果是事物之间的一种普遍联系。世界上不存在没有原因的结果,也不存在没有结果的原因。事物之间的因果关系不仅是普遍存在的,而且是前后相继的。“凡事预则立,不预则废。”通过因果原理,我们可以把对现实的原因的认识转化为对未来结果的认识。科学驾驭因果关系,就能从现实事物的肯定中推断未来的否定形式,从而牢牢掌握生活的主动权,提高生活的预见性。

学习革命理论,为生活创造精神和物质财富

革命理论,正确思想,可以成为一个人宝贵的精神财富。有了理论的指导、理想的指引,就能保持政治上的青春,成为生活的乐观主义者,胜利面前不自傲,困难面前不悲观,始终是生活的强者。尤其应当看到,市场经济的双刃剑,既带来了优化资源的配置、激励竞争、开拓进取等正面效应,又衍生出经济活动无序、追逐金钱等负面效应。价值多元,利义交叉,社会生活世俗化,一方面使人们的思想更加活跃,趋于实际,自强不息,焕发出更大的热情,投入到社会生活中去,创造出更多的社会财富;另一方面,又使不少人在思想观念上淡薄精神诉求,活着只是为了生存,生存只是为了活着,对人生再无更多的追求。这种人的生存状态与动物相差无几,必然出现物欲横流、金钱至上、信仰迷失、方向错位、自我膨胀、心境浮躁、道义沉沦,“颠狂柳絮随风飘,轻薄桃花逐水流”。有人讲,当代有些中国人曾跌过两个跟头:第一个跟头,在“文革”期间受“左”的思想影响,把财富与资本主义等同起来,认为越穷越革命,阻碍了社会主义现代化建设的步伐;第二个跟头是在实行改革开放后,受拜金主义影响,放弃理想和精神追求。金钱与物质,不是财富的全部,许多财富的物质表现形式,仅仅是一种功能。像一百元与一万元的一块手表,五十元与五千元的一件衣服,并没有本质上的区别。一个人最大的财富，在他自己的心灵中。人只要拥有思想、知识、智慧，就可以从无到有，不断地创造出各种有形的财富。人在追求物质财富时，应当把精神力量放在第一位。美国科学家富兰克林说过："空无一物的袋子是难以站得笔直的。"一个人如果失去了精神支柱，就和空袋子一样，是站立不起来的。一个人一旦失去了崇高理想的精髓，注进所谓"实惠"的脊液，便只有去爬行。而一个国家、一个民族，如果没有远大理想作为前进的支柱，那就永远不会强大起来。我们只有信马列之说，承毛邓之学，传华夏之魂，才能怀囊宇之心，振中华之兴。

有人讲，追求理想，提倡崇高，能解决吃饭问题吗？是的，在市场经济条件下，"钱不是万能的，没有钱是万万不能的"。然而，追求理想与创造物质财富并不是矛盾的。美国某调查组调查一商学院的1500名学生上大学的目标是什么，其中1248人回答是发财，250人回答是追求理想。20年后跟踪调查的1500人中101人事业成功，而101人中100人是当初回答追求理想的那些学生。这个事情从一个侧面告诉我们，一心追求物质财富的人可能适得其反，而追求理想可能反而使自己与物质财富靠近。

马克思、恩格斯认为："理论在一个国家的实现程度，决定于理论满足这个国家需要的程度。"随着时代的发展，实践程度的加深，人们会愈来愈多地信奉马克思主义，而马克思主义将愈来愈以其无可争辩的真理的光辉，照亮我们生活的道路。

重实践

不要忘记自己走过的人生道路，那些洒着汗珠闪着光彩的路，那些惊心动魄披荆斩棘的路，那些崎岖不平备尝艰辛的路，那些浸透泪水充满痛苦的路……自己走过的路，是自己最宝贵的财富。只有记住这些路，才能走好以后的路。

——托·斯尔基夫

生活得最有意义的人，并不是年岁活得最大的人，而是对生活最有感受的人。

——卢梭

生活的信念，是靠实践感悟的。书本上的、课堂上的、旁闲人说的，都靠不住，只有通过自己的亲身实践，才能感受到生活的真谛。生活的道路有不同的选择，生活的目的有不同的定位，生活的价值有不同的取舍。而这些，只有投入到火热的社会实践中才能领悟和锻造出积极向上的生活情操。

用实践检验真理

珍珠是不会泛到水面的，要寻找它，必须冒着生命危险潜到深水里。

——弗洛列斯坦

生活中的道理看起来简单，但只有在实践中才能感悟其真伪和对错。"实践是检验真理的唯一标准"，这是一个简单明了的哲学道理，可它却经历了一场大风大雨、大是大非的斗争才争得其合法的地位。在社会生活中我们常常看到，明明是对的，有人讲是错的；明明是错的，有人讲是对的。比如马寅初在上个世纪50年代提出两大理论：一是"人口论"，二是"团团转"理论，都被批了，经过三十年的实践证明却是对的，实践才是最终的审判官。中科院院士沈鸿有一次谈及企业请他题词，他写了两句话："国家第一、用户第一、质量第一、服务第一，才算第一；知彼知己、知人知事、知前知后，才算真知。"说到这里，他又说："现在习惯上都说知己知彼，百战不殆，其实，孙子兵法的原文是‘知彼知己、百战不殆’。”这看来只是一个词序的问题，其实涉及一个哲学问题。究竟客观（彼）重要，还是主观（己）重要？究竟是从客观出发，还是从主观出发？搞发展最重要的是“知彼知己”。也就是说，客观存在是第一位的，主观意识是第二位的。中央党校杨春贵教授在一次发言中讲：邓小平建设有中国特色社会主义理论的精髓是解放思想、实事求是。它突出地表现在五个方面：破除“两个凡是”的禁锢，坚持实践是检验真理的唯一标准；破除计划经济的樊篱，坚持走自己的路，建设有中国特色社会主义；破除“左”的思想，坚持以社会主义初级阶段作为制定政策的依据；破除离开生产力抽象谈论社会主义生产关系的唯心主义观念，坚持以“三个有利于”作为判断是非得失的根本标准；破除把马克思主义教条化的思想，坚持“依据新情况，继承和发展马克思主义”。一句话，要实事求是，要用实践来检验真理、发展真理。对“实事求是”四个字，认识不能简单化，应当有一个完整和科学的理解。如果用一个简单公式来表述的话，我想应该是“实事——求是——实践——完善”。“实事”就是客观存在的事物。观察客观存在的事物，并不简单。第一要客观地看问题，不要主观地看问题；第二要全面地看问题，不要片面地看问题；第三要看问题内在的联系，看它的本质，不要停留在表面即现象上。“求是”就是找出客观事物的规律性，找出解决问题的正确答案，即找出最佳方案或作出最佳选择。要做到这一点也不容易，这需要经过一番“去伪存真、去粗取精、由表及里、由此及彼”的功夫。求出了“是”，还不能到此为止，还要付诸实践，要经过实践检验。实践检验的结果，正确的就坚持，错误的就修正，不足的就补充，粗糙的就提炼，这就是“完善”的过程。“实践”和“完善”是“求是”的继续。

实践出真知，实践长才干。列宁有一句名言叫“一步实际行动比一打纲领更重要”。这不但对革命事业来说是真理，对人们获得知识、辨别真伪也是真理。要获得真知,必须靠实践。南宋陆游的诗说:"纸上得来终觉浅,绝知此事要躬行。"所谓"躬行",就是亲自实践。"何处是归程,长亭更短亭",这种哲学式的追问,也抒发了先人社会实践的艰辛以及对美好生活家园的不懈追求。

孙中山认为,中国人的软弱是因为他们接受了以往一些哲学家的说法,即"知易行难",所以他们不愿意去行动,害怕在行动中犯错误而无所作为。而日本人的力量,正在于他们即使在无知时也去行动,通过自己的一些错误去进行认知。所以,行动要比认识更重要。

在实践中认识自己

欲知人者,必先自知。

——佚名

中国儒家讲"格物、致知、诚意、正心、修身、齐家、治国、平天下"八条目,重点和中心是在实践中,以"诚意、正心、修身"为根基,不然"齐家、治国、平天下"将一事无成。西方自古希腊起就把认识真理放在首位。对外,要认识自然、认识社会;对内,要认识自己。

老子认为,知人者智,自知者明,胜人者力,自胜者强。大家都认为知人难。孔子说过:"吾以言取人,失之宰予;以貌取人,失之子羽。"因为知人难,就有诗云:"虎豹不堪骑,人心隔肚皮。休将心腹事,说与结交知。"这就是大家常讲的"见人只说三分话,不可全抛一片心"。但若听了这些人心惟危的古训,可与言而不与言,就难免失人,而失人招忧。

知人难,知己呢?人多说,知己更难。有人问什么是英雄,一位思想家讲:"自知者英,自胜者雄。"自知自胜就是英雄,不自知不自胜就是懦夫。因为人不是不能自知自胜,而是不愿或没有勇气自知自胜。有一段诗这样写道:“你的身旁有阴影,只因为你自己,挡住了阳光;不能把阴影甩到背后,只因为你没有,朝着太阳的方向走。”古希腊时戴尔菲的神庙大门上镌刻着一句警言:“认识你自己。”是的,在很多时候,很多人并不知道自己是个什么样的人,这不仅是人们常常存在的误区,而且往往也是人类很难超越的人性弱点。

认识自己的困难也在于“我”的复杂。每个人身上都有四个“我”:一是公开的我,自己知道,别人也知道的部分;二是隐私的我,自己知道,别人不知道的部分;三是背后的我,自己不知道,别人知道的部分;四是潜在的我,自己不知道,别人也不知道的部分。前两种可以说是浅层的、易于认识的。绝大部分的盲点则在后两种,自我感觉良好,时常沉溺于自恋幻觉之中,总将当面的恭维和逢迎的捧场视为全部的评价,这是因为不知道背后的我;自卑自贱、自惭形秽者则失落于不知有潜在的我。

俗话说:“可怜之人,必有可恨之处。”一个可怜的人,一定有其可恨的毛病。反过来说,一个有可恨毛病的人,一定会有可怜的命运。而要改变一个人的命运,首先就要让他有自知之明。人生第一要紧的是发现自己,而发现自己、认识自己靠什么?实践是人生最好的老师,只有在实践中才能真正地认识自己。

在现实生活中,我们常常对自己的长处熟视无睹,而偏偏要发挥自己的短处。为什么会这样呢?因为我们对自己没有一个清醒的认识。为什么没有清醒的认识呢?因为缺乏实践方面的经验或教训,常常被自己的欲望所左右,常常生活在虚荣心之中,常常在追逐虚假的我,而把真正的我抛在一边。

人们都知道世界著名文学家马克·吐温的名字,但殊不知正是这个马克·吐温,最初并没有认识到自己的长处和短处,他仅凭自己的欲望和追逐时髦的心理选择了经商。美国是一个商业社会,商人的地位高,经商也能获得很多实惠,但马克·吐温的长处恰恰不在这里。他第一次经商是从事打字机的投资,因受人骗,赔了十几万美金。他心里不服,认为自己对图书比较了解,从事出版一定能发财,于是他又办起了出版公司,因为不懂经营,又赔了很多钱,全部家产几乎赔光。他痛不欲生,想一死了之。他的妻子是一位聪明贤惠的女人,她深知自己丈夫的潜在能力不在经商,而在文学创作上,便耐心地劝慰马克·吐温选择了自己的长处——文学创作。于是,马克·吐温一举成名,后来成为世界闻名的文学家。倘若他不选择自己的长处,恐怕世界上就会少了一位文学家,而商场上又会多了一位默默无闻的失败者。

休谟说:"一个人不论赋有什么样的才具,他如果不知道自己有这样的才具,那么才具对他便完全无用。"

马克·吐温的故事说明了一个道理:一个没有成功的人,仅仅是一个还没有认识自己的人。一旦他认识了自己,他也就走上了成功之路。马克·吐温的人生实践就是这样地告诉我们:人贵有自知之明。

人怎样才能做到自知之明呢?

汪伯伦在作品里讲了一个狐狸觅食的故事。狐狸在欣赏自己晨曦中的身影时说:"今天我要用一只骆驼做午餐呢?!"整个上午,它奔波着,寻找骆驼。但当正午的太阳照着它的头顶时,它再一次看了一眼自己的身影,于是说:"一只老鼠也就够了。"狐狸之所以犯了两次错误,与它选择的"晨曦"和"正午的阳光"作为镜子有关。"晨曦"使它自大,"正午的阳光"又使它过于自卑。

一个人要能做到自知之明,首先要确立自信,其次要克服自大,最后要战胜自己。

确立自信

自信,就是自己要相信自己。自信的人胆大,自信的人英勇,自信的人坦诚,自信的人开朗,自信的人乐观,自信的人豁达,自信的人热情,自信的人勇于实践,自信的人热爱生活,自信的人快乐,自信的人容易接受自己的缺点，自信的人对自己较负责，自信的人容易接受现实，自信的人富有同情心，自信的人更具有爱的能力，自信的人更民主。

自信是人格的核心力量，它与自我实现同属人性最伟大的潜能。

我们要往哪里去找自信呢？我们不用像唐僧到西天取经一样历经无数的劫难，其实，自信就在自己的体内，就在平时的生活实践之中。在人生的舞台上，每一个人都是自己的主角。

有这么一个故事很耐人寻味。说的是有位同事，总是管不好自己的钥匙，不是丢了，就是忘了，要不就是反锁在自己的门里边。而他的301室办公室就他一个人，老是撬门也不是个办法。于是配钥匙时他多配了一把，放在302室的办公室里边。这一下无忧无虑过了好些时日，有一天他又未带钥匙，恰好隔壁的人都出去办事了，他又“没门了”。于是他在303室也放了一把钥匙，多多益善，最后变成了这样：有时候，他的办公室所有的人都能进得去，只有他进不去。

这个故事说明一个问题，在现实生活中放弃自己的权利，让别人的意志决定自己生活的人实在不少。失去了自我，也就失去了自我追求和信仰，也就失去了自由。这样，自卑就会随时压迫你，迫使你归入到黑暗中去，最后变成一个毫无价值的人。人生最大的损失莫过于失去自信。

还有一个故事，说的是一位画家把自己的作品送到画廊里展出，他别出心裁地在画旁放了一枝笔，并附言：“观赏者如果认为有欠佳之处，请在画上作记号。”结果画面上标满了记号，几乎没有一处不被指责。过了几日，这位画家又画了一张同样的画拿去展出，不过这次的附言与上次不同，他请每一位观赏者将他们最为欣赏的妙笔都标上记号。当他再取回画时，看到画面上又被涂满了记号，原先被指责的地方，都换上了赞美的标记。

这位画家不受他人的操纵,充满了自信。正像林润翰先生所言,他"自信而不自满,善听意见却不被其左右,执着却不偏执"。

上面两个主人公,前者过高地估计了他人而过低地估计了自己,没有认识到自己所拥有的能力,总觉得自己不行,就必然依赖别人,受他人的操纵;后者因为用正确的观点评价别人和看待自己,所以在任何情况下,都不会迷失方向,充满着自信,永远不受他人操纵。

克服自大

自大,就是人为地抬高自己,或是自认为什么都比别人强,从而盲目自信,自诩清高,目中无人。这不仅办不成事,而且会失去朋友,失去帮助,在生活中总是吃亏。

生活中一个无法回避的事实是:每一个人的能力都是有限的,没有一个人样样精通。历史上被誉为"万世师表"的孔子,可谓无所不知的伟大圣人了。可是,当他的学生樊迟问他怎样种植庄稼和蔬菜时,他都汗颜惭愧了,说自己种田不如农夫,种菜不如老圃,还说自己信不如颜回,敏不如子贡,勇不如子路,庄不如子张。圣人有如此自知之明,敢于表白自己的短处,这是他自知"金无足赤,人无完人"之理。圣人尚且"不完",常人就更不在话下了。看来,这个世界上十全十美的人是不存在的,但这也是人生一大幸事,正因为没有"完",才给我们每一个人留下一条努力奋斗的路,让大家在这条路上争取渐臻于"完"。反之,当自己认为什么都比别人高明时,失败就离他不远了。

从前有一位博士搭着船过江,在船上他和船夫闲谈。他问船夫:"你懂文学吗?"船夫回答:"不懂。"博士又问:"那么历史学、动物学、博物学呢?"船夫又摇摇头。博士嘲讽地说:"你样样都不懂,是个饭桶。"

不久,天色忽变,风雨大作,船即将倾覆,博士吓得面如土色。船夫就问他:"你会游泳吗?"博士回答:"不会,我样样都懂,就是不懂得游泳。”

正说着，船就翻了。博士大声呼救，船夫一把将他抓住，把他救上岸，笑着对他说：“你所懂的，我都不懂，你说我是饭桶；但你样样都懂，就是不懂游泳，要不是我这个饭桶，恐怕你早就变成水桶了。”

有的人总是把自己看得很重要，但事实上，少了他，事情一样可以办好。每一个人都要记住，自大是失败的前兆。

当然，并不是讲自大的人丝毫没有长处，自大的人往往有突出的特长。正是这一点使他感到有优越感，而这种优越感不断地上升，便使他变得目空一切，飘飘然而不知天高地厚，失败就是难免的了。

曾国藩和左宗棠都是清朝的大臣，朝野一般都以“曾左”并称他们两人。曾国藩年长于左宗棠，并且对左宗棠也曾予以提拔，但左宗棠颇为自大，从没有把曾国藩放在眼里。

有一次，左宗棠很不满地问其身旁的侍从：“为何人们都称‘曾左’而不称‘左曾’呢?”

一位侍从回答：“曾公眼中常有左公，而左公眼中则无曾公。”这句话让左宗棠深思良久。

聪明的人知道自己愚笨，而愚笨的人总认为自己聪明。

左宗棠喜欢下棋，而且棋艺高超，少有敌手。有一次微服出巡，在街上看到一个老人摆棋阵，并且在招牌上写着“天下第一棋手”。左宗棠觉得老人太狂妄，便立刻前往挑战，没想到老人不堪一击，连连败北。左宗棠洋洋得意，命人把那块牌子拆了，叫老人不要再丢人了。

左宗棠从新疆平乱回来，见老人居然还把牌子悬在那儿，他很不高兴，又跑去和老人下棋，但这次却三战三败，被打得落花流水。第二天再去，仍然惨遭败北。他很惊讶地问老人：“你的棋艺怎么进步这么快?”老人笑着说：“上次和你下棋，正当你出征，让你赢，是不想挫你的锐气，好让你为国立功。如今你已凯旋，对你之所以不客气，是想打打你的傲气。”左宗棠心服口服。

左宗棠有自大的习惯，但能知错就改，最终成为谦谦君子。

战胜自己

认识自己的目的是为了战胜自己，人生最大的挑战是战胜自己。佛家讲，人生最大的敌人是自己。这是因为其他敌人都好战胜，比如流氓、无赖、小人，此等衣冠禽兽之徒，可恶至极，但看穿了，也无非是一堆垃圾，而唯独自己最难战胜。被西方人称为伟大传教士的穆迪，当记者问他是什么给他带来最多麻烦时，他回答说：“穆迪给我的麻烦多过任何人。”约翰·麦克威尔概括出一句惊人之语：我们笨的时候去征服世界，我们聪明的时候去征服自己。有一位作家讲得好：“自己说服自己，是一种理智的胜利；自己被自己感动了，是一种心灵的升华；自己把自己征服了，是人生的成熟。大凡说服了、感动了、征服了自己的人，就有力量征服一切挫折、痛苦和不幸。”一个人从无成到小成比较容易，而由小成到大成，则非要和自己的缺点、不足狠斗一番不可。一定要有战胜自己的雄心，超越自己往往比战胜比赛的对手更难。人生的道路是漫长的，关键处只有几步。而人往往在关键处被他的不足和缺点所俘虏，从而失去机遇，难成大事。一个人要有所成就，就只有时时看紧自己，自重、自律、自警，时时和自己“过不去”，经得住各种诱惑和考验，才能成为顶天立地的人。

在实践中奉献社会

人生的价值，即以其人对当代所做的工作为尺度。

——徐玮

吃饭是为了活着，但活着不是为了吃饭。一个人生活在这个世界上，离不开社会为你提供的生活环境，也离不开其他人为你创造的生活条件。依同此理,你应当通过自己的实践回报社会,用实践为他人提供生活的条件。爱因斯坦说:"我每天上百次地提醒自己,我的精神生活和物质生活都依靠别人(包括活着的人和已死去的人)的劳动,我必须尽力以同样的份量来报偿我所领受的和至今还在领受着的东西。"而人生更高的意义就在于付出并不在于索取,所以,一个人的社会实践的真正价值在于通过劳动奉献自己的智慧和力量;同时,通过劳动来创造自己真正的人生。

一个人的社会实践在于劳动,当然,这个劳动不仅是指体力劳动,还包括脑力劳动。"文革"期间,社会上流行着知识分子"吃农民饭、穿工人衣"而他们"一不会种田、二不会做工"的各种非议。其实,这种非议是毫无道理的,因为知识分子"一不会种田、二不会做工"就如同工人农民"一不会教书、二不会治病"一样,完全是社会的分工不同,没有理由横加批判和责备。

劳动是生存的需要、发展的需要

人的基本生活资源是依靠劳动创造的,同时,无论是人的体力的发展,还是人的智力的发展,都是通过劳动来实现的。在资本主义和社会主义阶段,劳动还是人谋生的手段。人要维持基本生活水平,必须付出等量的劳动,通过商品的交换,取得家庭基本的生活资料。如果一个人拒绝劳动,还要活下去,那就只有剥削别人,这是不道德的。如果一个人劳动所创造的价值不足以保证自己的生活水平,那就只有过着比别人更贫穷的生活,这也是每一个人所不情愿的。每一个人只有创造出剩余价值,奉献社会,人们才能从事其他社会活动,才能使自身得到自由全面的发展。所以,我们国家提出要"尊重劳动"和"以辛勤劳动为荣,以好逸恶劳为耻",这不仅是道德的诉求,而且是价值的诉求。

既然现阶段劳动是谋生的手段,那就不要随随便便地把人们从传统的直接性的劳动岗位上驱赶出去,而要确保人生有一个谋生的平台。在当前,对于广大下岗人员来说,仅仅给予生活补助,让他们生存下去是不行的。他们不仅仅需要活下去，更需要通过自己的劳动来活下去。实践证明，让每一个人都有活干，其意义丝毫不逊于让每一个人都有饭吃。

一个人的劳动权利，既是一个民生的经济问题，又是一个民权的政治问题。通过劳动力的就业，可以直接提高个人收入，保障人的生存权，并且是进一步落实人的发展权。就业，是人的基本需求。人的存在性在于他的劳动和工作，没有劳动和工作，就不是现实的人。人的本质就是劳动者，正如黑格尔说的，近代人的基本生活形态就是人(所有者)——劳动——产品(所有者)。因此，对于一个有劳动能力的人来讲，失去劳动和工作，就基本上失去了他的存在性。就业，还是人的发展手段。没有就业，就不能成为社会的人，不能保障人的本质、人格不退化。因此，一个人的劳动权利不仅仅是谋生、乐生的需要，它还体现着一个人的社会价值，是一个人基本的人权。所以，国际劳工组织在《全球就业议程》中提出："工作是人们生活的核心。"

作为政府，应当把保证每一个人的劳动权利当做一项重要的政治任务来对待。那种只要 GDP，不讲职工就业面的政策是偏离社会主义的劳动价值论的。

当然，在传统劳动岗位日益减少的情况下，失业和下岗是难免的。那么，要维护自己的劳动权利，实现人的尊严，就要自强不息，主动地去创造劳动岗位，实现再就业，这样既能重新发挥自己的才智，又能为社会提供自己的劳动产品。

还有一个问题应当引起重视。那就是与资本相比，我国的劳动在分配中的比重过小。2002 年我国 10 万亿 GDP 中，城乡居民分配 5.6 万亿元，而工资总额只有 1.2 万亿元，仅占 GDP 的 12%，占城乡全部收入的 21%。也就是说，劳动参与分配的比例太低。我国劳动者工资仅占企业运营成本的不到 10%，远远低于发达国家的 50%。分配制度首先要体现对劳动和劳动者的尊重和肯定，在生产领域,劳动和劳动者是财富的重要源泉。且不说劳动人民当家作主的社会主义国家,即使是资本主义国家也是如此。在过去的百年历史中,美国的国民收入分配中,劳动都始终占大头。比如美国1870—1980年的110年间,劳动收入所占的比重为50%,1970—1984年为74.3%,而资本权益所占比重,1870—1984年仅为25.7%。也就是说,在114年的国民收入分配格局中,不仅劳动要素收入始终占大头,而且所占比重稳步上升。考察英国百年历史可以看出,在分配上的格局与美国大致相同。这就是强调对生产力发展贡献大的劳动者的激励,否则,社会就必然出现过多的食利者阶层。在日本,遗产税高达70%,这就是要大家都去劳动,去为社会作贡献,而不是不劳而获。

劳动体现人的本质

一位哲学家讲:"理想要高,身子要低。"人要有崇高的理想,但理想的实现要靠一步一步地去做。即使无法实现理想,也无需担忧,重要的一条是不断地向目标前进。"事在人为,人为事主。"事成的关键在于动脑又动手。"一杯茶,一支烟,一张报纸看半天",这种状态下根本不可能产生"上马击狂胡,下马草军书"的雄心和节奏。只有用辛勤的劳动才能开辟理想的道路,实现自己的人生价值。

马克思曾经提出,劳动之所以对人来说特别重要,主要在于劳动能满足人的三个方面的需要,即生存的需要、发展的需要和享受的需要。对前两个需要,上面已经讲了,而要了解为什么劳动能给人带来享受,首先得搞清楚人是什么,或者说什么是人的本质。

马克思对此作过多方面的论述,其中最具有代表性的是,他把人的本质归结为从事自由自觉的劳动,即认定人类劳动的过程,是以劳动者为主体,把自己的体力和脑力对象化到某个产品上的创造性活动。马克思说:"动物不能把自己同自己的生命活动本身变成自己的意志和意识的对象。""正是由于这一点,人才是类存在物。”按照马克思的说法，在其对象化的劳动实践中，人非但没有丧失自身，而且表现、实现和确认了人的内在力量和主体性。而人正是在这种表现、实现和确证了自己内在力量和主体性的过程中，获得了真正的满足和享受；也正因为如此，马克思把劳动视为人的本质。他认为，人类真正的解放是劳动的解放，也就是使劳动真正成为目的，而不是手段。

在马克思看来，资本主义社会的罪恶在于造成了这样的颠倒：吃、喝明明是动物的功能，而人却完全专心致志地享受，将其当做人的独有功能来对待。而劳动明明是属于人的功能，人却偏偏不加以重视，而只把它当做一种手段，实际上也就是把它看做是动物的功能。

资本主义社会所造成的人的功能与动物的功能的颠倒，给人带来了深远的影响。正是在这样颠倒的影响下，人们在观念上形成了“只是在消费领域而不是在生产领域寻找满足的误解，即只是在消费领域内寻求满足，而把生产领域的活动都视为只是谋取满足消费的手段”。值得指出的是，马克思当年所批评的资本主义劳动的异化、人和动物功能颠倒等现象，在当今工业社会中愈演愈烈。现代工业社会把人们引向这样一种生活方式：人们居住在城市的高楼大厦中，其能源供应、食品和其他必需品乃至废物的处理都依赖于庞大而复杂的体系。与此同时，人们误认为所不断增长的消费似乎可以补偿其他生活领域，特别是劳动领域遭受的挫折。因此，人们便疯狂地追求消费以宣泄劳动中的不满，从而导致把消费的满足与幸福等同起来。换句话讲，只用消费的数量来作为衡量幸福的尺度。

代表“西方马克思主义”最新发展的“生态学马克思主义”，最近提出了“人的满足最终在于生产活动而不在于消费活动”的著名命题。他们指出，要使当代人真正生活在幸福中，关键在于使他们的劳动本身也成为一种自主性的行为。不仅要在劳动之外寻求个人的自由发展，而且要在劳动之内寻求个人的自由发展。他们要求把“劳动”与“工作”、“就业”区别开来，相应地，也不能把“劳动的权利”和“挣钱的权利”混淆起来。一句话，劳动是神圣的。劳动是人的本质，劳动是人生的一种享受，劳动是人生的一种追求，“劳动是人类生活的第一需要”，劳动是实现人生价值的唯一途径。

在实践中取舍公私

利他与利己、利公与利私，是界定一个人品行、修身和社会价值认定的尺码。

——佚名

论及一个人的情操，不能不涉及这个人对待“公与私”的态度问题。对于公与私的取舍，是一个人价值观、道德观无法回避的问题，而这也只能放到一个人的社会实践中去探寻，才能得到正确的答案，抽象地、学究式地谈论这个问题则很难找到正确的结论。

比如，人的本性是“自私”的，还是“为公”的？用哲学的术语讲就是，人的本性是“善”的，还是“恶”的？对于这个问题，自古以来一直争论不休。孟子主张性善，他以水为例说：“人性之善也，犹如水之就下。人无有不善，水无有不下。”荀子则主张性恶，他在《性恶篇》里论述了“今人之性，先而好利”后下结论说：“人之性恶明矣，其善者伪也。”其实，孟子的“性善”说与荀子的“性恶”说这两种相悖的观点都是站不住脚的。因为他们都把“善”与“恶”这两种由后天实践得来的道德、价值理念说成是人的先天的自然属性，把伦理道德这种人的社会性归结为人的自然性。

在这方面，老子的观点倒很独特，他认为，“性无善无不善”。他亦以水喻性曰：“性犹湍水也，决诸东方则东流，决诸西方则西流，人性之无分于善与不善也，犹水之无分于东西也。”这里，实际上是把人性的"善"与"恶"看成是在后天的实践中形成的。无独有偶,18世纪美国唯物主义哲学家洛克也持类似观点,他形象地将人的心灵比做一张"白纸",上面"没有任何记录、没有任何观念",心灵上的"观念"包括道德观念"是从经验得来的",是后天实践获得的。

马克思有句名言:"人的本质并不是单个人所固有的抽象物,在其现实性上,它是一切社会关系的总和。"这就告诉我们,研究和考察人的本性不能从先天的自然属性中去寻找,而应将其放到一定的社会关系中,从后天的社会实践中去探寻,这就为科学地揭示人的本质指明了正确的方向。

公与私,既是一个价值观的问题,又是一个道德观的问题。在"左"的年代,这个问题是不容讨论的。因为从当时的价值观来看,"公"高于一切,一切"私"都要服从"公"。公再小是大事,私再大是小事 。从当时的道德观来看,只能是"大公无私"、"公而忘私"、"私是万恶之源"、"要狠斗私字一闪念",顶多只能提出一个"先公后私"的道德取向,否则,就是大逆不道的。

难道公与私就是那么地水火不相容吗?难道私真是"万恶之源"吗?这里不单纯从价值观、道德观方面来谈这个问题,而是重点从哲学的角度出发,结合人们在实践中的体验来谈公与私的关系,力求在生活中正确地认识和把握好公与私的取舍。

公与私是对立的

公就是公,私就是私,二者的性质具有截然不同的一面。如国有的、集体的,那是属公的;个人的财产以及狭隘的小团体的利益那是属私的,二者不能混为一谈。既然公与私在性质上有不同的一面,那么二者就有对立性。每一个人都要正确地处理公与私的矛盾。当个人利益与国家利益、集体利益发生冲突时,应当自觉地维护和捍卫国家利益和集体利益,不能用个人利益损害国家利益和集体利益。对于共产党员和其他先进分子来讲,应当做到"大公无私”、“公而忘私”、全心全意为人民服务。为了党和人民的利益，必要时还要献出自己的宝贵生命，否则，他就不配做一个先进分子。作为普通的公民，也应当自觉地捍卫公有利益，不能损人利己，损公济私。有的人价值错位，信奉实惠，追求个人享乐，一切以自我为中心，搞“三化”：化国为家，化公为私，化人为己，这是必须坚决反对的。常有公与私发生矛盾的时候，有的人就把二者比喻为地球的自转与公转，地球自转相当于一己的利益，而公转比喻为大众的利益，当个人利益与大众利益发生矛盾时，“自转”只有沿着“公转”的轨道运行，二者才能和谐共行。

美国生态学家加勒特·哈丁写过一本书《大地悲剧》。书中说，中世纪英格兰有一个公共牧场，使用牧场的每个农民都想增加自己在这个牧场中母牛的头数，结果由于过量放牧，水土流失，公共牧场最终被吞噬掉。这个故事告诉人们，在“为自己”的同时必须考虑对集体以及社会整体利益的影响，否则，每个人“主观为自己”所带来的不会是“客观为大家”，而是毁了社会。

当然，对毫不利己、专门利人、大公无私、公而忘私、忘我劳动一类口号，也应当作出正确的解释。所谓大公无私、毫不利己，是指在公私利益处在矛盾的情况或随时可能矛盾的情况下对公私关系应采取的原则，特别是指处理公务的原则。历史上从来提倡大公无私，但从未有人因此而不吃饭、不睡觉，或因有人吃饭睡觉就说明他并非大公无私。进一步讲，私人利益与公有利益发生矛盾，前者应当服从后者，但并不意味着要取消前者。私人利益既有它的独立性，又有它的合法性，而且与公有利益还具有关联性。

公与私是统一的

公与私既有对立的一面，又有统一的一面，从一定意义上讲，没有私就没有公。固然，集体利益高于个人利益之上，但集体利益包涵于个人利益之中。古人在造字时，实际上已经把公与私的统一性表述得很清晰了。

你们看，公与私这两个字，有一个共同的部分是“厶”，这个“厶”是什么意思呢？是用胳膊揽过来，属于自己的意思。“厶”旁有一个“禾”，就是这个“禾”是属于我的。也就是说，“厶”代表“私”。那什么是“公”呢？“厶”上面加一个“八”字是什么意思呢？从字面上看，是“八”个“厶”就是“公”。这不就是告诉我们，所谓的“公”就是众多的“私”的集合吗？从实际情况来看，没有私哪儿会有公呢？没有离开个人利益的集体利益，没有离开职工利益的企业利益。既然现实的个人是社会的基础所在，现实的个人利益是必须确证的出发点，那么，没有现实的个人就没有社会的存在，而所谓的整体利益和集体利益，并不是从诸现实的个人之外的飞来之物，而是联系于诸个人利益的存在和整合。而个人利益，其本身也不是别的，就本质而言，依马克思主义经典作家所说的，乃是“自私利益的交换”，是“各种自私利益的一致性”。在确认了个人利益的存在这一前提后，进而联系各种个人利益之间的一致性来看整体利益，来看个人利益与整体利益的统一，就不难理解了。

将个人利益与人民的、国家的、集体的整体利益的问题上升到哲学层面上看，其关系实际上就是一般与个别、普通与特殊、抽象与具体的关系。辩证唯物主义告诉我们，任何事物都是一般与个别、普遍与特殊的统一体。一般的、普遍的共性存在于个别的、特殊的个性之中，并且只有通过个性而存在。每一个个性都包含着共性，是共性的具体表现。共性概括了个性之中共同的、共质的、一般的东西，所以，共性又是抽象的；个性总具有自己独具的特点和实在的形式，这是共性包括不了的。所以，个性是具体的、现实的。在个人利益和整体利益的关系上，整体利益是一个抽象的概念，是千万种个人利益之中共同的、本质的和一般的形式。整体利益存在于个人利益之中，并且只能通过个人利益而存在。没有现实的、每一个人的个人利益，就不会存在整体上的人民利益。但是，个人利益又不等同于整体利益。个人利益是个别的、特殊的、具体的，整体利益是一般的、普遍的、共同的，是个人利益的抽象形式。两者既有联系又有区别，联系在于存在相互依存的关系，区别则是个别与一般、特殊与普遍、具体与抽象之间的区别。因此，不能独立地强调个人利益与人民利益的区别，而不顾它们之间的有机联系，人为地割裂个人利益与整体利益的统一的辩证关系。

实际上，我们每一个人都在为个人利益而工作。执政党的任务也就是引导广大群众去认识自己的利益并为之而奋斗。当每一个人都在正当的范围内谋取个人利益时，就创造了国家利益和集体利益，这也就是大家常讲的“主观为自己，客观为大家”。当然，我们更提倡主动地、自觉地为社会服务，也就是为人民服务。在社会主义初级阶段，对于不同利益群体和不同觉悟程度的人们，为人民服务的要求不可能是一样的，而应该有不同的层次。对于共产党员和有觉悟的先进分子来讲，奉行的价值标准是全心全意为人民服务、大公无私。在通常的情况下，自觉地为人民、为社会、为他人多作贡献，自己的正当利益也能得到切实的保障。在必要时，为了国家和集体利益、为了人民大众的利益，还会自愿牺牲自己的利益甚至自己的生命。对于每一个普通劳动者来说，只要是诚实劳动，不损公肥私，不损人利己，不坑蒙拐骗，有偿服务也是为人民服务。就是对小学生，不也要求他们好好学习，学好本领，长大为人民服务吗？至于社会主义的私营经济，只要是合法经营，接受国家的监督、管理、引导，讲究质量和信誉，履行公民义务，热心公益事业，那么，在为自己谋取利润的同时，他们的行为也合乎“三个有利于”的原则，在我们这个人民当家作主的社会主义国家里，他们实际上也在为人民服务。所以，在新的历史时期，“为人民服务”是一个内涵广泛的规范。那种认为“为人民服务”只适用于党员、干部而不能推广到全体人民的看法，是一种误解。

个人利益、个人财产既然是正当的，就应该受到法律的保护。西方有句谚语：“公民的贫民窟，风能进，雨能进，国王不能进。”这就肯定了个人利益、个人财产的神圣和尊严。大公无私、公而忘私作为一种价值取向,是应当充分提倡的,但不能作为制定一般政策的依据。因为这不仅做不到,而且会把人搞得很虚伪;也不能完全把非公即私、公私对立、公好私坏,甚至把“狠斗私字一闪念”作为建立社会主义市场经济条件下人本假设理论的基本事实依据。因为在目前条件下,这样的认识和做法不现实,也不明智。经济学家哈耶克说,从好人(无私)假定出发,会设计出坏制度来;从坏人(自私)假定出发,会设计出好制度来。我们过去曾实行过大锅饭的分配制度,那是因为我们假定人都是好人,不论官和民都假定能无私奉献,不计得失。可结果呢?由于干多干少一个样,大家就不肯多干。农村联产承包责任制为什么大获成功?关键是默认农民的个人私利,破除大锅饭,缴足国家的,剩下都是自己的。

在现实生活中,应从公与私的绝对对立以及对人们普遍要求的“兴公灭私”、“大公无私”转变为二者的“相互依存”以及对人们的“公私兼顾”、“先公后私”、“公私分明”的一般要求。

在公有制与私有制的问题上,我们同样要看到公与私的统一性。只有把公有经济和私营经济都看成是经济基础,才能全面深刻地认识到我国社会主义初级阶段的历史发展和现实。在现阶段,非公有经济显然不属于已经过时的旧基础。它在解决就业、增加税收、提高经济总量方面与公有经济没有区别。我们现在很难设想在单一公有制的情况下能够发展市场经济,同时,也没有充分依据断言现代科学技术和生产力发展将会使一切私有制经济在看得见的未来一定消亡。这是一个值得关注和研究但不必忙于作出结论的问题。

我们记得,上个世纪五六十年代曾经有过“综合经济基础论”的争论。当时,杨献珍主张五种经济成分(即国有经济、合作社经济、个体经济、私人资本主义经济、国家资本主义经济)都属于新民主主义社会的经济基础。但是,他的正确观点受到了批判,造成了很多的消极后果。现在,中国已经进入社会主义初级阶段,和新民主主义社会已有根本的区别。但是,在要求多种经济成分共同发展这一基本点上,它们是相同的。我们应当吸取上个世纪五六十年代那次争论的教训,承认非公有经济也是当前我国社会主义社会的经济基础,坚持走中国特色社会主义道路。

公与私是可以相互转化的

“公私溶化论”是挨过大批判的。但是,这种批判是反人性、反科学的,是批不倒的。

公与私是一对矛盾,而矛盾在一定条件下是可以互相转化的。公转化为私,大家比较好理解,比如,给大家发工资,不就是公款转化为私款吗?又比如,有人搞贪污,不就是“公”转化为“私”吗?当然这两种转化的性质是不同的。而私转化为公,就不那么好理解了。特别是在“左”的思想指导下,这个认识就是荒谬的了。其实,这也好理解,比如,在日本没有三代地主,因为日本的遗产税很高,税率为70%。比如,爷爷有1亿资产,传给儿子时剩下3000万了,再传给孙子,只剩下900万了,这样已经有9100万变成国家的了,这不就是私转化为公吗?再比如,有个私人老板有100万资产,他每年的消费拿出10万元算够用的了,还有90万元存在银行。说到底,这老板100万元资产只是名义上的,其90%的份额在为“公”服务,因为除付给老板少量的利息外,银行用他这笔钱在周转,在为社会服务。退一步讲,这100万元全部被老板消费,他依然在为社会服务,同样在干“私”转化为“公”的事。因为消费掉100万,也就扩大了100万的内需,这与公款消费100万有什么不同呢?所以,只要不抱偏见就可以看到,个人财富常常采取社会化的形式。最近有人提出财富异化的规律,与我的看法不谋而合。在他看来,当公有财富少的时候,公有财富会悄悄地转化为个人财富;当个人财富多的时候,个人财富会自然地转化为公有财富,名义上是个人的,但实质上变为社会化的了。道理就这么简单,关键是在思想上要更新，要讲辩证法，要看问题的实质，不能让“左”的思想束缚自己。我认为，我们要想平平稳稳地发展下去，“公”与“私”这个纠缠要不得，历史上这个教训太深刻了。可以说，解放以来，我们一直是在思想纠缠中过日子：“商品”和“产品”的纠缠，让我们害怕“商品”；“计划”与“市场”的纠缠，使我们拒绝“市场”；“资金”与“资本”的纠缠，使我们丢掉“资本”（西方有人讲，马克思的《资本论》，西方人要的是“资本”，而中国要的是“论”）；“竞赛”与“竞争”的纠缠，使我们畏首畏尾，不敢越雷池半步，我们吃尽了思想纠缠的苦头。现在我们可以大胆地讲，所有这些纠缠，都是作茧自缚；所有这些顾虑，都是杞人忧天；所有这些问题，都是不具有现实性的假设。

在实践中把握辩证法

辩证法不知道什么绝对分明的和固定不变的界限，不知道什么无条件的普遍有效的“非此即彼”！它使固定的形而上学的差异互相过渡，除了“非此即彼”，又在适当的地方承认“亦此亦彼”，并且使对立互为中介。

——马克思

正确地认识事物，是一个人选择生活方向、把握生活内涵、确立生活情操的前提和基础。而认识事物的根本途径是在实践中运用马克思主义的辩证法和方法论，只有这样才能抓住事物本质的规律性。

毛泽东同志提出过一个著名的具体问题具体分析的“一分为二”的观点。他指出，任何事物都是矛盾的统一体，是一分为二的。矛盾的双方既对立又统一，对立面的斗争是绝对的，对立面的统一是相对的，通过对立面的斗争求得统一。而这种统一又是相对的、暂时的，矛盾的双方又会在新的条件下处于对立的状态。事物正是在矛盾双方的对立和斗争中不断地向前发展。矛盾的双方不斗则退，不斗则亡。

“一分为二”的观点，并不是毛泽东第一次提出来的。早在宋代，哲学家朱熹在他的著作中就已提出过。譬如他在《朱子类语》中写道：“一分为二，节节如此，以至无穷，皆是一生两尔。”又譬如他在《周易本义》中也提到“一每生二，自然之理也”。还有明朝医学家张景岳也提出过“一分为二”的观点。

古人还提出过“合二而一”的观点。明代思想家方以智在他于1625年所作的《东西均》中写道：“虚实也，尽天地古今些二也。两间无不交，则无不二而一也。交也者，合二而一也。”实际上，这里已经包含了对立统一的思想。

著名现代哲学理论家杨献珍认为：“一分为二”、“合二而一”从两个方面阐述了对立统一规律。中国的太极图，说它是“一分为二”可以，说它是“合二而一”也可以。

杨献珍还讲道：“矛盾的两个侧面是不可分离地联系在一起的，所以必须在对立统一中把握对立面。例如，必须在取和予的统一中把握取，取时也不忘记予；要在购和留的统一中把握购，购时不要忘记留……强调不断革命时，不要忘记了革命发展阶段论。”

杨献珍提出的“合二而一”，乍听起来确实有点不顺耳，在不懂得哲学的外人看来，它简直就是“一分为二”的反义词。

杨献珍首先引用毛主席1957年在莫斯科会议上的关于“一分为二”的讲话，接着又讲“合二而一”，两种提法是对立统一的两个方面，忽视了任何一方都会在工作中犯错误。杨献珍的两位学生艾恒武、杜青山在宣传他们老师的观点时讲道：事物本来是“合二而一”的，这是不以人们的意志为转移的客观规律。客观事物是“合二而一”的，认识它的时候，要“一分为二”。“一分为二”的方法就是具体问题具体分析的方法。正因为事物是“合二而一”的，因此，在制定改造世界、处理工作的方针政策时，在对立中把握统一，又在统一中把握对立，这就是唯物辩证法最根本的观念和方法。

其实，杨献珍的看法与毛泽东的观念并没有什么相左的地方。可是，毛泽东到了晚年，他的思想方法确实出现了极端化，过分强调斗争，不大讲统一，强调斗争是绝对的，以至于说出"中国有八亿人口，不斗行吗?"杨献珍讲"合二而一"，就被说成是"阶级调和论"，正确的观点受到了批判。对此，李瑞环同志有一段讲话比较中肯地提出了问题的症结。他说，我们长期以来对"一分为二"的观点讲得有毛病，什么事情都讲分，分了之后就讲斗，太简单化、绝对化了。一个班子要"一分为二"，有正确的代表，有错误的代表；一个家庭要"一分为二"，有正确的代表，有错误的代表。先讲分的普遍性，后讲斗争的绝对性，不斗则修，不斗则退，不斗则亡，太简单。事物是可分的，但斗争是多样的。两个人谈心、争论，把思想统一了；手术刀和病斗，把病除去了；扁担和肩膀斗，把水挑回家了。这就是斗争的多样性，不讲斗争的多样性，只讲斗争的绝对性，斗来斗去，有几个斗对了?!

哲学告诉我们，一切对立的东西在一定条件下又是统一的，一切统一的东西又是由对立的两个方面组成的。但是，从"一分为二"即"两分法"或"两点论"出发，更多的是强调矛盾的两个方面不可两立、势不两立的那一面，强调斗争是发展的动力。其实，发展不是对立面的斗争，斗争恰恰是不发展。当然，斗争提供了发展的动力，但发展的完成恰恰是靠和谐、靠统一，而不是靠斗争。只有和谐了、统一了，这个时候才能向前发展。这一点，中医最明显，中医讲究阴阳协调，保持阴阳协调就是保持一个最好的发展和前进的趋势。发展不是在斗争的时候，恰恰是在不斗争的时候。我们说，不是东风压倒西风，就是西风压倒东风，那么有没有一个和风细雨的时候？最好的时候不是东风的时候，也不是西风的时候，而是和风细雨的时候，这个时候是对生物生长最有利的时候。而"一分为二"的结果往往是"非此即彼"，这跟我们把对立统一仅仅归结为矛盾或仅仅突出强调斗争有关。

恩格斯曾指出:“所有这些先生们所缺少的东西就是辩证法,他们总是只在这里看到原因,在那里看到结果。他们从来看不到这是一种空洞的抽象,这种形而上学的两极对立在现实世界中只有在危机时才有,整个伟大的发展过程是在相互作用中进行的(虽然相互作用的力量很不均衡,其中经济运动是要更有力得多,是最原始的,最有决定性的),这里没有任何绝对的东西,一切都是相对而言的。”

根据马克思主义的系统论思想,我们可以而且应当得出三点结论:

第一,无条件的绝对性是不存在的。过去我们所说的“斗争是绝对的”、“运动是绝对的”、“非平衡是绝对的”等等,是不符合马列主义原意的。所谓“绝对”,只是在一定条件下、一定意义上讲的。

第二,把事物仅仅看成是“一分为二”的,是两个方面的对立和统一,也是不够的。事物是由“多”构成的系统整体,通俗的表示即“一分为多,合多为一”。正是这种思想大大发展和丰富了“一分为二”的观点。用矛盾的观点看问题和用系统的观点看问题,结果是很不一样的,虽然矛盾观也讲联系。

第三,我们过去只研究“两点论”、“矛盾论”,而忽视了马列主义的整体思想。其实,马列主义是极其丰富、深邃的系统理论。

我们多年“左”的教训,就在于忽视了马列主义的系统理论,思维方式简单化,从“一分为二”的观点出发,奉行“非此即彼”的思维方式。比如,在人的问题上,不是好人就是坏人,不承认有中间人物,于是“以阶级斗争为纲”,“与人斗其乐无穷”;在生产关系上,不是“公”就是“私”,要“一大二公”,要“割资本主义尾巴”;在上层建筑方面,不姓“社”就是姓“资”,诸如股票、租赁、承包、股份制、民营经济、合资企业等中性的范畴统统斥之为资本主义的东西而弃之不用，进而“宁要社会主义的草，不要资本主义的苗”。至于日常生活中出现的非敌即友、非左即右、非好即坏等现象更是禁锢了人们的头脑，从而使得人们放不开胆子，迈不开步子，几乎把社会主义引向死胡同。

社会现象绝不是“非此即彼”所能概括的。拿自然界来说，河水和海水不同，但河流入海处的水，则是既非河水又非海水；凉冰就是亦水亦冰；猿人就是亦人亦猿；黄昏与黎明，就是亦昼亦夜；高山与平原界限分明，但是高山与平原的交界处，是既非高山又非平原；植物与动物不同，但小小的眼虫是非植物又非动物，它既能靠鞭毛的摆动并借助眼点的感觉来吞噬水中的有机物，又能利用自身的色素体进行光合作用来养活自己，因此，动物学家把它当做动物，称之为“眼虫”，植物学家把它当做植物，称之为裸藻。还有一种动物难以确切地叫出它的名字，只好称之为“四不像”：因为它的角似鹿非鹿，头似马非马，身似驴非驴，蹄似牛非牛。在社会实践中，宏观经济和微观经济之间有中观经济，初级产品和最终产品之间有中间产品，酸性物质和碱性物质之间有中性物质。在政治立场上，有左有右还有中间派，投票表决中有赞成的、反对的，还有弃权的。至于我们日常生活用语中，这类两可之间的名词俯拾皆是：不三不四、不伦不类、不卑不亢、不上不下、不冷不热、不死不活、不阴不阳……大量事实表明，“非此即彼”这种绝对化的思维方式，并不能正确地反映客观世界的本来面目。学会用辩证的思维方法分析问题，有助于我们全面而完整地认识事物，防止片面性。

“一分为二”的观点与马克思主义的系统论在有些方面是相左的。恩格斯指出：“‘一’和‘多’是不能分离的、相互渗透的两个概念，而且‘多’包含于‘一’之中，同等程度地如同‘一’包含于‘多’之中一样，什么样的多样性和多都包括在这个初看起来如此简单的单位概念中。”这里，恩格斯明确提出了“一分为多”、“合多为一”的思想。

我国学者曾经提出过对事物要“一分为三”的思想,亦即“一分为多”的思想,因为“三”即为“多”。《老子》曰:“道生一,一生二,三生万物”。“一分为三”思想的核心,具体地讲,即说明矛盾是由三个方面形成的,它包括对立的两面和作为“基础”的“第三个方面”。我们分析矛盾,仅仅分析对立的两面而丢掉第三个方面是不行的。也就是说,不能孤立地看待矛盾,如果把矛盾封闭起来,仅仅从对立双方的相互关系出发是不够的。如数学上的正数和负数,孤立地看一个数固然无所谓正负,只有在两个数之间引入第三个与他们相关的数“0”,这两个数才有正负之分,而这个“0”正是正数与负数这一矛盾产生的基础。因此,要从总体上认识事物,就必须用“一生二”的公式即用一个基础两个对立面的“三点论”的方法才能更全面、更准确。

三分法有别于二分法的关键,还在于二分法见异忘同(只见对立不见统一),志在两边(两极、两端),而三分法则兼及规定着相对者的第三者。比如,左中右是一维状态下典型的三分法,只是必须注意这里的中,左与右皆因它而起,以它为准,它则或拒左右而在其间,或纳左右而成其全,或超左右而临其上,或容左右而见其公。所以,没有中,左右就无从谈起,无以为凭,无所为准了。

二分法也能认识世界和改造世界,由于它的偏至,有时更深刻、更果断,能发人猛醒,能救急于一时。但也由于它的偏至,总难持久平稳,不免从一个极端到另一个极端,在相对中画出大大小小的怪圈。因此,必须提牢主宰相对的那个第三者,方能驾驭两极,游刃有余。而这已是三分法了。

事实上,社会和自然领域大量存在着“一分为三”的现象。中国有“三皇”、“儒佛道”三家、“天地文”三元、“黄红蓝”三色,道家有“三圣”,儒家有“三乘”、“三世”、“三界”,希腊神话中有命运“三神”,基督教义中有天地文、母人子“三关系”,空间上有“上中下”、“左中右”，时间上有“早中晚”，物体有“大中小”，天有“晴阴雨”、地有高山、平原、山谷，原子中有带电的电子、原子核，还有不带电的中子等。这些事物和现象及其矛盾，是很难用“一分为二”讲得清楚的，而用“一分为三”、“一分为多”的思维方式去解决反而说得通。因此，我们不能只知其一，不知其二；也不能只知其二，不知其三(多)。

与“非此即彼”的思维方法相对立，与“一分为三”的观念相对应，我们就不能不提到孔夫子在几千年前就提出的“中庸之道”。什么叫“中庸”？一句话，“中庸”就是“执两用中”。“执”就是抓住，抓住两端，用其中间。这不仅提出了对待事物的“三分法”的认识论，而且提出了“执其两端用其于中”的方法论，实在是一种伟大的思想。

毛泽东同志在延安时曾数次论及孔子的中庸，认为中庸观念是一大发现、一大功绩，指出中庸实质上是要求对任何事物要把握“度”，“是肯定了物与概念的相对安定的质”，不是折衷主义。中庸这一体现无过无不及的辩证适度思想，其实正是早期人类在生活、生产实践中积累起来的经验总结。著名哲学家冯友兰先生有这样一句话，叫做“阐旧邦以辅新命，极高明而道中庸”。中庸之道其实是通往文明境界的一种适当的方法。

但是，中庸作为认识论和方法论，近代被作为民族劣根性受到过批判，如鲁迅的《论费厄泼赖应该缓行》便是一篇声讨中庸的檄文。蔡尚思在《中国传统思想总批判》一书中更是痛斥中庸态度好像宝剑，皆背皆腹；好像骡子，非驴非马；好像蝙蝠，亦禽亦兽；好像两栖动物，可水可陆。比如中国特色的僧尼，既吃素拜佛念经，又结婚生子家居。

然而，在漫长的中国古代社会，中庸一直被视为至善至美的德性而被孜孜以求。中庸之道是儒家人生智慧的核心理论，也是处理人际关系最高的一种思维方式和行为准则。“极高明而道中庸”,“极高明”指的是世事洞察,万物通观;“道中庸”说的是行事圆融,不走极端;所谓“中”,是说凡事应有一个“度”,超过这个“度”就是“过”,达不到这个“度”就是“不及”;处理事情,要合乎这个“度”,就是“执中”。“执中”就是讲究适时、适当、适度。所谓“庸”,就是传统,就是规律,是不变的准则,也就是“中”的最高表现,是实现“中”的规律准则和途径。

古代西方对“中庸之道”也很推崇。毕达哥拉斯曾说:“在一切事情,中庸是最好的。”(《金言》)亚里士多德的《尼各事科伦理学》也认为:“美德乃是一种中庸之道。”到了现在,经过“文革”洗礼的大彻大悟的中国人,终于认识到,中庸作为一种价值观念与行为准则是有其合理性的,它小可以使个人行止得体,进退有度;大则有助于国家的方针大略避免畸重畸轻、忽左忽右。我们有理由相信,随着社会的进步与民智的开启,中庸思想中蕴涵的“不偏不倚、无过不及”的大智慧与真精神将会不断地被发掘和弘扬,给我们的生活树立一个光明和谐的路标。

常修炼

完美的人格,高尚的品德,是从实际生活中锻炼出来的。

——席勒

道德应该是自由因素跟强制因素的调和一致。

——高尔基

儒家提倡“做人之道”。“做人之道”其实很简单,那就是做好一个人。即便是一个平常人,只要顺着自己的善性,在自己的生活中,通过具体的事情去学习,去做,就能达到“做人之道”,实现

"仁"的原则。一旦把握了"仁"的精神,就能领悟到在一个既定的环境中自己应该做什么和怎么去做。

马克思主义提倡加强个人修养。修养,对于人生情操的境界和整个人生是不可忽略的。外国人说:"人是自身幸福的设计师。"伟大的爱国诗人屈原也有名言:"路漫漫其修远兮,吾将上下而求索。"只有通过加强修养,才能荡涤自身的污泥浊水;只有通过加强修养,才能荡起纯净的清波,思想才会绽开理性的花朵。

一个理性的、和谐的社会也是以个人修养为本的。个人修养是政治昌明、社会稳定的基础。古人提出"修身、齐家、治国、平天下",这是一个递进的关系,包含四个层面:"修身"属于个人伦理,私德层次;"齐家"属于家庭伦理、家族伦理;"治国"属于社会伦理,公德层次;"平天下"意即使天下众生万物和平相处,属于终极伦理。其中,修身、修心、炼己是基础。

古人还有一句话,叫做"内圣外王"。意思是说,通过个人修养达到圣人的境界,然后转化为治理天下的本领。这里说明了修养与事业的关系。孟子说:"有所求,然后才有所得。"其意思是指在求自己。而孟子的话是针对一个人的道德修养而言的。个人的道德无疑是可以通过自身的修养而获得的,在此基础上,功名富贵也就"可得"了。"一切福田,不离方寸,从心而觅,感天不通。"任何成功和幸福都离不开人的方寸之心。要追求一切,首先必须从追求心灵开始。道德修养是内在的,功名富贵是外在的,但追求这两者都应该从内心的修养入手,而不要舍弃内心,盲目地在外面追求。如果不反躬自省,内心没有觉悟,就只能是到处碰壁。

有一首"不字歌",值得品味:

坚定,不固执;忍让,不软弱;
勇敢,不鲁莽;自信,不自负;
沉着,不寡断;谨慎,不胆怯;
豪放,不粗鲁;自珍,不自负;

老实，不愚蠢；自爱，不自娇。

修养的内容是多方面的，如知识修养、品质修养、个性修养、道德修养等。不同的修养内容有不同的修养规范和标准，但归根到底需要自己艰苦的磨砺、独立的思索、反复的提炼。惟此，才能在修养过程中，不断升华精神境界，陶冶人生的情操。

我觉得，在生活实践中，应注重在名与利、得与失、苦与乐、真与假、成与败、生与死、精神与物质、自律与他律等几个方面加强自身修养，感悟人生，使自己成为一个情操高尚的人。

名与利

追求金钱、快乐、声誉的人，必定无法真心地去爱别人。

——毕达哥拉斯

如果大家都以功利的眼光来看待世界，那么，世界上也就没有一件珍贵的东西了。

——森氏马外

“人过留名，鸟过留声。”谁不想自己名满天下，起码也要有个好名声；“天下熙熙，皆为利来，天下攘攘，皆为利往。”谁不在为自己的利益而奔波，起码也要落得个衣食无忧。对名与利的正当追逐，不是坏事，而是好事。用普希金的话说，对名与利的追求“是社会前进的发条”。马克思主义提倡革命的功利主义，为国家、为民族、为百姓，就是要争名争利，做一个对国家、对民族、对人民有贡献的赤子。像周恩来那样的人，一生为国家争得无数的荣光和名誉，又为国家和人民作出了那么大的贡献，这样的人永远是人们的楷模。

在法律和政策允许的范围内，我们每一个人也要理直气壮地为自己争名争利。那些被人们誉为“劳模”、“英雄”、“烈士”的人，他们的名字永远活在人们的心中。社会需要名人，因为榜样的力量是无穷的。那些在市场经济中创业创新并取得丰硕成果的人，他们同样是大家羡慕、学习的时代强人，因为他们不仅为自己争得了名与利，同时，也为国家、为人民奉献了自己的才华和物质财富。

有些人总认为争名争利是不道德的，因为道德的行为是讲究无私奉献，只讲付出、不讲索取的。但实际上，争取份内利益是一个与道德无关的问题，按劳分配、等价交换乃是天经地义的公理。犹太人在商场上绝对容不得模棱两可、马马虎虎，特别是在商定价格时，他们非常仔细，对利润的一分一厘，他们都计算得极其清楚。只要是该赚钱的地方，他们一定会脸不红、心不跳，不卑不亢地把它赚回来。“君子爱财，取之有道”。利是客观存在的，只要不是建立在损害他人利益的基础之上，就应该大胆地争取利益。当然，更重要的是在为社会、为他人的奉献之中确立自己的名与利。科学家王大珩讲：一个国家、一个民族要进步，要发展，必须有奉献精神。他不赞同社会上流行的“人人为我，我为人人”的话，他认为这是一种够本思想，应该是“我为人人”大于“人人为我”。他还讲，一个人一般只工作 30 年，小时候要别人养活，老了要社会奉养，有限的工作时间还要养自己、养老婆、养孩子，一个人必须作出六倍于自己所需要的财富，社会才能进步。这就是一个大科学家的功利观。

一个人要珍惜自己的名声，不能让别人随意地践踏自己的声誉。“人争名，佛争香。”这一方面要自强，要倾注自己的才华去争得大家的好评。“人生忧患始于名，且喜无闻过此生。”许多人很欣赏辛弃疾的这两句诗。其实，对这两句话是需要加以分析的。汲汲于个人名利者，当然是不可取而且难免有忧患的，为国为民为事业而有名，正是社会进步的需要，这是虽可能有忧患而仍应当奋勇向前的事。哪一位成名成家的杰出人物不是终生奋斗不息的人？另一方面要自尊，只有自尊才能赢得大家的尊重。世界名著《简·爱》中的男主人公罗切斯特身为庄园主，财大气粗，对女主人公说："我有权蔑视你！"他自以为在地位低下又其貌不扬的简·爱面前有一种很自然的优越感。但是，有坚强个性又渴望平等的简·爱坚决地维护了自己的尊严，她寸步不让，反唇相讥："你以为我穷、不好看就没有自尊吗？不！我们在精神上是平等的！正像你和我最终将通过坟墓平等地站在上帝面前一样。"这话强烈地震撼了罗切斯特，使他对简·爱产生了由衷的敬佩。

大凡人生，总有自己追求的东西，就是酒、色、财、气，也并非一概戒绝。记得一位哲人讲过，酒者，粮食也；色者，生育也；财者，经济也；气者，干劲也，一样不可缺少。但是，对一些东西的追求，必须限制在一定的范围内，如果过了头，就成了坏事，有时还要带来灾祸。

人们非常鄙视和痛恨那些不择手段追逐名利的人。安徽省定远县城隍庙有一副用五味五色构成的佳联：

泪酸、血咸，悔不该手辣、口甜，只道世间无苦海；

金黄、银白，但见了眼红、心黑，哪知头上有青天？

这副对联是针对那些"浮名浮利浓于酒，醉得人心死不醒"的人的。

相传，旧制十六两一斤杆秤的锒制是很费一番脑筋的。每一两代表一颗星，北斗七星，南斗六星，再加福、禄、寿三星，共计十六颗。将这十六颗星嵌于秤杆，须用银白和金黄之色，隐喻心地纯正，买卖公平。倘若短斤少两，就会受到报应，缺一两"损福"，缺二两"伤禄"，缺三两"折寿"。这虽是民间传说，却反映了人们对于"短斤少两"的人的咒恨。

有的人贪欲无边，终身为名利所累，陷入生活的苦海之中。清朝一本闲书《解人颐》里存有一首打油诗：

终日奔波只为饥，方才一饱便思衣；

衣食两般些俱足，又想娇容美貌妻；
娶得美妻生下子，恨无田地少根基；
买得田园多广阔，出入无船少马骑；
槽头扣了骡和马，叹无官职被人欺；
县丞主簿又嫌小，又想朝中挂紫衣；
做了皇帝求仙术，更想登天跨鹤飞；
若要世人心里足，除是南柯一梦西。

有些人为追逐名利，不择手段，品格低下，丢人现眼。有的人为了争名，一是捧、二是爬、三是钻、四是骂（专骂名人而出名）、五是买、六是偷、七是黏（把自己的名字跟名人的名字黏在一起）。《颜氏家训》中有言：“今不修身而求名利于世者，犹貌甚恶而责妍影于镜也，上士忘名，中士立名，下士窃名。”有的人为了争利，一是骗、二是假、三是套、四是偷、五是拐、六是买（买官）、七是贪，丧失了起码的人格。殊不知，“臣子盛德，不荡于富贵，不蹙于贫贱，不摇于威武”。“爵禄易得，名节难保。爵禄或失，有时会再来。名节一亏，终身不复矣。”

毛泽东同志有一次在与学者谈及《红与黑》的主人公于连时说：“人的眼睛，从科学的角度看，那图像应是倒着的，可为什么都觉得是正的呢？那也是习惯使然嘛！大家都这么看，都这么觉得。所以，反的变成正的，正的呢？又变成反的。错的往往成了对的，对了又成错的。照有些人的看法，男子汉堂堂正正的人，就不应该往上爬，而应该往下爬。人往高处走，水往低处流。关键是不要爬。爬，那是动物的一种动作。狗爬、猴子爬，人嘛，可以走，可以跑，有时也要手脚并用爬一下。如上山，也叫爬山，但人只能偶尔爬一下，不能一生总在爬。偶尔爬一下，人还承认你是人。如果一生都在爬，为了个人的名誉、地位爬个不停，人们就怀疑你是不是人啰。”毛泽东对那些不择手段、卑躬屈膝、追逐名利的人的批评是何等的辛辣啊！明代的王文儒曾经描绘过这种人的生活：“贪根种心，唯利唯金。蛊惑思虑，消铄精明。如醉如梦，虽生弗生。痴愚世移，骄奢祸程。”《晋书·诸葛长氏传》云：“贫贱常思富贵，富贵心履危机。”有的人把做官看成是名利双收的事，特别是在我们这个“官本位”的国度里，做了官，要名有名，要利有利。其实，做官是要尽责的，责权利，责是最本质的东西，权和利都是为责任服务的。有责无权等于放在火上烤，有权无责必然走向贪渎。至于利，那是对尽责尽力的报酬，不尽责的人也就无利可言了。再说，没有一定的觉悟，没有一定的能耐，这个官就是一把火，非把你烧死不可。在旧官场，做一个有良心的好官，更不是好混的。明代文学流派之一“公安派”的首领袁宏道、袁中道和袁宗道三兄弟，早年在外做官，后来都辞官回乡。一次教书的老先生曾分别问三兄弟：“你为何不做官？”三人分别作了回答。

袁宏道：“我是为官不忍啊！”（当官的要狠心搜刮老百姓的血汗钱，我实在于心不忍，只好辞官。）

袁中道：“我是为民不能啊！”（当官要为民请命，必然得罪皇上，我不能为民请命，只好辞官。）

袁宗道：“我是为官不人啊！”（当官的对上要做狗，对同仁要做鬼，对百姓要装神，我上下不能做人，只好辞官。）

听罢袁氏三兄弟的话，老先生叹道：“唉，世人都言做官好，哪知为官实在难啰！”

当然，新社会的官员与旧社会的官员有本质的不同。因为他们是人民的公仆，是为民掌权、为民服务的。像焦裕禄、孔繁森那样的好官还是大有人在的。改革开放30多年，我国之所以能取得举世瞩目的伟大成就，没有一大批“俯首甘为孺子牛”的各级领导干部的竭诚奋斗，那是不可想象的。但是，不可否认的是，那些为了个人名利而角逐官场的官员也是大有人在的。有的人为了出人头地，不惜劳民伤财，大搞形象工程；有的人为了个人名利，欺上压下，失职渎职；有的人做了官，认为“不捞白不捞，捞了不白捞”，贪赃枉法，腐化堕落，前"捕"后继，走上了犯罪的道路。有位青年干部，走上领导岗位才三年多，就贪污受贿上百万，法官问他："你就不怕坐牢吗？"他说："我当官就是为了钱，当上官后心里只有钱。"这使我想起《列子》中齐人攫金的故事。齐人被抓，官吏问他："市场上这么多人，你怎么敢抢金子呢？"齐人坦言道："拿金子时，看不见人，只看见金子。"

没有监督的权力必然走向腐败。对于权力腐败的问题，光有监督也还不行，必须实行综合治理。有人讲，《西游记》是一部反映当时社会腐败的小说，其中有一个观点很好，说唐僧一身正气不愿腐败，孙悟空无欲无求不想腐败，沙僧胆小怕事不敢腐败，猪八戒是监督严格不能腐败。有的人犯了错误，怪罪于市场运作。其实，任何事物都是相对的。比方说，闹病的人可能死亡，但不等于凡是得病的必死；天上无云不下雨，但不等于有云就必定下雨。说市场经济容易诱发经济犯罪，却不等于人们都要犯罪，常在河边走的人，不湿脚的还是多数。古人云："泾渭自分清与浊，薰莸不混真和香。"又说："劲节凌冬劲，芳心结岁芳。"出淤泥而不染的大有人在，近墨就黑，近朱不赤，这说明环境虽然重要，但毕竟外因是条件，内因是根据。有些东西对颜色沾边就染，而有些东西就是染不上。归根结底，染不染，既决定于环境，又决定于自己。正像歌德说的那样："不是有水的地方就有青蛙，但是有青蛙叫的地方必定有水。"所以，关键在于自身。宋代太尉党进，大肆聚敛金钱，过着锦衣玉食的生活，脑满肠肥。一天，他拍着自己滚圆的肚皮说道："肚皮啊，肚皮，我可从来没有辜负过你啊！"这时，他身旁一位家奴说道："将军，你确确实实没有辜负过你的肚皮，倒是你的肚皮辜负过你啊。"党太尉瞪大眼睛，表示诧异。家奴又道："肚皮是出主意的地方，可它从来没有给你出过高明的主意啊。"这件事传出去，当时人们便给党进取了个绰号叫"负腹将军"。

"求名要求万世名，计利要计天下利。"国家之名，民族之利，要争。个人之名利，正确的态度是淡薄之。不为名所累，不为利所害。释尊曾说过："愚蠢的人只会贪婪地追求名声，不遵守正道，种下危害自己的祸根，以后后悔就来不及了。"而豁达的人，一般总是"物物而物于物"（做物质的主人，不做物质的奴隶）。明代郭明泉诗曰："近名终丧己，无欲自神通。识远乾坤润，心空意境新。闭门只静坐，自是出风尘。"俗话讲："声名与荣利，膏火露花儿。"人生天地间，对利在天下者，应该明察秋毫，孜孜以求；对利在一身之事，则应该糊涂些，大可不必较真。对于个人名利过于精明，机关用尽，就会蔽塞聪明，陷入泥潭。只有把心用在"利在天下"事情上，才算大智慧。大成若缺，大盈若虚，生活的辩证法，要求我们达到这一境界。大智若愚，大巧若拙，大辩若讷，古代哲人的这些话，更值得人们记取。当然，说起来容易做起来难，没有很高修养水准的人，是很难企及的。《明人百家小说》有几段关于为仕之道的叙述。一则说，孙叔敖遇孤丘大人，孤丘大人对他说，人有三利必有三患，即爵高人妒，官大生恶，禄厚人怨，意在劝他急流勇退。孙叔敖则回答说："不然，吾爵益高，吾志益下；吾官益大，吾心益小；吾禄益厚，吾施益博，可以免于祸矣。"毛泽东认为他这种表白实际上是很难做到的。

清代沈复在《浮生六记》中说得也很明白："乐即是苦，苦即是乐。带些不足，安知非福？举家事事如意，一身件件自在。热光景，即是冷消息。劳生扰扰，惟名惟利。皓旦昼，蹶寒暑，促生死，皆此两字误之。以名为炭而灼心，心之液涸也；以利为蚤而螫心，心之神损也。今欲安心而却病，非将名利两字除净尽不可。"

淡泊名利，为官者首要也。其实，地位是脚的台阶，并不是人生真正的高度。哲人看官，官是一个抽象的符号，一个历史的浮标，一个社会的角色，一个人生的写照。官史是变化的，历史是永恒的；做官是暂时的，做人是长久的。好人未必是好官，好官必定是好人。做官须知担子重，无官亦觉一身轻。常人看官，官是一次机遇、一次挑战、一份期盼、一份信任、一种权利、一种责任。为民请命是当官的天职,为民造福是当官的本职,为民服务是当官的尽职,不问民事是当官的失职。庸人看官,官是诱人的光环,一块神灵的金砖,一把万能的钥匙,一张高贵的名片,官中自有黄金屋,官中自有酒肉足,官中自有豪华车,官中自有家人福。官位有高低,官品有优劣,官禄有厚薄,官名有好坏。想长远,顾大局,审时度势,锐意进取,振兴一方是明官;攻难关,求发展,开拓创新,振兴一方是能官;察民情,识民意,荣辱不惊,秉公执法是清官;重名节,严家教,两袖清风,一尘不染是廉官;不知书,不识礼,饱食终日,无所用心是昏官;图安逸,患得失,四平八稳,无所建树是庸官;捞好处,聚钱财,以权谋私,欺压百姓是贪官;亲小人,近女色,官官相护,狼狈为奸是赃官。

孔繁森同志有一个座右铭:“老是把自己当珍珠,就时常有怕被埋没的痛苦。把自己当泥土吧,让众人把你踏成路。”这句话深刻地反映了孔繁森的名利观。一位领导干部也曾说过:“无私无欲,喜气洋洋;逐名逐利,终日惶惶。”有副对联写得好,上联是“钱多钱少都有烦恼”,下联是“官大官小没完没了”,横批是“淡泊名利”。《正法眼藏随闻记》中说过:“学道要从贫字学起,放弃一切利益,不阿谀一切,万事无欲望,必成良僧。”这里说的“学道要从贫字学起”,并不是叫人家永远生活在贫困之中,而是教人不要汲汲于名利,提醒人们要永远保持平和谦虚之心。

请记住,活得简朴,才活得轻松;活得简朴,才活得自由。美学家有一个说法,最高境界的美,形式往往很简单。大家都知道,阳光透过多棱镜,分解出七彩缤纷的颜色,而这多种颜色重叠在一起,又还原为纯白色。这说明,最完美的东西,实际上是以最简单的状态呈现的。美的生活需要删繁就简,“见繁削去留清瘦”(郑板桥),摒弃不必要的身外之物,不为物欲所累,不为虚名所扰,让自己活得简单,活得单纯,进入那种从容、自如、恬淡的意境,去获取别人所没有的更高层次的充实和丰富的生活，正如冰心老人说的："如果你活得简单，那么这个世界就简单。"

得与失

有些东西你想要而没有，这是幸福不可缺少的一部分。

——罗素

你失掉的东西越多，你就越富有，因为心灵会创造你缺少的东西。

——罗曼·罗兰

人活在世上，总要有所得。衣食住行，样样不可缺少，而这些都要通过自己的劳动而获得。正是人的需求和消费，才推动经济的发展和社会的进步。毛泽东同志一次看普希金的叙事诗《渔夫和金鱼的故事》，针对剧中的老太婆"贪得无厌"讲道："人贪得无厌是不好，但人要是贪得有厌，那恐怕世界也就不前进了。""都满足了，而且到了厌的程度，那还要变革、还要追求什么呢？"我国还是一个发展中的国家，人们的生活还不富裕，所以，社会主义的根本任务就是大力发展生产力，使人民得到更多的实惠，满足人们日益增长的物质和文化需要。

该得的要得，该失去的也要失去。佛家妙语曰：一个人在处世中，拿得起的是一种勇气，放得下的更是一种勇气、一种肚量、一种修养。对于人生道路上的金钱、美色、鲜花、掌声，有处世经验的人都能等闲视之。屡经风霜的更有自知之明。拿得起，实为可喜；放得下，才是处世之真谛。元曲和《红楼梦》中都有"赤条条来去无牵挂"这样的话，我国历史上有许多格言、警句和诗词歌赋，也都是劝人奋发向上、淡泊处世，不要为蜗角虚名、蝇头小利而蝇营苟苟地生活。老子说过:“祸莫大于不知足,咎莫过于欲得。”

现实生活告诉我们,有得必有失,有失必有得。有时得就是失,失就是得。得和失永远是一对孪生姐妹,如影随形,这就是得与失的辩证法。做人不因得而忘形,也不必因失而自弃。

得就是失。这样的例子不胜枚举。

从前一个人在外升官了,写信给母亲报喜。其母知道后,非常焦急,因为知儿莫如母,母亲知道他儿子没有什么能耐,就回信说:“汝能薄而官大,是为婴害;无功而家昌,是为积殃。”不久,这个人因能力有限,在处理一件积案时引起了大乱,被罢去了官职。母亲知道后,反而高兴地说:“这一下我心安矣!”看来,这位母亲是一位贤人。古人云:“能薄而位尊,力小而任重,智浅而谋大,祸不远也。”

生活中还有不少因小失大的例子。

第二次世界大战时,伦敦的英美给养司令部的墙上醒目地写着一首英国摇篮曲:

为了得到一枚钉子,竟失去了一块蹄铁;
为了得到一块蹄铁,竟失去了一匹马;
为了得到一匹马,竟失去了一名骑手;
为了得到一名骑手,竟失去了一次战斗;
为了一次战斗的胜利,竟连国王也失去了。

这首摇篮曲质朴地告诉人们,绝不可为得到部分或局部利益而失去整体或全部利益。“蹄钉效应”是人们决策处事之大忌。

据报载:广东某县一位银行行长因受贿 24 万被判了 12 年徒刑。宣判后,这位行长痛不欲生。他不是后悔自己对不起党和人民对他的培养教育,而是后悔自己对不起自己,他说:“我一年年薪 30 多万,干吗要为这 24 万断送了钱财和人生?! 我太对不起自己了。”确实,这位行长也太得不偿失了。

失就是得。这里举一著名的事例。

第二次世界大战后，世界性组织联合国没有立足之地。买一块地皮吧，刚刚成立的联合国机构身无分文；向各国摊派吧，又放不下面子。听到这一消息后，美国著名财团洛克菲勒家族果断地出资870万美元，买下纽约一块地皮，无条件地赠送给联合国。同时，洛克菲勒家族亦将毗连的大面积地皮全部买下。

对洛克菲勒家族这一举动，许多美国财团吃惊不已，纷纷嘲笑说："这简直是蠢人之举！"并预言不要十年，洛克菲勒家族财团将变成贫民集团。

但出人意料的是，联合国大楼刚刚建成，它四周的地皮便飙升起来，相当于捐赠款的数十倍，巨额财富源源不断地涌进洛克菲勒家族财团。这种结局，令那些曾经嘲笑洛克菲勒家族之举的财团和地产商目瞪口呆。

这是典型的"因失而得"的例子。如果洛克菲勒财团没有作出"失"的举动，勇于放弃眼前利益，就不可能有"得"的结果。可见，得和失永远是辩证的统一。然而，现实生活中人们都执着于获得，而不愿意失。其实，有失才有得，有得必有失。当你"得"到的时候，又何尝不是"失"去？当你"失"去的时候，又何尝不是"得"到呢？大弃大得，小弃小得，不弃不得，放弃有时才是一种至高的人生境界。大得大弃，小得小弃，不得不弃，放不下所得，有时会酿成祸灾。俗话说，豹死于皮，虎死于骨，熊死于掌，象死于牙，这其中的道理是值得品味的。

我们很多时候羡慕空中自由飞翔的小鸟，人其实也应该像鸟儿一样，欢呼于枝头，跳跃于林间，与清风嬉戏，与明月作伴，饮山泉，觅草虫，无拘无束地生活。人生在世，有许多东西是需要放弃的。在仕途上，放弃对权力的追逐，随遇而安，得到的是宁静与淡泊；在淘金的过程中，放弃对金钱无止境的掠夺，得到的是安心和快乐；在春风得意、身边美女如云的时候，放弃对美色的占有，得到的是家庭的温馨和美满。我们还应看到，花到最艳丽时，接着就凋谢、枯萎；月亮最圆的时候，接着就是亏损、黯淡。具有人生智慧、能看破红尘的人，就懂得放弃，激流勇退，成为一个自由自在的人。

一个人在三十岁时是用加法生活的，也就是不断地从这个世界上收集他需要的东西，比如经验、财富、情感、名誉等。但得到的东西越多，人就越容易迷惑。三十岁以后，就要开始学会用减法生活，也就是要学会舍弃不是你心灵真正需要的东西。比如不想交的朋友舍掉了，不想做的事情拒绝了，不想挣的钱不要了。当敢于舍弃、知道如何舍弃的时候，人才真正进入不惑的状态。

在中国的词汇中，许多美好的称誉往往是清字当头。卓越的才能称清才，志行高洁的称清士，儒雅的文章称清文，纯洁的友情称清交。“清”字再加上一个“高”字，当属顶尖极的称誉。《孔丛学》说：“夫清高之举，不以私自累，不以利烦虑，择天下之至道，行天下之正路。”“德”，“得”也，这是《礼记》中的一句名言。其含义是有德的人，也就有得。得到的不是金银财宝，而是做人的尊严和别人的尊重。

与此相反，生活中损人利己、患得患失、贪得无厌的人大有人在。

庸人在没有得到富贵与权力的时候，就害怕得不到；得到富贵与权力之后，又唯恐失去，这就是我们常讲的患得患失。患得患失的人把个人得失看得太重。其实，人生百年，钱财再多，也一样是生不带来、死不带走。美国一位石油大亨在一本传记中说道：“富裕与肥胖没有什么两样，也不过是获得超过自己需要的东西罢了。”

挖空心思地巧取豪夺，难道就是人生的目的？这样的人生难道就完善、就幸福吗？过于注重个人得失，会使一个人变得心胸狭隘，斤斤计较，目光短浅。而一旦将个人得失置于脑后，便能轻松地生活下去，便能遇事从大局出发，从长远考虑问题。祸往往与福同在，福中往往潜伏着祸。塞翁失去了一匹马，而这匹马却引来了另一匹马，这不是祸中隐藏着福吗？塞翁的儿子因得到一匹马，高兴地骑上它，不小心掉下来把腰给摔了，这不是福中隐藏着祸吗？事情还没有到此为止，塞翁的儿子因腰摔折了，没有去服军役，而去服军役的人大部分战死了，这不又是因祸得福吗？"塞翁失马"的故事有些相对主义的色彩，但其中蕴含的哲理还是有启迪意义的。只有正确地看待个人的得失，才能有真正的收获。《老子》中指出的"多藏厚亡"与《易·学辞》所说的"漫藏诲盗，冶容诲淫"都是很有哲理的。聚敛无度者必犯众怒，终将丧失；聚敛钱财者无异是教诲人们去盗窃之，必遭非议。

古语说："人为财死，鸟为食亡。"人不能没有欲望，不然就会失去前进的动力，但人不能贪婪，因为贪婪是个无底洞，你永远也填不满，而且是非常不道德的。苏联教育家马卡连柯曾经说过："人类欲望本身并没有贪欲，如果一个人从烟雾迷漫的城市里来到一个森林中，呼吸新鲜的空气，谁也不会说他消耗氧气是过于贪婪。贪婪是从一个人的需要和另一个人的需要发生冲突开始的，是由于必须用武力、狡诈、盗劫，从他人手中把快乐和满足夺过来而产生的。"

贪婪的人是永不满足的，就是风吹过来都恨不得捞一把。他们天天生活在不满足的痛苦之中，但最终不会有什么好结果。人不可能把金钱带入坟墓，但金钱却可以把人带进坟墓。看那些"早去天有眼，迟去地无皮"的贪官污吏一个个被送进监狱、送上断头台，不是很让人们警醒吗？

有一则寓言：上帝在创造蜈蚣时，并没有为它造脚，但是它的爬行速度和蛇一样快。

有一天，它看到羚羊、梅花鹿和其他有脚的动物都跑得比它还快，心里很不高兴，便嫉妒地说："哼！脚愈多，当然跑得愈快！"

于是，它向上帝祷告说："上帝啊，我希望拥有比其他动物更多的脚。"上帝答应了蜈蚣的要求，他把好多好多的脚放在蜈蚣面前，任凭它自由取用。蜈蚣迫不及待地拿起这些脚，一只一只地往身上贴去，从头一直贴到尾，直到再也没有地方可贴了，它才依依不舍地离去。

它心满意足地看看满身长脚的自己，心中窃喜：现在，我可以像箭一样地飞出去了。

但是，等它开始要跑步时，才发觉自己完全无法控制这些脚，这些脚劈哩啪啦地各跑各的。这样一来，它被这些脚拖累得反而跑得更慢了。

任何事情都不是多多益善。蜈蚣因为贪婪，要拥有更多的脚，结果却适得其反，脚成了束缚它行动的绳索，代价可谓惨重！

《圣经》上说，如果你能得到整个世界，而丧失了自己的幸福，那么，你也得不偿失。超过正常需要的东西永远是累赘。贪婪则让人丧失生活的乐趣，甚至会误了自家的性命。这或许是那些不懂得“得”与“失”辩证法的人必须付出的代价。

苦与乐

你想成为幸福的人吗？但愿你首先学会吃得了苦。

——屠格涅夫

我学会了寻求幸福的方法：限制自己的欲望，而不是设法满足他们。

——弥尔顿

人降临到这个世界上，从孩童时起就与苦乐作伴。清人朱克敬作《雨窗消意录》说：“人生苦乐无尽境，人生忧喜无定程。”如何对待苦与乐，是一个人生活品味高低、修心悟性优劣的试金石。我认为，苦难是人生的熔炉，欢乐是人生的企盼，苦乐相济铸就人生。

苦难是人生的熔炉

自从潘多拉的盒子一打开，痛苦就来到人间。苦力、苦脑、苦行、苦雨、苦衷、苦刑、苦口、苦笑、苦差、苦肉记，还有吃苦、辛苦、艰苦、痛苦，等等。生活中有鲜花也有荆棘，有平坦的大道也有坎坷的小径，任何人摆脱不了苦难的困扰。人生在世，酸甜苦辣你都得尝一尝，无论是谁，要想有所成就，总得打这儿过。

苦难对于人们的成长来说，实在是一种财富。君不见，生在温室里不经风雨吹打的小苗，永远是孱弱的；没有经过饥饿折磨的人，就不知道填饱肚皮的幸福，更不能体味到农人辛勤劳作之后收获的喜悦；没有经过寒冷侵袭的人，永远也不知道温暖的意义。苦难，可以折磨人，但也可以磨炼人的意志。

生活，是美好而沉重的。人生，更是丰富多彩而又艰难曲折的。苦乐忧欢，钟情失意，坦途坎坷，成败荣辱，花前月下，落日西风……对谁都一样。盘根错节、复杂纷呈、五光十色、千姿百态……绝不像听音乐那样舒畅陶然、轻松愉快，也不像夏天喝啤酒那样可口可乐，开心惬意。马克·吐温说得好："谁没有蘸着眼泪吃过面包，谁就不懂得什么叫生活！"托尔斯泰也说过："人生不是一种享受，而是一桩沉重的工作。"生活中自然有可以潇洒或应该潇洒的时候，但生活不能归结为潇洒，生活的本质是沉重的。唯有如实地认识到它的沉重，才能感觉到它的厚实、丰富，它的充满激情和弥足珍贵，才会享受到它真正的情趣。钢琴有白键、黑键，有时想来，人生也好比钢琴黑白交错、互相打入、互相侵剥、互相渗透。在几十年长也不长、短也不短的人生中，人们尝过痛苦也尝过快乐，从自己、从他人、从同辈，也从长辈那儿品尝出人生滋味来。其中之一，知足不知足，有为弗有为，成功在于毅力。在这充满诱惑的世界上，能终生踏踏实实地去追求自己的人生目标，本身就是一种非常困难的事。没有吃苦的精神，人生的门槛是很难跨过去的。

世上的苦，有各种各样的，有磨难之苦、有贫困之苦、有欲望之苦，我们应勇敢地迎战磨难之苦，奋力规避贫困之苦，明智地却除欲望之苦。

苦难是所大学校。视苦难为人生一笔丰厚的财富，乃一切杰出者之共性。苦难来临时，你可将之视做一种客观的命运安排，在主观上你绝不能放弃苦难作为磨炼自己的机会。坦然面对，砥砺意志，勇往而直前。孟子曰："天将降大任于斯人也，必先苦其心志，劳其筋骨，饿其体肤，空乏其身。"大文学家苏轼说："松柏生于山林，其始也，困于蓬篱，厄于牛羊；而其终也，贯四时，阅千古而不改。"明朝洪远朋也说："居逆境中，周身皆砭药石，砥节砺行而不觉；处顺境时，眼前尽兵刃戈矛，销骨靡骨而不知。"这些至理名言告诉我们，人生苦乐是难以完全预测的，任何人思想上都要有吃苦的打算。吃苦是做人之本，是成功之桥；困厄是奋斗的动力，是幸福的源头，是志士的熔炉。让我们回顾一下历代有为之士的足迹吧。苦读成才的有：战国苏秦锥刺股，汉代孙敬头悬梁，西汉匡衡凿壁偷光，晋代车胤囊萤映雪……发奋图强的有：大禹治水栉风沐雨，越王勾践卧薪尝胆，孙膑受刖足之苦写出流芳百世的《孙子兵法》，韩信受胯下之辱、饥饿之苦，终成大器，屈原饱受仕途艰辛，发出"路漫漫其修远兮，吾将上下而求索"的感叹，司马迁殚精竭虑，终于完成《史记》，曹雪芹写《红楼梦》时是一个穷困潦倒的文人。

毛泽东同志很赞成司马迁说的"文王拘而演《周易》，仲尼厄而作《春秋》，屈原放逐，乃赋《离骚》，左丘失明，厥有《国语》，孙子膑脚，兵法修列，不韦迁蜀，世作《吕贤》，韩非囚秦，《说难》、《孤愤》……"这些事例很好地印证了古今中外共有的一条人生哲学："灾祸常成为人们的学问。"毛泽东还曾感叹地说过："中国有两部大书，一曰《史记》，一曰《资治通鉴》，都是有才气的人在政治上不得志的境遇中写出来的。看来，人受点打击，遇点困难，未尝不是好事。"

清人赵翼说："国家不幸诗人幸，话到沧桑句便工。"如果李后主、宋徽宗没有国破家亡的经历，那是很难写出那些脍炙人口的诗词的。

明朝宰相张居正，自幼聪慧，十二岁即参加荆州府的应试，文采横溢的文章赢得应试官的一致喝彩，从此被誉为神童。十三岁时武昌应试，湖北按察使陈束看了他的试卷，拍案叫绝。是时，正值湖广巡抚顾玉麟来武汉巡游，陈束兴冲冲地把张居正的试卷拿给顾看。顾看后，也称赞张居正是个人才。陈束以为录取张居正没问题。不料，顾却说："最好让张居正落第。"陈束迷惑不解，顾解释道："居正年少好学，吾观其文采志向，是个将相之才。如果早让他发达，易叫他自满，断送了他的上进心。如果让他落第，虽则迟了三年，但能够让他看到自己的不足，反而更能够让他清醒，使其发奋图强。"这里，我们不能不说顾玉麟在选人用人尤其是培养人才上有远见卓识。在顾看来，一个有远大前途和雄心壮志的人，应该能够经受住"落第"这样暂时的挫折，而且，让他的发展在一开始就处于一种不顺利的境地，他就会知道要真正干成一件事并不容易，必须得到磨炼。张居正后来成为明代中兴时期的一代杰出政治家，他在险恶的环境中坚持革新政治，匡正时弊，这种不达目的不罢休的坚韧精神，不能不说与他少年时"落第"的经历不无关系。

鲁迅认为："不能真心领得苦痛，也便难有新生的希望。"奥斯特洛夫斯基也说："人的生命如洪水奔流，不遇着暗礁，就难以激起美丽的浪花。"因此，我们说，有挫折的人有力度，有挫折的人才能称为丰富。

有句话讲："上帝散布给人间的苦难与月光一样地相等。"是的，在这个世界上，没有一个人活得容易，更没有一个人整日地被鲜花和掌声所包围。知道这一点，就不要再抱怨命运的乖蹇和不济了。要安于自己所处的境地，努力，抗争，让时间慢慢地将心中的苦痛化解。

有的人一辈子自找苦吃，一辈子从苦中求安乐。齐白石的"不教一日闲过"，歌德的"没有哪一个月过的是真正的生活"，诺贝尔文学奖获得者,美国小说家福克纳说得更直白:“这奖不是授予我个人,而是授予我的劳动——一辈子处在人类精神的痛苦和烦恼中的劳动。这劳动并非为了荣誉,更非为了金钱,而是想从人类精神原料里创造出前所未有的东西。”

文革中的“老三届”被称为是“倒霉的一代人”,是生下来就挨饿(遇上瓜菜代的年代),上学不上课(赶上“文革”),毕业就下乡(上山下乡),返城找工做,轮到生孩子,只许生一个(计划生育)的一代。虽然饱经生活的沧桑,但是,他们不屈服于命运的安排,自强自立,顽强地与生活的困境作斗争,不少人成为社会的中流砥柱;有的人虽然晚年的生活仍然很平常,但也随遇而安,自得其乐,自我满足。是苦难和曲折造就了他们坚强而豁达的心态。

在一座佛寺里供着一个花岗岩雕刻的非常精致的佛像,每天都有很多人到佛像前膜拜,而通往这座佛像的台阶也是由跟它采自同一座山体的花岗岩砌成的。

终于有一天,这些台阶不服气了,它们对那个佛像提出抗议说:“你看我们本是兄弟,来自同一块山体,凭什么人们都要踩着我们的身体去膜拜你啊?你有什么了不起的?”

那个佛像淡淡地对他们说,“因为你们只经过四刀就走上工作岗位,而我是经过千刀万剐才得以成佛的啊!”

美国科学家曾公布过一个实验结果:

他们为了试一试南瓜这样一种普通的廉价植物生命力能有多强,就在很多很多同时生长的小南瓜上加砝码,砝码的重量就是小南瓜所能承受的极限。

这样,不同的南瓜压着不同的砝码,只有一个南瓜压得最多,从一天几克到几十克、几百克,到这个南瓜成熟的时候,上面已经压了几百斤的重量。

最后的实验是把这个南瓜和其他南瓜放在一起,大家试着一刀剖开来,看质地有什么不同。

当别的南瓜都随着手起刀落被打开的时候，这个南瓜却把刀弹开了，把斧子也弹开了，最后，这个南瓜是用电锯锯开的，它的果实强度已经相当于一株成年的树干。

这是一个什么样的实验呢？其实就是一个生命的实验，也是我们现代人所处的外在环境跟我们内在的反张力最好的参照。在当前社会这样的竞争压力下，我们没有承受外界巨大压力的毅力，要想成功是难以想象的。

“生于忧患，死于安乐”，这是一个颠扑不破的真理。对于每一个人是如此，对一个民族，对一个国家何尝不是如此呢？

犹太民族是一个多灾多难、屡遭迫害的民族。一个犹太问题研究者这样描绘犹太人：“对于活着的人，犹太人是死去的人；对于当地人，他们是异己和流浪者；对于有产者，他们是乞丐；对于穷人，他们是剥削者和百万富翁；对于爱国者，他们是没有祖国的人；对于社会各阶层的人，他们是令人憎恨的竞争对手。”就是这样一个民族，在人世间的夹缝里艰难地生存着、抗争着，成为一个杰出的、有作为的、让人不敢侧视的民族。他们在经济上、军事上、科技上，在世界上都占有一席之地。犹太人在近代和现代史上还出现了诸如海涅、贝多芬、门德尔格、马克思、柴门霍夫、弗洛伊德、卓别林、爱伦堡、毕加索、爱因斯坦等一大批伟人和名人。据资料统计，从1901—1970年70年间，每百万人获得诺贝尔奖的人数，犹太人为0.64，非犹太人为0.023，前者是后者的28倍。

面对世界，考察日本、德国、韩国、新加坡等国家的经济发展史，可以发现，促使这些国家在不太长的时间内取得经济高速发展奇迹的一个重要原因，就是国民都有一种“不是生，就是死”的危机感。

相反，如果认为世界大同，歌舞升平，大家安享太平，必然导致意志消退，无所作为，在激烈的世界竞争中走向衰落。19世纪末，美国康乃尔大学的一项实验表明：一只活蹦乱跳的青蛙被冷不防地投入滚沸的油锅内,能在千钧一发之际跳出逃生。而同是这只青蛙,再把它放入逐渐加热的水锅内,它却在微温的水中惬意地泅游,待感到水烫危机时,却再也无力跳出,只能葬身锅底了。

青蛙的悲剧何在?在于处险而不知险,错把危险当安逸,消磨了意志,软散了筋骨,待感到危险降临时,已无力奋起了。

生活中,我们随处都可以看到,许多人安于现状、不思进取、在浑浑噩噩中度日,害怕去面对困难的环境和挑战,最终在安逸中消磨了自己生命的能量。正如古诗所说:“自古雄才多磨难,从来纨绔少伟男。”

医学家说,苦利于目。难怪配眼药水离不开黄连,果如此,则苦的好处又添了一条。因为这年头是特别需要眼力的,有眼力方能有远见,有远见方能有卓识,有远见卓识方能对社会作出更多的贡献。如此说来,茹苦还有济世之功呢!既能独善,又能济世,对人对已都有益处,这就难怪怀清守苦的人累世不绝了。

人人都有追求幸福的权利。而规避贫困之苦,是实现生活幸福的基本诉求。社会主义是干什么的?那些用“左”的腔调高唱“革命”、“社会主义”的人,其实并不了解革命和社会主义的真正含义。鲁迅曾经说过:“革命不是叫人死的,而是叫人活的。”列宁也说过:“社会主义的优越性就是能带领我们更快进入电气化和共产主义。”作为执政党,带领人民搞社会主义,就是要使人民群众摆脱贫困,过上殷实的小康生活。中国的老百姓太苦了,至今还有几千万人生活在贫困线以下,每一个中国人都要把这当做自己的隐痛,要尽一切力量帮助他们,尽快地让他们走出贫困,和大家一起过上好日子。千万不能漠视他们,更不能侵害他们。晋朝司马衷当皇帝,有人告诉他老百姓没有饭吃,饿死了,他反问一句:“何不食肉糜?”清朝道光皇帝也是够昏聩的,他颇喜着旧衣(多半是穿给人看的)。有一次,套裤膝盖部位破损,他叫内务府织造局织补,织造局敬谨从命,精心织补了两个淡黄色的圆块,道光和内臣美其名曰“补月亮”。事后，织造局上奏说报销白银五十两，道光连说：“便宜”。封建帝王视人民为草芥，自己挥霍无度，就不用说了。今天，我们是人民当家作主的国家，难道我们的各级官员不应该尽责尽力地让老百姓摆脱贫苦吗？

索飒引用《美洲记要》评论巴列霍的话：“在今天这个到处买卖快乐的时代，一切过分的幸福都是不道德的。”“在这个世界上，一切漠视、冷嘲穷人的作家算不上是一个好歌手！”

思富之心人皆有之，并非什么罪过。但在缺少公正的情况下，有的人跟贵族套近乎，依附权势，巧取豪夺，难道是一种道德？他们信奉的是享乐主义，追求的是个人肉体和感官的享受，如同《列子·扬朱篇》提出的人的价值就是“尽一生之欢，穷当年之乐”，“恣耳之所听，恣目之所视，恣鼻之所闻，恣口之所言，恣体之所安，恣意之所欲”。只有经历过失业、流浪、受辱的人大约才知道天底下的真实。其实，一切华贵的庄园、摩登的大厦都是以穷人的身躯支撑着的。天底下许多富人的出现，是以成千上万的穷人的痛苦为代价的。是穷国养活了富国，同样，是穷人养活了富人。这个一百年前为巴黎公社所喊出的口号，直到今天，我以为仍然是亲切的。

人的欲望是无止尽的。过去有人作过打油诗讽刺欲壑难填的人说：“分金恨不得玉，封侯怨不得公，受公还欲为帝，为帝又求长生。”结果，无穷的欲望带来了无穷的苦恼。当财富的增加慢于欲望的增加时，快乐就下降，痛苦就增加。这正说明为什么有钱的人不一定快乐。

有的人，因种种机遇，比较多地实现了个人的欲望，可即使这样，也未必能确保人生常乐的状态。《红楼梦》中那句人生慨叹“喜荣华正好，恨无常又到”，说的就是命运的摆布每每让人在乐与不乐之间漂移，即使因为特别的造化，在有限的生命之旅中实现了个人全部的欲望，随之而来的，也将是无所欲的苍白人生，以及无所乐的茫然和虚空。

经济学上有一个术语叫“边际效益递减”。它是指人们在消费一种商品时,每增加一个单位所增加的效用是递减的,也就是说,消费的商品量越多,从中得到的心理满足越少,边际效用也就越小。因此,又称之为“边际效用递减律”。

其实,经济学的知识和其他学科是相通的。比如,在生活中还有一个“幸福递减律”。人们普遍有一个误区,认为追求物质就是幸福,许多人为此不但深受其苦,更有甚者,弄得连起码的幸福也没有了。按照“幸福递减律”,物质越丰富,人们从物质中得到的幸福感就越少,即幸福也逐渐地递减。这也是一个不可回避的规律。“失眠的皇帝羡慕酣睡的乞丐”,难道不是吗?

幸福减少的悲剧,引起了人的不快乐与不满足,使许多有意义的事物变得乏味枯燥,使人失去了对生活的兴趣。时间一长,那样的人生便会变成一种煎熬的人生。从这个意义讲,幸福是一种经过节制的满足,是一种欲望加以控制的快乐。如果你想幸福,如果你想快乐,就必须节制欲望,过一种有节制的生活。

快乐是人生的企盼

追求快乐,是人的天性。谁愿意黄连过口、饥寒加身呢?欢乐从何而来?从道德中来、修养中来、健康中来、智慧中来、恬静中来、爱意中来、松弛中来、助人中来、奉献中来……原来,欢乐掌握在自己的手中,藏在自己的心中。

欢乐有大小之分。小欢乐,升官发财,志得意满,窃喜抒怀,溢于言表;大欢乐,不以物喜,不以己悲,胸中装有国家、民族、人民,享有奉献之乐,助人为乐,知足常乐,与人同乐。

助人为乐,是一种深沉的乐。尽管为了帮助别人而自己会失去一些物质的享受,但其内心是非常充实的。其实,给别人的帮助和鼓励,自己不但不会有损失,反而会有收获。通常,一个人给人家的帮助和鼓励越多,从人家那儿得到的收获也越多。而那种吝啬的人,对他人不表同情、不予帮助的人,无异于使自己陷入孤独无助的境地。

与人同乐,是一种高尚的乐。张权教授讲,人生有四乐:知足常乐,自得其乐,助人为乐,与人同乐。前三个“乐”容易做到,后一个“乐”却不易做到。为什么?因为已经到手的欢乐还要无偿地与人分享,没有高尚的情操、坦荡的胸怀、无私的情谊,是难以做到的。

知足常乐,是一种恬静的乐。人在不知足中绝对地追求,在自得其乐中相对地满足。知足,使人在自我释放和自我克制之间砌筑了一个生命安顿的心理平台;在“见好就收”的意义上,提前规避了未知的风险;在相对满足和绝对追求之间,重建了一种平衡。一方面,知足常乐少了些欲而不得的焦躁,少了些由色而空的虚无,比起“无欲”的禁锢,“知足”多了一些人情味,比起“一无所有”的自得与佯狂,又返回了世俗理性。

一个双目失明的人来到天堂责备上帝对他不公,上帝给他介绍一个得病已去世的人说,至少你还活着;一个生意破产的老头找到上帝责备上帝对他不公,上帝介绍了那个双目失明的人说,至少你还健康;一个失意的人找到上帝责备上帝对他不公,上帝给他介绍了那位破产的老头说,至少你还年轻。

晋人羊祜说过:“天下不如意事,十常居八九。”这话还真不是无病呻吟,更非“为赋新词强说愁”。宋人辛弃疾也有同感:“叹人生,不如意事,十之八九。”

扪心自问,我们多是些庸庸碌碌的平常人,没有羊祜、辛弃疾那么大的襟怀和抱负,不如意的层次也没有他们那么高,但遇到的不如意事一点也不比他们少。虽然都是些家长里短、庸常小事,鸡虫得失、小悲小伤,但也常常让我们心情郁闷,无法排遣。

其实,细想起来,有很多不如意的事都是自找的。譬如,刻意去争一些不该争或意思不大的东西,争位置、争职称、争荣誉、争排场,也就是古人讲的“争名于朝,争利于市”,给自己定下高的人生标准,老是和这个比和那个比,结果越比越泄气,越比越生气;或者奋斗目标太高,力不从心,自寻烦恼。那么,我们不妨适当放弃一些身外之物,从实际出发降低一些人生标准,减一减太盛的名利之心,不如意事自然就会减少。

还有一个办法就是,少想不如意的事,多想如意的事。这是民国元老于右任的人生态度。他曾写过这样一副对联:“少思八九,常想一二”,横批是“如意”。既然不如意的事十居八九的大趋势无法改变,那么不妨索性忘掉或者少思那不顺心的“八九”,多想让人高兴的“一二”,这可不是阿Q的精神胜利法,也不是鸵鸟的埋头战术,而是乐观者的生活态度。比如,楚霸王应常想“破釜沉舟”,少思“霸王别姬”;关老爷常想“过五关斩六将”,少思“走麦城”;李后主常想“凤阁龙楼连霄汉”,少思“最是仓皇辞庙日”;孟进士常想“春风得意马蹄疾”,少思“昔日龌龊不足夸”;东坡先生常想“千里共婵娟”,少思“高处不胜寒”;清照女士常想“应是红肥绿瘦”,少思“凄凄惨惨戚戚”等。

有人请教哲学家:何谓乐观与悲观?哲学家回答说,譬如桌子上摆着半杯水,乐观者说,这个杯子的一半是满的;悲观者说,杯子的一半是空的。我们要做一个乐观主义者,在不满足中寻求满足,不做非分之想,不去好高骛远,只有这样,才能安宁如水,气静心平,不奢求,不巧取豪夺。温饱不虑便是常事,无病无灾便是福泽。所谓修身养性,参禅悟道,在常人理解,无非就是散淡随缘,乐天知命。“知份心自足,委顺常自安”,这其中的玄机,就要靠自己去参悟了。

苦乐相济铸人生

苦和乐是相对的,对于生活中的苦与乐,是仁者见仁,智者见智。不同情操的人,不同修养的人,有不同的理解。有人把读书当做乐事,有人则认为是苦差;有的人生活自甘清贫犹感快活,有的人挥霍无度仍觉苦闷；有的人勤恳、敬业、自鞠甘苦感到十分充实，有的人饱食终日、无所事事感到百般虚苦；有的人在烈日下锄禾、在寒风中跋涉仍苦中作乐，有的人在办公室喝茶、在空调下闲聊却唉声叹气。苦与乐是相对的，同样的环境下，一些人认为很苦，一些人却感到无比的幸福。18 世纪法国伟大作家雨果曾经说过这样的话："有思想的人很少用这样的短语，幸福的人和不幸的人……"

甜从苦来。经历过痛苦的人，才有获得成功的喜悦。从前的痛苦与不幸，对于现在的成功来说，不是无足轻重的，而是弥足珍贵的。从这个角度讲，没有经过不幸的人，才是真正的不幸。"不曾哭过长夜的人，不足以论人生。"没有经历苦痛，就想获得欢乐，是一种不切实际的幻想。有人只知道痛苦，不知道痛快——痛快、痛快，不痛不快！难怪有人说，痛苦是幸福的影子。还有人说，有多少痛苦就有多少欢乐。生活的道路就在"苦"与"乐"之间延伸，正像屠格涅夫在《散文集》中说的："你想成为幸福的人吗，愿你首先吃得起苦。"

墨子曰："少尝曰苦，多尝曰甜。"作家刘顺棠说："诸子百家，我崇尚老子，老子'祸兮福之所倚，福兮祸之所伏'最为我信服。我吃够了一帆风顺的亏，心理上产生了'恐顺症'。"因此，刘顺棠每遇到有不如意的事，他都泰然处之，视为减灾灭祸的因素；而遇到顺利的时候，就兢兢业业，十分谨慎。《红楼梦》第二十四回中贾雨村逛智通寺，门旁有副对联："身后有余忘缩手，眼前无路想回头"。贾雨村看了以后说："这两句，文虽甚浅，其意深刻，其中必是有个'翻过筋头来的'也未可知。"所谓"翻过筋头来的"，佛家语就是觉悟得道的人。像刘顺棠这样的人，由顺而逆，使他吃了不少苦头；如今又由逆而顺，处境改善了，但他不忘从前的教训，处事待人老练持重，在"身后有余"、"眼前无路"的时候就想到以后，在顺的时候想到逆。这在人的修养来说，是达到一个新的境界了。

甜从心来。清代大思想家王夫之的“六然”养心诀，恰是快乐的秘笈。

“自然超然”，就是自处超然，这是人生的一种至高境界。自处难，难在抵不住孤独；超然更难，难在不会享受孤独。这里的关键就在于你能和自己快乐地相处，心灵舒展，做到超逸洒脱，乐由心生。

“处人蔼然”，就是待人和气、和善、和蔼，让人感到可亲可敬，这是发自内心的一种品质，是保持良好人际关系的基本准则。

“无事澄然”，就是没有事做时与有事做时不仅一样踏实，而且更加清静怡然，这是修身的一条基本途径。坦然地面对生活，不急不躁，不气不馁，不惹事生非，始终坚守宁静安然、清朗明净的心灵阵地。

“处事断然”，就是处理事情干练利索，果断坚决，当断则断，不拖泥带水，这有利于人们始终保持富有激情、乐观向上的心态。

“得意淡然”，就是当你在生活、事业、爱情等方面取得成功或收获时，也就是春风得意、心想事成时，不要忘乎所以，要把问题看得淡一些，不做功利的奴隶，要学会满足。只有知足，才能常乐。

“失意泰然”，就是当你遇到挫折或失败时，仍然保持败不馁、气不泄的平和心态和大将风度。这是完美人生的绝妙之笔。要做到拿得起、放得下，以更加饱满的热情和不懈的努力，迎接否极泰来的时刻。

王夫之的“六然”养心诀，归根到底就是“回归自然”，保持平常人的心态，努力把握生命的每一刻，全身心地投入到事业中去。深刻体会生活中的各种感受，你就会有发自内心的快乐。

真与假

与人以实，虽疏必密；与人以虚，虽戚必疏。

——韩婴

诚信相接,如坐入春风中。

——王倬

真,诚、信、实也;假,虚、空、伪也。

人贵务本。务本之要,在务“五本”:世以人为本;人以德为本;德以善为本;善以诚为本;诚以真为本。真,即纯真、本真、真理、真心、真意。诚身有道,大道至真,求道必致真。“真”是诚、信、实之精髓。诚、信、实是“真”之展现。

儒家伦理思想的一个显著特点,就是诚信精神。从孔子开始,诚信成为儒家的核心论题之一。中国文化素有推崇诚信的传统。在作为中国人修身必读之四书之一的《论语》中,孔子有一段颇为有名的论“信”之语:“子贡问政,子曰:‘足食、足兵、民信之矣。’子贡曰:‘必不得已而去,于斯三者何先?’曰:‘去兵’。子贡曰:‘必不得已而去,于斯两者何先?’曰:‘去食’,自古皆有死,民无信不立。”可见,真诚、诚信乃成功之基、做人之道也。

荀况说:“君子养心,莫善于诚。”西塞罗说:“世界没有比真诚更可贵的。”儒家经典《大学》是这样说的:“欲正其心者,先诚其意。”“意诚而后心正,心正而后身修,身修而后齐家,齐家而后国治,国治而后天下平。”其意思就是说,要克服内心的毛病,应该从真诚开始。一个人真诚了,他的心就能摆正位置;心中摆正了位置,心中的虚荣、嫉妒等弱点就会消失;心中的弱点消失了,人的潜能就会释放出来,就可以管理一个家庭,直至去为国家建功立业。真诚可以使一个人的心理力量强大起来,而强大的心理力量又可以充分调动自身无穷的潜能。

为人处事要守信无妄。信的最基本含义就是诚心实意,就是言行一致、表里如一。《吕氏春秋》有《贵信》篇,把信当做事业成功的基础。鲁迅在 27 岁的时候,写过一篇题为《破恶声论》的文章。他说:“人心必有所依凭,非信无以立人。”一百年前的仁人志士就大声呼吁过,兴国首先在于兴民,立国首先在于立人。立人先立心,立心先立信。归根结底,支撑人们内心世界的,还是一个“信”字。说它是社会前进的一个深层次的精神动力,并非虚妄之语。反过来说,缺信则迷心,迷心则失人,失人则失国。

传统中国对诚信的推崇是建立在封闭的小农经济为基础的农业社会中的,中国人对诚信的认识并不曾在现代社会里伴随着商品经济的发展而完善。随着传统文化教育的断裂,封建士大夫提倡的诚信古风在中国逐渐消弭。尤其进入改革开放以来,市场经济的发展,使财富的多少成为许多人衡量个人价值的尺度,道德修养退居次之,而追求财富与道德自律是互相矛盾的。在传统社会里,人们无法想象,一个贤者,一位仁人,一名高士可以是不讲信用的,正所谓“一言既出,驷马难追”。而在商品经济的今天,无论是雅人还是俗客,无论是达官还是平民,无论是富商还是小贩,却都有不讲信用的言行。这是因为不讲诚信可能在短期内带来明显的好处,而讲诚信却可能会吃亏。一切不诚信之举由于经济社会各种管理机制的不完善而广泛滋生蔓延。人性并非至善,诚信若只靠个人自律来维持,也就难免流于一句空话。

于是乎,现在讲大话、假话、空话的人大有人在,办假事的屡见不鲜。日常生活中,早餐想下楼吃油条,不敢,因为怕泔水油和洗衣粉;看报纸,什么地区什么企业增长多少多少,不敢相信,因为数字出于部;去开会,台上人讲得很好听,不敢相信,因为在会下人们从来不是这么做的;去看病,有专家门诊,不敢相信,因为职称的水分太大;去饭局,不敢相信海鲜的分量和鲜活度;看电视,一大堆丰乳、减肥、健身器、口服液广告,不敢相信,因为如果真的有效,世界根本不是这个样子;过马路,见绿灯不敢过,因为一位中学生见绿灯过马路被货车撞死了。还有离奇的,继假药假酒以及其他各种假货之后,假合同、假账目、假数字等,也冒了出来。有副对联:上联是“上级压下级层层加码,马到成功”;下联是“下级骗上级层层加水,水到渠成”;横批是“皆大欢喜”。还有假年龄,南方某地有一个级别很高的干部,在其胞弟 60 岁退休四年后,他的年龄却是 58 岁,一直在位不退,在当地被传为笑谈。类似的例子也不算少。

由于假充斥社会各个层面、各个角落,弄得有的人连自己的左手都不相信右手了。左手帮右手挠痒痒,右手想,挠得那么舒服,不知用心何在?右手帮左手擦肥皂,左手想,搓得那么起劲,然后要干什么?

然而,我们毕竟要回到诚信的社会中来。因为,信用的好坏,不能只怪别人,我们每个人都起了作用。这假那假,我们每个人都要为此付出代价。有一对夫妻关系不和,妻子两次喝农药自杀,都未成功,因为农药是假的。丈夫看妻子两次都未死,很高兴,请朋友喝酒庆贺,可把自己喝死了,因为酒是假的。建立诚信社会,是人人有责、人人受益的。现在做一点看上去幼稚可笑的事,比空谈什么主义、什么拯救、什么重建要有意义得多。

1987 年,75 位诺贝尔奖获得者在巴黎聚会。有人问其中一位:“您在哪所大学学到您最重要的东西?”那位老人平静地说:“是在幼儿园。”“在幼儿园学到什么?”“学到把自己的东西分一半给小伙伴,不是自己的东西不要拿,东西要放整齐,吃饭要洗手,做错事要表示歉意,午饭后要休息,要仔细观察大自然。从根本上说,我学到的东西就这些。”

我们现在最重要的,就是老师对我们说的一句话:“不要说谎。”如果我们每一件事、每一句话、每一篇文章、每次发言、每张表格等,都尽可能如实,事情总会一天天好办起来。

2000 年 2 月在西方出版的《百万富翁的智慧》一书,对美国 1300 名富翁进行了调查,在谈到为什么成功时,他们几乎没有一个人把成功归于才华。他们说:“成功的秘诀在于诚实,有自我约束力,善于与人相处,勤奋和有贤内助。”他们说的好像就是一些幼儿园老师教的东西,而且,诚实摆在第一位。

诚信是做人之道。做人与搞艺术不同。搞艺术，齐白石老人讲："过于真，是媚；过于假，是俗。"还有人讲，政治家必须"实事求是"，史剧家可以"失事求似"。而做人，诚信是根本的生存方法。一个人说话不真、办事不实，还能立身处世吗？教育家陶行知先生有句名言："千教万教教人认真，千学万学学做真人。"求真，就是追求真理；做真人，就是做一个实事求是的老实人。说实话、干实事、讲实际、重实践、凭实据、求实是，实心、实意、实在，哪一样少得了"实"字？哪一个不是掷地有声的人的品质？而假仁、假义、假廉、假正经、弄虚作假，哪一个不是曹雪芹所针砭的"贾"，哪一个不是让人不齿的恶行？做人之道，就是要办实事，做真人，以诚信布天下。

要办实事。无论做什么工作，都要坚持对上对下负责的一致性，对上不骗，对下不欺，一是一，二是二，正视矛盾，揭露矛盾，探求真理，不摆花架子，不做表面文章，不搞形象工程，干出一个实实在在的实绩来。

办实事，就要多调查研究，多走群众路线，适应变化了的形势，避免犯"熟知即真知"的低级错误。

20世纪美国哲学家卡尔·波普尔以其敏锐的眼光指出，任何经验的重复证实都不会带来知识的增长。他认为，当我们看见100只白天鹅时，我们不能定义"所有的天鹅都是白的"。相反，当我们见到一只黑天鹅时，却可以命题"并非所有的天鹅都是白的"。因此，我们看见了100只白天鹅还不如看见一只黑天鹅的认识作用大。因为就是这一只，使我们的视野开阔了，对大自然和社会的认识又前进了一步。从这个意义上讲，"1"要远远大于"100"，这正如黑格尔在《精神现象学》中所说的"熟知非真知"。我们日常生活中所熟悉的东西并不一定是真知的东西，而如果我们认为熟知的东西就是真知，那在办事中非犯错误不可。毛泽东曾在党的七届二中全会上说过："过去我们熟悉的东西有些要闲置起来，而有些我们不熟悉的东西要尽快熟悉起来。"这一点对我们今天仍有针对性。只有在实际工作中不凭感觉和熟知，而是凭理性思考和科学的判断，才能在实践中不迷失方向。

要做真人。真人真事，是为人们所称道的。做真事难，做真人更难。做真人，一要有真心，二要有历练，三要有善为。

要有真心。只有笃信“老实人终究不会吃亏”，待人接物才会拿出真心来。“巧诈不如拙诚”，语见《韩非子·说林》上，意谓智巧而作伪不如笨拙而诚实。这句话的本意当然不是提倡什么“拙”，而是说巧诈虽能蒙人一时，占一时的便宜，然而，“诚于此者形于彼”。虚实真伪在乎心，无不见乎迹，不过是察之未熟耳。一旦被人洞察其诈，其人原是给人的一副淳淳相，虚假却暴露无遗，犹如舞台上纸做的堂皇的布景，顷刻土崩瓦解。要懂得“用乎于诈，百补而千穴败”的道理，巧诈虽巧，用多了必然捉襟见肘，难以自圆其说。这里可以用得上俄国著名作家克雷洛夫写过的一篇名作《特利斯卡的外套》，它所讽刺的是那个掩饰自己某一漏洞却一再露馅的俄国贵族绅士。

寓言说，绅士特利斯卡的外套袖肘子破了，他就把袖子截去四分之一补上袖肘，于是，手臂露出四分之一。这引起大家一阵讥笑。自作聪明的特利斯卡又把外套的下摆截下来一段，补到袖子上，结果更糟了，连内衣也露了出来。

“画龙画虎难画骨，知人知面不知心”，也就是古人所云“人心不可测”。戈尔说得好：“你可以从外表的美来评论一朵花或一只蝴蝶，但你不能这样地来评论人。”鲁迅也说过：“自称盗贼的人无须防，自称是正人君子的必须防。”不久前，美国伊利诺大学对一部分一直在使用的测谎器做了一次试验，挑选一百人，清白的人与认罪的小偷各一半，研究人员向每一个被测者提出同样的问题：“你在两年内偷了多少钱?”结果，有十八位清白者被测谎器判定为“撒谎”，而十二名已认罪的小偷被判“没有作过案”。

先进的仪器都得出这样的结论，不禁使人感慨系之。飞船可以上天，潜艇可以入海，可是人的内心世界，却没有也不可能有一部先进的机器洞察无误的。

老辈人说过："人人心里有杆秤。"这"秤"称别人，也称自己。有人从广州来，聊天中讲到广州"问心"的事。以前的广州，厕所门前出售草纸，每张纸交铜钱两文。大叠草纸挂在墙上，旁边设一个竹筒，不用人看着，只写两个大字：问心。因此，广州话里有一句歇后语：粪坑卖草纸——问心。据讲，还颇灵验。可见，真人在乎真心，没有真心，说不了真话，办不了真事，做不了真人。

要有历练。俗话讲："三十年前假当真，三十年后真当假。"这话并不一定完全正确，但至少有几分生活哲理。的确，在日常生活中，轻信别人，真伪不辨，以假当真，受骗上当的多是涉世不深的年轻人。还有一说："十岁的神童，二十岁的才子，三十岁的凡人，四十岁的老不死。"这是提醒人们警惕因老于世故、故弄玄虚、失去纯真而堕入了虚假。不难看出，过年轻，容易失真；过年老，容易丢真。所以，真人难做，难做真人。不过，既然要堂堂正正地生活在这个世界上，还是要努力去做一个真人。

要有善为。一个恶棍昭示天下他要杀人，他没有撒谎，但我们不能把诚实不欺的美誉加到他头上；两个邪恶的人因为一个共同的邪恶目标而意气相投，相互利用，我们不能把这种关系说成是相互信任；一个人，通过偷逃税金的方式来兑现对员工提高收入的承诺，我们不能说这是守信的行为。因为，诚实不欺，相互信任，信守承诺，绝不包括那些危害人的生存、发展，破坏社会秩序、损人利己、损公肥私的行为。只有那些真心为社会作贡献、为人民办事、为他人行善的人，才是真正的人。

成与败

使我们失败的那些因素，终有一天会使我们转败为胜。

——戴高乐

赢得成功仍能自我约束的人，是双重的征服者。

——拉丁谚

成功与失败，是每一个人生活中必然经历的两种结果。如何在生活和事业中得心应手，不断地取得成功，同时，又能正确地对待失败和挫折，在挫折和失败中吸取教训，警醒奋起，而不至沉沦，一蹶不振，这与每一个人的生活修炼是分不开的。我认为，决定成败的因素很多，而心理状态、思维方式、实践方法是其要者。

心理状态决定成败

一个人的行为是受心理支配的，有什么样的心态，就有什么样的言行，心态决定一个人的命运，心态决定一个人的成败。

我们这个世界上大致有三种人：一种是安分守己的人，这种人比较严格地按照常规生活，他们遵循着常规思维方式；一种是怀疑型的人，他们对常规持怀疑的态度，但不敢打破常规；一种是创新型的人，这种人主张打破常规，他们有着丰富的想象力，对自己所干的事充满信心，有着敢冒风险、敢于创新、敢于斗争的精神状态，而成功的路往往是这种人走出来的。

哥伦布之所以能发现新大陆，就是他敢于打破常规，敢冒风险。哥伦布出身低微，文化不高，但却是一个敢于打破常规的人。当时，人们一般的航海都是向东和向南航行，但哥伦布却向西航行。他对其伙伴说："朋友们，你们既然能向南航行到几内亚，凭着技巧，照样可以向西航行到日本。你们在海上的安全，我可以用生命担保！"就这样，他走进了未知的海域，发现了新大陆，哥伦布用其创新精神为人们展示了一个全新的世界，对历史的发展产生了深远的影响。一个人对哥伦布发现新大陆不服，认为新大陆本身就存在，只不过哥伦布比较幸运而已。这时哥伦布拿出一个鸡蛋，交给这个不服气的人，说："你能把鸡蛋在桌子上立起来吗?"这个人接过鸡蛋在桌子上立了很久，就是立不起来。他把鸡蛋还给哥伦布，哥伦布用力把鸡蛋往桌上一放，鸡蛋一头破了，鸡蛋立了起来。哥伦布改变了一下思维，就把别人干不成的事干成了。

比尔·盖茨说："我宁肯做荒坡上的橡树，也不愿做绿野中的小草——小草千人一面，毫无个性；橡树伟岸挺拔，昂首天穹。"盖茨的成功也就是由于他敢于打破常规，敢于创新。

布莱克说："独辟蹊径才能创造伟大的业绩，在街道上挤来挤去不会有所作为。"

罗曼·罗兰说："每一个人的生活经验都是由自己体会的，如果你有勇气，一切都会顺利。"

庄子说："临大难而不惧者，圣人之勇也。"

创新和冒险，来自于个人的信心。一位心理学家讲："人的天性里有一种倾向：如果你将自己想象成什么样子，就真正成为什么样子。"这就是说，如果你是一个充满信心的人，你有信心克服困难，有信心面对矛盾，有信心获得成功，那么，你身上的一切能力都会为你的信心去努力，你也就可能成为你希望成为的那样。反之，你缺乏信心，总认为自己没有能力去做这一切，那么，你的一切能力也就会随之而沉寂，自然你也就成为失败者。正如培根讲的："灰心生失望，失望生动摇，动摇生失败。"古人有诗云："马后桃花马前雪，教人哪得不回头。"对过去充满怀恋，对未来丧失信心，缺乏理想，这是最没有出息、最没有希望的人的表现。据说人的两只眼睛生在面颊，就是为了注视前方，所以"向前看"是生活的主旋律。美国假日大酒店的创始人凯蒙斯·威尔逊经过五十多年的努力，在全世界五十多个国家拥有1759家饭店，建成世界上最大的旅馆连锁体系。他把自己的成功经验概括为这样一句话："也许你不是在最好的环境下开始你的生活的，如果你能找到一个目标，并充满信心，那么没有任何东西能阻挡你取得成功。"还有人说："我们每一个人都必须把自己的理想和坟墓放在同一个方向上。”也就是说，必须不惧任何坎坷，为实现理想而拼命奋斗，其主观的竞技状态才会最佳。“人们所欲望的，就是即将实现的。”西方哲人的这句话，可以看成是对一切有信心的人的最佳赠言。

林林总总的对联，我是“吃过肚饥，看过忘记”的，唯独前些时候在浙江宁波天童寺内的一副对联记得极牢，背得出来。联为：“花繁柳密处能拨开方见手段，风狂雨骤时可立足才是脚跟”。我细品味，觉得这里所说的不只是佛法行善积德之美，其中也有着精深广博的人生哲理。“立定脚跟，背后山头飞不去”，杭州灵隐寺内另一副对联如是说。这对迎接风浪考验的人难道不是一种启示和激励吗？

有一落榜青年写了一副对子：“年年失望年年望，处处难寻处处寻。”横批：“春在哪里？”郭沫若把这副对子改成：“年年失望年年望，事事难成事事成。”横批：“春在心中。”

郭老还向那位青年赠蒲松龄落第自勉联：“有志者事竟成，破釜沉舟百二秦关终属楚；劳心人天不负，卧薪尝胆三千越甲可吞吴。”

事业的成败，信心是最重要的。但虚心和羞耻心，同样是事业成败不可或缺的心理状态。

俗话讲：“骄兵必败。”毛泽东说：“虚心使人进步，骄傲使人落后。”更是至理名言。

古人云：“大其心，容天下之物；虚其心，受天下之善；平其心，论天下之事；潜其心，观天下之理；定其心，应天下之变。”其中，“虚其心，受天下之善”不可小观。一个人只有虚心了，才能学人之长，纳人之善，不断地充实和丰富自己，成为一个难以战胜的人。反之，取得一点小胜，学到一点本领，就得意忘形，故步自封，不可一世，骄横跋扈，那是没有不失败的。古今中外战争史上因骄傲而失败的战例不胜枚举。著名的孟良崮战役，国民党王牌军七十四师葬身战火，一方面是陈毅和粟裕敢冒风险、义无反顾、用兵如神的结果；另一方面，也是张灵甫狂傲不可一世、孤军深入的结果。

"知耻而后勇。"一个人能认识到自己的耻辱，就能鼓足勇气，改正错误，从失败走向成功。正如一句美国谚语说的那样："只要羞耻心未泯灭，就会有得救的希望。"

有这么一则故事：某著名大学一位老师因偷看女生脱衣服而被解雇，并被登报示众。这位老师开始非常痛苦，可理智战胜了他，他没有为自己的愚蠢行为辩解，也没有自怨自艾，而是到了另外一个大学，首先讲明在自己身上发生的事，要求留下来任教。听完他的叙述，校方同意接纳他，这位老师从最底层做起，毫无怨言，若干年后，他的能力得到了广泛的承认，并很快得到提升，成为所在学术领域里最具权威、最受尊重的人。

这位大学教授认识到了自己的耻辱，并立下了改过的勇气，最后，他战胜了自己，获得了成功。

事业的成功与失败，还取决于一个人的决心和恒心。

生活的道路是不平坦的，干事业也不可能一帆风顺，困难和挫折常常摆在人们的面前。董必武赋诗曰："生活从来是斗争，认真体验即分明。庸夫总欲平平过，实境偏偏曲曲程。"失败有时也是难免的，问题的关键是要不甘失败，不怕困难，直面挫折。只有这样，成功才会重新降临到你的身上。

美国企业界有这样一种说法：没有破产经历的老板不是真正的老板，而破产三次没有倒下去的老板则是成熟的老板。在国外，一些成功的大企业对本企业的聘用人员提出这样一条原则，在受聘一年内允许而且必须犯一次以上合理的错误。如果做不到这一点，第二年就要被解聘。所谓"合理错误"，是指在激烈的市场竞争中，对于带有一定风险的经营决策，或因对手过强、条件不足，或因对方配合不当、不守信用而产生的失误和问题。如果受聘一年以上的任职期间不犯一次合理错误，则意味着此人工作没有决心，坐守平庸,心理素质和精神状态都成问题。一个不敢冒险的经营人员,他在竞争中丧失的机会要比出错的机会多。

曾国藩是清朝的重臣,他带着湘军在湖北一带与太平天国军队作战,吃了不少败仗。皇上怪罪下来,曾国藩起草了一份呈文,文中提到与太平军作战"屡战屡败",请求皇上治罪。师爷看后说:"这份呈文上去,你的头可能保不住了。"曾问计于师爷呈文怎么写才好,师爷提起笔把"屡战屡败"改成"屡败屡战"。曾顿时明白了:皇上要你这个"屡战屡败"的将军干什么!而"屡败屡战"就不同了,虽然仗打败了,但忠心可鉴,还是一个不甘失败的人。这虽然是个难以考证的佚事,但也说明失败没有什么可怕,关键在于不甘失败,不屈不挠,锲而不舍,奋力献身于事业才是最重要的。"良农不为水旱不耕,良贾不为折阅不市。"有道是:英雄失败寻常事,鸡犬升天不是天。鹰有时飞得比鸡还低,但鸡永远飞不了鹰那么高。

有人问一位科学家:"你怎么能用一生的时间去研究蠕虫?"而科学家的回答十分幽默而深刻:"蠕虫那么长,人生可是那么短。"的确,无论干什么事,研究什么问题,都不是轻而易举的。"锲而不舍,金石可镂;锲而舍之,朽木不折。"困难和磨难往往伴随着你,但你必须专心致志,一往无前地干下去才会成功。黑格尔说:"人格的伟大和刚强,只有借助矛盾对立的伟大和刚强才能衡量出来,只有在这种发展中,理想和理念的威力才足以显露出来。"马克思研究《资本论》用了四十年时间;李时珍为修《本草纲目》踏遍十几个省的山山水水,前后用了三十年,吃尽了人间的苦痛;摩尔根写《古代社会》也用了四十年时间;徐霞客写游记,跑了大半个中国。

不畏人忌,不惧人非,大肚能容,忍辱负重,这同样是事业成功所不可缺少的心理状态。

俗话说:"不招人忌是庸才。"嫉妒之心,人皆有之。卜伽丘在

《十日谈》中叹息:“在这个世界上只有‘苦难’才免遭人的嫉妒。”中国人的嫉妒心和外国人的嫉妒心是有差别的。同样是赛跑,美国人看到别人跑在自己的前面,回去后就拼命地练,下次非超过对手不可;日本人看到人家跑得快,心想,机会来了,利用你跑得快做一个广告可赚点钱;而中国人看人家跑在前面,恨不得在起跑线上没有把他摔倒,然后自己慢慢走也拿第一。表述中国人嫉妒心的话可不少:什么“出头椽子先烂”、“人怕出名猪怕壮”、“行高于众,人必非之;树高于众,风必摧之”、“枪打出头鸟”,等等,都是讲人出了名或生活比人家好了遭人嫉妒的。

吃苦,有时人还是能挺过来的,而要做到忍辱负重,那就更不是一件容易的事了。

有时自己做的事,明明是对的,但不被人所理解,横遭责备,甚至还遭受不白之冤。对此,要有平和心态,泰然处之,不要让非议挡住了自己生活的出路。

苏轼曾说过:“古之所谓豪杰之士,必有过人之节。人情有所不能忍者,匹夫见辱,拔剑而起,挺身而出,此为不勇也。天下有大勇者,卒然临之而不惊,无故加之而不怒。此其所挟持者甚大,而其志甚远也。”

杜牧在他的《题乌江亭》一诗中更明白地写道:

胜败兵家事不期,
包羞忍耻是男儿。
江东子弟多才俊,
卷土重来未可知。

可见,自古以来,人们都把忍辱负重、任劳任怨作为成大事者的一项必要的品德。在莫须有的非议和责难面前的忍耐和沉默,是一种自信和力量的积累,是出色人物所必须的行于不得不行、止于不得不止的分寸把握。

为此,一要“肚”大。那些有远大抱负的人,从来都是从不埋怨"弃我去者昨日之日不可留",更不慨叹"乱我心者今日之日多烦忧"的人,而且永远向往着明天。对来自四面八方的非议和诽谤,是"大肚能容容尽天下难容之事,慈颜长笑笑尽天下可笑之人",是"将军额上跑倒马,宰相肚里能撑船"。

二要能忍。有句话讲得好:"忍他人之所不能忍,方为人上之人。"忍,实在是一种高深的处世之道。有人问苏格拉底:"请你告诉我,天与地之间的高度有多少?"苏格拉底答道:"三尺!""胡说,我们每一个人都有四五尺高,那么还不把大戳出个窟窿!"苏格拉底微笑着说:"所以,凡是高度超过三尺的人,要能够立足于天地之间,就要懂得低头呀!"有书载:寒山子问拾得曰:"世上有人打我、骂我、辱我、欺我、骗我、谤我、非笑我以及不堪我,如何处治乎?"拾得对曰:"只是忍他、敬他、畏他、避他、让他、谦逊他、莫睬他、一味由他、不要理他,再等几年,你且看他。"这对回敬来自四方的嫉妒和非议倒是一剂良方。

思维方式决定成败

要善于思考。记得一位久经历史风云的老人说过:"如果倒着生活的话,几乎人人都可以成为伟人。"走过的路,回过头来看,才知对错,但这已是"事后诸葛"。高明的棋手之所以高明,就在于他懂得预见,会走一步看几步。未来是现在的延伸。"凡事预则立,不预则废。"学会辩证思维,首先要解决这个问题。当然,事是干出来的,但如何干,要靠正确的思路,要善于忙中偷闲,静心地思考问题,"磨刀不误砍柴工"。忙要忙得得体,闲要为忙开道。

中国不少诗人很爱闲。"静扫空房惟独坐"(张籍《题僧院》),"日高窗下枕书眠"(杜荀鹤《赠潭水崖少府》),此乃闲居;"晚山秋树独徘徊"(许浑《晚登龙门驿楼》),"相与绿江拾明月"(李群玉诗),此乃"闲游";还有"闲消遣",如"大瓢贮月归春瓮"、"飞潜遥闻豆蔻香"、"林间扫石安棋局"、"短裁孤竹理云韶",其闲情逸致,简直成了一种高超至极的境界。

然而,是人非忙不可。如同一首诗所写的:“自嗟名利客,扰忧在人间;何事长淮水,东流亦不闲?”

那么,闲与忙是绝对对立的吗? 不。一位老先生讲:“如果闲得其道,非但无损,而且有益。”我把此话归入“真知灼见”一类。

最早完成原子核聚变实验的美国著名物理学家卢瑟福有一次深夜走进实验室,见他的一个学生仍然俯在工作台上,便问:“这么晚了,你在干什么?”答曰:“我在工作。”“那你白天干什么呢?”“我也工作。”“那么你早上也在工作吗?”“是的,教授。”于是,卢瑟福提出一个问题:“你用什么时间思考呢?”真是一语中的。思考是需要静心的,静心就注定要有一定的闲暇。于军情傍身之际,诸葛亮仍然羽扇纶巾,谢安仍旧游墅围棋,这种临事不惊、大忙不乱的心态与所有人杰在闲情逸致之际拿捏大手笔的思维方式有关。

“门前洛阳道,门里桃源路,尘水与烟霞,其间十余步。”唐人刘禹锡这首五言绝句,充满辩证精神。世上的事或肮脏尘土或清净烟霞,也仅是“十余步”的差距而已,关键决定于你的思维方式。晚唐诗人唐备《失题二首》颇得要领,诗曰:“天若无雪霜,青松不如草。地若无山川,何人重平道?”担当重任的人,就是要始终保持清醒的头脑,在“雪霜”和“山川”之中找出一条路来。

矛盾个个特殊,世上完全相同的事是没有的,要解决矛盾,就要经过周密思考,认识矛盾,分析矛盾,理清思路,根据不同情况,采取不同措施。这样,成事就有门了。

要刚柔相济。《易经》中最重要的一段话是这样说的:天在上,地在下,这是世界形成的特点。世界上的东西有的运动,有的停止。人的行为与之相变通,因而也就有刚有柔。世界上人以群分,物以类聚,因而也就有了彼此间的竞争较量;有了这种较量,也就有了吉凶祸福,成功与失败。

那么,我们又怎样才能避凶趋吉、摆脱失败而走上成功呢? 在这里,《易经》告诉了我们一个成功的秘诀:“刚柔相济,变在其中矣。”“刚柔者,立本者也。”也就是说,客观情况在不断变化,因此,人们的思维和行动要随着情况变化而变化,什么时候应该刚强,什么时候应该柔弱,这一切都应该由实际情况来决定。只有随机应变,才能避免失败,获得成功。

“守雌者雄。”有的人认为刚强是立身之本、胜敌之宝,而对柔弱不屑一顾。其实不然。古人讲得很明白:“天下有常胜之道,有不常胜之道。常胜之道曰柔,不常胜之道曰强。”老子的学生向他请教如何安身立命,老子什么话也未讲,只是张开嘴让学生看牙,他的牙已掉光了;再看舌头,舌头还在。学生明白了,硬的早没了,软的还在,还是软的比硬的强,一个人立身处世还是要以柔克刚啊。

要善于应变。生活中没有直通道,要善于应变。有人对应变做过这样的概括:该大则大,该小则小,该圆则圆,该方则方,该直则直,该曲则曲,该突出的要突出,该开放的要开放。这样的概括,并没有确切的定位,但仔细想来,又不无道理:大能造势,小则生巧,方能循环,圆有韵味,直则通达,曲则有情,突出的可能是关键之处,开放的可能是吸纳的需要。

有一个关于庄子的故事,对人很有启发。

一天,庄子和弟子到朋友家做客,途中,他们看见人们纷纷在砍些大树。弟子不解地问:“为什么人们砍伐的都是树干笔直的大树,而歪脖子的小树却被留下来呢?”庄子回答说:“人啊人,他就像这树一样,树有材可用就要被砍伐,人一旦有才可用,就容易遭到嫉妒和诽谤,也就不容易颐养天年。”弟子觉得有道理。到了朋友家,主人吩咐仆人杀鸡招待客人。仆人问:“现在家中有两只鸡,一只鸡会叫鸣,一只不会叫鸣,请问杀哪只?”主人脱口而出:“能报鸣的,有用,当然是杀那只不会叫鸣的。”弟子听到后又困惑起来,刚才老师还讲树因为有材遭砍伐,因为无用才得以生存,为何杀鸡却因无用而遭杀,因有用而活下去呢?那么,我们到底是做一个无用的人,还是做一个有用的人呢?弟子满脸惶惑地请教庄子,庄子答道:"做人啊,应该在有才与不才之间!"庄子这话的意思是说,做人就应该既有才华,又没有才华,换句话讲,就是做人要善于应变,该有才华时,当仁不让,一定要拿出自己的才华来;不该有才华时,一定要收敛,不要锋芒毕露,而要恪守韬光养晦之法,即把声名才华隐藏起来,隐潜待时。六朝人萧统曾言:"圣人韬光,贤人遁世。"韬光养晦并不是消极避世,而是在局部不利的情况下,暂避敌之锋芒,养精蓄锐,待机而行。这不仅可以保护自己,也是为了下一步达到自己的目的。正像大哲学家孟德斯鸠说的那样:"一个人要在世界上获得成功,就不得不表面上像个傻子,实际上是个智者。"拉罗什福科也有一句著名的话:"知道如何隐藏自己聪明才智的人才是最聪明的。"这就是"大智若愚"。

处事方法决定成败

西方有句谚语:"做一件正确的事,比正确地做一件事要重要得多。"意即选择一件应该做的事,哪怕做的方法不完善,但方向总是对的。而要选择一件不应该做的事,即使做的方法是完美的,方向却是完全错了。

但是,做一件正确的事,如果用一个错误的方法去做,事情同样是会搞砸的。如果用一个错误的方法去做一件根本就不应该做的事,那就更糟了。因此,正确的处事方法同样关系到生活和事业上的成败。

用正确的方法去处理周围的人和事,择其要者是:善用人力;宽严得度;贵在落实。

善用人力

刘邦和项羽相比,前者手无缚鸡之力,后者却"力拔山兮气盖世"。然而,刘邦却打败了项羽,统一了天下,而项羽却落得个霸王别姬、自刎乌江的下场。原因在哪里?刘邦讲得好,带兵打仗我不如韩信，出谋划策我不如张良，他二人为我所用，所以我就能得天下。而项羽仅有一范增而不用，所以，他就不是我的对手。袁绍位居三公，曾拥兵百万，然而却被带领几千青州兵起家的曹操剿平，也是因为袁绍“不知用人之机，多端寡要，好谋无决”所致。自古有“得人心者得天下”之说，其实，“得人才者得天下”，同样是颠扑不破的真理。

用他人之才来实现自己的目标，关键要做到“四容”：

“容人之长”，不能搞“武大郎开店”。一位企业家说，不能让比我强的人去干事业，我这个公司就是“矮子公司”；能用比我强的人干事，我这个公司就是“巨人公司”。红顶商人胡雪岩有一句名言：“人都说一山不容二虎，我就能容下，岂止是二虎，三虎、四虎都行，我就是专门驯虎的。”胡雪岩正因为有这容人之量，方成为一代富商。“千兵易得，一将难求。”王充在《论衡》一书中指出：“六国之时，贤才之臣，入楚楚重，出齐齐轻，为赵赵立，畔魏魏伤”。要有同超过自己者为伴的大雅之量，否则，只能是孤家寡人，成不了大器。

“容人之短”，不能搞“武二郎开店”。古代有一个名叫阿留的人，主人叫他去砍个床腿，他在林子里转了半天回来讲，树枝都是向上长的，没有向下长的。主人叫其看护所栽的柳苗，他怕人偷，干脆拔回来藏在床底下。就这么一个“性痴呆”的人，主人并不责怪。后来，主人无意中叫他画画，他说，这有何难，提笔就画，“浓浓参亭，一若即素”。不难看出，天不生无用之人，地不长无用之草，人各有所长，各有所短。一位哲人说：“垃圾是放错了地方的宝贝。”列宁也说：“人们的缺点多半是同人们的优点相联系的。”有无相生，难易相成，长短相形，高下相倾，音声相和，前后相随，一切事物的两极都是相通的。在用人上，应是“智者取其谋，勇者取其威，怯者取其慎”，切不可反弹琵琶，扬短抑长，埋没了人才。

“容人之过”。“言满天下无口过，行满天下无寸恶”的人是没有的。马克思主义的唯物史观认为,存在决定意识,人是社会的人,人是历史的产物。即使是领袖,也是人,不是神。“世界上没有超人,没有神圣,一切都是平凡的。”毛泽东说:“不犯错误的人,世界上一个也没有。”陈毅也说过:“一贯正确的人是没有的。历史证明那些标榜一贯正确的人,往往是不正确的。”南宋诗人刘克庄咏道:“未必世间无好汉,谁与宽些尺度?”意思是说,只要宽严得体,世上哪能没有治国安邦之才呢?

一次,英国前首相威尔逊在演讲时,一个小孩从人群中向他扔来一只鸡蛋,正好打在他脸上,威尔逊当即记下了小孩的名字和住址,人们以为威尔逊要处置这个孩子,现场一阵骚动。这时威尔逊说:“我的人生哲学是要在对方的错误中去发现自己的责任,我发现这个孩子扔鸡蛋扔得很准,之所以要记下他的名字,是要让体育大臣注意栽培他,使其成为我国的棒球队员,为国效力。”后来,这个孩子果然成为十分优秀的棒球队员。

古人早就有识人的办法:“居视其所亲,富视其所与,达视其所举,穷视其所不取。”现在用人的标准是“四化”。但是,标准是一回事,具体识人又是一回事 。实际生活中,往往是“多学的多才,多才的多做,多做的多难,多难的多错”,不学不干最自在,缺乏辩证法,依然是“才子命哀,英雄路短”。

“容人之言”。不能只听好话、奉承的话。听不得批评的话,甚至容不得错误的话,这是最危险的。唐朝的韩愈说:“川不可防,言不可弭,下塞上聋,邦其倾也。”“千人诺诺,不如一士之谔谔。”要有苏东坡讲的“敢为异论而不让,敢为高论而不顾”的从善如流的气度,否则,堵塞言路,生活之路亡也。

“容人”是为了用人之力,而用人也有主动和被动之别。有一则虚构的故事,讲孔子、秦始皇、刘邦三人一起讨论如何让猫吃辣椒。

温柔敦厚的孔圣人最先发言:“让猫吃辣椒不可操之过急,应循序渐进，一天喂一点，学而时习之，天长日久，猫就会吃辣椒了。”

秦始皇则十分厌烦：“儒家那一套真烦，我的办法是把辣椒兑上水，硬往猫嘴里灌。”

听完两人的言论之后，刘邦发言了，他说：“我的办法与诸位不同，如果将一把辣椒粉先抹在猫的肛门上，辛辣难耐，猫自然会回头去舔，越舔越辣，越辣越舔，不知不觉中猫便吃起了辣椒。”

听完刘邦的言论，孔子与秦始皇皆拍案叫绝。

刘邦的方法高明，高明就高明在让猫自愿去舔，自愿去吃辣椒，由被动变为主动。而孔子和秦始皇的方法则是被动接受。“强扭的瓜不甜”，强迫别人干的事，效果往往是不妙的。

宽严得度

为人处事，常常是两为其难的。既要“宽”，又要“严”。就说这“严”吧，为人少了这严肃、严谨，处事少了这严明、严格、严密甚至必要的严厉、严酷，又如何共事、如何立于不败之地呢？

阿拉伯麦加帝国的统治者哈里发穆阿威叶曾说过：“用鞭子就可以用的地方，我不用宝剑，用舌头就可以用的地方，我不用鞭子，在我和同胞之间，即使只有一根头发联系着，我也不会让它断了，他们拉得紧，我就放松些，他们放松了，我就拉紧些。”

他是作为一个统治者从治国的角度讲的。从中我们可以看出，无非就是一宽一严，宽严相济，二者适度，“严”是不可缺少的，“宽”也是不能丢掉的。对人要宽厚，办事要宽大。有时为了事业，为了朋友，必要时还要作出妥协。妥协，这是挨过批的字眼，其实，妥协是生活中不可缺少的。对妥协、让步要具体分析。妥协，有积极的，也有消极的。“以退为进”之“退”是允许的，“退一步，进两步”之“退”更是必要的。“共退共进”也是常有的。原则问题不能让步，非原则问题可以让步。人要“外圆内方”，原则的事要“方”，非原则的事要“圆”。二万五千里长征，从中央苏区出发到甘肃会宁，怎么算也不会超过一万里。之所以走了二万五千里，无非是迂回前进的缘故,迂回是为了前进。“四渡赤水”是为了离开“赤水”,没有返回就没有前进。

贵在落实

世界上什么最长、什么最短?有人讲,手到嘴最短,举手之劳。什么最长,嘴到手最长。有人几年前讲的话,几年后仍然没有动手办,你说嘴到手长不长?

现实生活中确有些人言行不一,说得多做得少,眼高手低,不屑于深入实际,也不善于研究和解决一些具体细节问题,往往使计划落空,目标缺失。这使人想起一则寓言:一群老鼠开会,讨论怎样对付猫的袭击。一只聪明的老鼠提出,给猫的脖子上挂一个铃铛,猫来的时候,铃铛就会响,这样老鼠就可以及时跑掉。大家公认这是一个绝妙的主意,可是,由谁去给猫挂铃铛呢?怎样才能挂得上呢?这些问题却无从解决。于是,给猫挂铃铛就成了一个鼠辈的空话,人类的笑话,人们应以这个笑话为戒。行动才是最美的誓言,事成事败,贵在落实。

生与死

认识生命全部意义的人,才不会随便死去,哪怕只有一点机会,就不能放弃生活。

——海涅

生命诚可贵,爱情价更高。若为自由故,两者皆可抛。

——夏明翰

每一个人都会有生与死的问题。生死观,是一个人最重要的人生观和价值观。生死观解决好了,这个人就真的有作为了。佛经中记载了这样一个故事:有位神通广大的五通仙人可以上天入地,预知未来。他算出自己的寿命不长了,很是苦恼,在他痛苦彷徨之际,另一位天人让他去求佛陀。五通仙人立刻捧着两朵花前去见佛,请教生死大事。佛陀告诉他:“放下。”他把左边的花放下。佛陀又说:“放下。”他又把右边的花放下。佛陀还是说:“放下。”他说,我已没有东西可以放了。佛陀才对他说:“真正放下的,不是手中的花,而是你对生死的执着。”可是,人们并不是说放下就能放下的。若非修成正果,是根本办不到的。如果放下已不成问题,那么,成就大事也就不成问题了。

一个人的出生带有某种偶然性。因为一个人的父母结合带有一定的偶然性,而一个人的死是必然的。有生就有死,谁能不死呢?即使长命百岁,最终还要走上死亡这条路。

其实,人们对死还是很有研究的,光是“死”的说法就有很多种。老婆死叫“鼓盆之戚”,丈夫死叫“卒”,皇帝死叫“晏驾”、“崩殂”,父母死叫“见背”、“丁忧”、“失怙恃”,君子死曰“终”,小人死曰“死”。不过,对于死亡,不同的人有不同的态度。有的人以视死如归的态度从容地拥抱死亡;一些禅宗大师有多种多样的死亡方式,有的坐着死,有的站着死,有的还倒立着死,这些都体现了他们对死亡的超越。多数人是恐惧死亡,一方面是对人生的留恋,当我们不想离开这个世界,而又不得不离开时,这种痛苦导致了对死亡的恐惧;另一方面,则是因为不知道自己究竟会走向哪里,不知道那个世界有些什么,自然就会恐惧死亡。又因恐惧而逃避,每天都考虑生计问题,却从不为死亡作过丝毫准备,因而忽略了死亡;一旦死亡来临时,自然手忙脚乱,痛苦不堪了。

西方哲学家说过:“学习哲学是为死亡作准备的。”毛泽东也曾说过,人死了,应开一个会,庆祝辩证法的胜利。

曹操这个人对死想得比较开,他曾写过《短歌行》,说:“对酒当歌,人生几何?譬如朝露,去日苦多。”波兰作家约瑟·康德拉去世,其墓碑上刻着这样的诗句:“辛劳了,安眠;破浪之后,登岸;战争过了,和平;生活完了,死亡,不亦快哉!”这才是一个健康通达的生死观。

人,常常是这样,对死体悟愈深,对生热爱愈烈。意识到人生短暂,才更热爱生命、热爱生活、热爱事业。

人生好比一场球赛,总会吹响终场的号子,而球场上的最后十分钟,可能更为动人心魄。

认识死,是为了认识生。或者说,认识死首先要认识生。2500年前,孔子的学生季路向老师问死。孔子告诉他:“不知生,焉知死!”不懂得怎样活着、怎样做人,是不可能懂得正确地对待死亡的。生之可恋,是因为有死亡的存在,如果生命无限,还算得上什么“生命诚可贵”?因此,对死亡的思考正是对生命最本质、最深刻的追问。一个人如果真正想明白了生而必死的道理,就不会那么看重和孜孜以求那些到头来一场空的虚名虚利,就必然满怀“生命不息,战斗不止”的情怀,不只看重生命的长度,尤其看重生命的密度,如此才会有林则徐“苟利国家生死已,岂因祸福避趋之”的凛然正气,才会有孔繁森“是七尺男儿生能舍己,作千秋雄魂死不还乡”的巍然壮志,活得深刻、活得热烈、活得有价值。

《哈姆雷特》有一句台词:“活,还是死?”有的译为“生存,还是死亡?”西方人提倡前一种态度。马克思甚至引用但丁的诗“这里必须杜绝一切犹豫,这里任何怯懦都无济于事”来加强这种观念。有一位大学问家说过:“每一个人从一生下来开始,就在一天天走向死亡。”认真想一想还真是的,谁都无法阻挡生命个体走向死亡的步伐,面对这一无法回避的生命终结,我们能够抗争的有三件事:一是生命的复制,于是就有了恋爱、婚姻、家庭和社会,因为只有繁衍后代,才能使生命得以延续;二是提高生存的质量,只要未到死去的那一天,就要活得幸福和愉快;三是认真地去死,在生前有所创造、有所贡献,让生命的接力赛在孩子的手中因为你的耕耘而辉煌,这也就是我们常说的生命的价值观问题。

生命的价值到底在哪里?我说,生命的价值在自身,生命的价值在奉献。

生命的价值在自身

在一次研讨会上，一位著名的演讲家在讲了几句开场白后，手中高举起一张20美元的钞票。

面对会议室的200个人，他问："谁要这20美元？"一只只手举了起来。他接着说："我打算把这20美元送给你们中的一位，但这之前请允许我干一件事。"说着，他将钞票揉成一团，然后问："谁还要？"仍有人举起手来。他又把钞票扔到地上，又踏上一只脚，并且用脚碾它，他拾起钞票，钞票已变得又脏又皱。"现在谁还要？"还是有人举起手来。

"朋友们，你们已经上了一堂很有意义的课。无论我如何对待这张钞票，你们还是想要它，因为它没有贬值，它仍然值20美元。"

人生路上，我们会无数次被自己的决定或者碰到的逆境击倒，甚至被碾得粉身碎骨，但无论发生什么，我们永远不会丧失价值。生命的价值不因我们身份的高低而改变，也不因我们仰仗结交的人物而崇高，更不因别人把我们看得如何而丧失，丧失的是把自己的生存权无偿地或廉价地出让给别人去支配，丧失的是心甘情愿地在别人的脚下，自惭形秽，无所作为，寄人篱下。果真那样，自身的价值也就无从说起了。正如老舍说的："好歹活着的态度最贱，是最没有出息的态度，是人类的羞耻。"生命的价值在于我们自身，永远不要忘记这一点。宋人苏洵在《心术》中有一段脍炙人口的名言："泰山崩于前而色不变，麋鹿兴于左而目不瞬。"确实，树坚不怕风吹动，节操棱棱还自恃。任何自轻自贱、自贬自卑、自辱自诋、自暴自弃的情绪，都是不足取的。

一个人的生命是有限的，有限的生命该如何度过？对有些人来说，人生不是太短，而是太长了，因为他们一生都在想方设法地消磨时光，做种种毫无意义的无聊之事，甚至做害人害己的恶行。他们不曾想过，今天所拥有的人生过去后，未来的生命将会去何方？

人生，就是我们今生所拥有的唯一资金，而这笔资金又是有限的。我们是否作了正确的投资呢？算起来，我们一生可以用的时间并不多，除去少年懵懂的日子、年老精力不济的岁月，还有吃饭睡觉，剩下的时间又有多少？

是日已过，命亦随减，我们要时时刻刻地意识到人生的短暂。生命的长度不可改变，但生命的宽度可以拓展，生命的密度比长度更有价值。也许你的生命之旅没有别人长，但只要不彷徨，丢掉懦夫的泪水，双手紧紧地扼住自己命运的咽喉，以勇者的汗水书写人生，就能在有限的时间内改善生命，从而不留遗憾。

生命的价值在奉献

一位名人讲："人生实难，死而无憾更难。"难就难在能够舍弃自己的幸福、安宁以至生命，在为别人、为社会、为国家作奉献。

古今中外，有多少仁人志士，为了人民的利益，为了国家的安危和强盛，为了民族的崛起，流汗水，洒热血，抛头颅。佛教创始人释迦牟尼有句名言，即佛家精髓教义："我不入地狱，谁入地狱？"这和耶稣被钉死在十字架上一样，都是表示自己救赎人间罪恶的坚定献身精神。有着五千年优秀文化传统的中华民族，更是涌现过无数个舍身成仁的英雄才俊。像岳飞、文天祥、史可法、邓世昌、林则徐那样的民族英雄，他们的爱国之志永垂千史；像董存瑞、邱少云、刘胡兰那样的革命烈士，他们"生的伟大，死的光荣"，其献身精神万古流芳。今天，又是一个"需要英雄又创造英雄"的时代，像焦裕禄、孔繁森那样的人民公仆，他们的光辉业绩代代相传，他们永远活在人民心中。那些为了中华的强盛和崛起，战斗在各个岗位上的劳动人民、知识分子和人民公仆，他们用智慧和汗水书写共和国新的历史，他们生命的价值光彩照人，是我们每一个人学习的榜样。

相反，那些令人不齿的民族败类，像秦桧、汪精卫，还有那些贪渎人民财产的贪官污吏，将永远地被钉在历史的耻辱柱上。那些碌碌无为、贪图安逸、苟且偷生的庸人们，他们有愧于自己的生命，有愧于这个伟大的时代，他们需要警醒。

古人云："死不亡者寿。"诗人臧克家有诗云："有的人活着，他已经死了；有的人死了，他还活着。"前者卑鄙，生不如死；后者高尚，虽死犹生。

郭沫若有两首五绝表达了和他一样献身正义事业的人的心态：

圣凡同一死，死有重如山；
舍生而取义，仁者所不难。

忧患增人慧，艰难玉汝成。
死灰犹可活，百折莫吞声。

让生命在事业中永生，让生命在奉献中发光。

物质与精神

有恒产者，才有恒心。

——佚名

幸福存在于心灵的贫乏，感激存乎于物质的贫乏。

——雪伐

存在决定意识，物质决定精神，这是马克思主义哲学的基本准则。换句话讲，物质是第一性的，精神是第二性的，这是不容颠倒的。辩证法又同时告诉我们，在承认物质决定精神的同时，还要承认精神对物质的反作用。

人的生活，分为物质生活和精神生活。人首先要解决好物质生活，然后才谈得上精神生活。食不果腹、衣不遮体还能去唱歌跳舞吗？人们不仅要解决温饱问题，还要过上丰裕的物质生活，为此，国家就要大力发展生产力，每一个人也得努力去创造物质财富。生产力决定生产关系，经济基础决定上层建筑，这是不能颠倒的。党的十一届三中全会之所以要载入史册，就是因为从这一天起，我们国家的工作中心转移到经济建设上来了。正是三十多年我们始终以经济建设为中心不动摇，才有了国家实力大提高、人民生活大改善、民族地位大提升的今日中国。

"衣食足则知荣辱。"随着人民物质生活水平的不断提高，我们中国人的精神生活也大大丰富起来，尤其是人们的精神面貌发生了根本性的变化。我国的科学技术、文化教育、卫生体育、文学艺术事业蓬勃发展。人民的精神生活的丰富和发展，反过来又极大地促进了经济建设的发展，形成了物质文明、精神文明、制度文明、政治文明和生态文明良性循环的大好局面。

那么，是不是我们的物质生活和精神生活都已经解决得很好了呢？不是的。我们的物质生活还是低水平的小康，我们的精神生活也不是很丰富的。每一个人对于物质生活和精神生活的追求也是无止境的。尤其是我们必须处理好物质生活与精神生活的关系，否则，便会走上生活的误区。我认为，正确的态度是：坚持"第一性"，反对"物质至上主义"；坚持"反作用"，反对"精神胜利法"；坚持辩证法，信守统一性。

坚持"第一性"，反对"物质至上主义"

物质是第一性的，物质文明是其他文明的基础。基础不牢，地动山摇。中国的事情办好办不好，中国人的生活水平高不高，社会主义制度优越不优越，最终都取决于能否把物质文明搞上去。贫穷不是社会主义，要保证每一个人衣食无忧，因为这是起码的人权。改革开放三十多年，至今还有几千万人没有脱离贫困，所以，发展是硬道理，发展是第一位的。

作为个人，大家关心现实的物质利益，确有它合理的一面。马克思有一段重要的话：人们必须首先解决穿衣吃饭，然后才能从事其他社会活动。马克思还从历史发展的角度把人类历史区分为三个阶段,即人对人的依赖阶段;人对物的依赖阶段;人的个体自由发展阶段。我们现在处于什么阶段呢?我觉得我们还仅仅处在人对人的依赖阶段向人对于物的依赖阶段的转化过程中。从这个意义上讲,人们关心现实物质的东西,不仅是合理的,而且是一种进步。

我们现在迫切需要解决的是树立市场经济的观点。有段时间,“一切向钱看”被看成是市场经济的负效应,遭到贬斥。依我看,“一切向钱看”这顶帽子最好不要乱扣。“一切向钱看”当然不对,但在现实生活中,把这样一顶帽子套在哪一个人头上,都很难套得合适。从逻辑上讲,这是一个全称判断,但在实际上很难做到考察批评对象的“一切”。所以,这种批评至少是外延不周全。我们往往说某一个问题,某一个不正之风的产生,根源就是“一切向钱看”。这样说,可能更不准确。我们作为唯物主义者,不能把某种现象产生的根源归于观念。是物质决定精神,还是精神决定物质?谁是第一性,谁是第二性?而且,用这样一个提法批评人也可能会使人不知道该怎样做才好。“一切向钱看”不好,“一切不向钱看”是不是就好呢?中国有句精辟至极的古语:“有恒产者,才有恒心。”诚哉斯言。假若说“恒产”隐喻的是人的稳固的物质基础,“恒心”隐喻的是人的精神需求,那么两者不仅仅是一种水乳交融、相互依赖的关系,并且“恒产”在相当程度上是酝酿“恒心”丰盈的“原料”。人的向善、诚信、远见、创造欲、进取心等精神美德的迸发,皆与拥有“恒产”这一自由支配的财富有着某种潜在的关联。

任何事物都一样,真理再向前跨一步就会变成谬误。对物质利益的追求,是天经地义的。但是,认为物质的东西决定一切,财富愈多愈好,信奉物质至上主义,那就会走向事物的反面。

货币是商品的一般等价物,是财富的象征。学过政治经济学的人，都知道货币有五种职能：价值尺度、流通手段、贮藏手段、支付手段和世界货币。我国古人讲货币的五种职能是：宝于金、利于刀、流于泉、布于市、束于帛。所谓宝于金，是指价值尺度；流于泉，是指流通手段；布于市，是指支付手段；束于帛，是指贮藏手段。这和现在的政治经济学讲的都是一样的。所缺的一种职能是世界货币。这也好理解，因为中国古代与外国是没有钱物交换的。但我们的古人讲的“利于刀”这一职能，倒是现代政治经济学上没有的，那么，“利于刀”是什么意思呢？

严格地讲，“利于刀”不是货币的职能，只是古人对货币的一种看法。它的意思是，钱这个东西，像锋利的刀一样，可以置人于死地，这种看法，虽然不属于货币真正的职能，但很有点政治的味道。现在的政治经济学讲的五种职能是从经济上讲的，而我们的古人不仅从经济上，而且从政治上来研究货币的职能，这可以说是真正的政治经济学。

我国古人还有一种说法，认为货币“利则如刀，气或如云”。意思是说，钱既像刀，又像天上的云。对贪财者，它是锋利的刀，可以要你的小命，贪财鬼没有几个有好下场的；对于正人君子来讲，它犹如云，是身外之物，轻飘飘的，可聚可散，无所谓。

现实生活中，人们的物质欲望不断升级，造成很多社会问题。在今天，旧的价值观被推翻了，新的价值观没有如期而至，在丢弃了“越穷越光荣”的口号之后，压抑已久的物质欲望几乎是一夜之间无休止地迸发出来。人们一方面拼命地挣钱，认为“没有钱是万万不能的”，财富愈多愈好，因此，用尽体力和智力去赚钱，甚至不惜用非法手段聚敛钱财；另一方面拼命地花钱，挥金如土，暴殄天物，铺张浪费，大手大脚，不以为耻，反以为荣。他们花掉的不仅是钱，还包括生命，因为挣钱与花钱是需要时间的，而时间就是生命。

其实，人的基本生活可以非常简单。我们今天的很多需要，并不是生存的真正需要，只是我们为满足攀比而产生的需要。或者说,是人为地产生需要。房子大了还要大,衣服新了还要新,这都需要钱。人们有时活得很累,面子和虚荣需要照顾,在物欲横流的社会迷失了方向。老子说:“五色令人目盲,五音令人耳聋,五味令人口爽。”说的就是这个道理。在物质空前丰富的今天,我们没有因此而活得轻松,相反,我们往往比以往更累。我们享受了一些本可不需要的东西,但这到底值得吗?还有那些挥金如土、铺张浪费的行为,更是令人不齿。他们不懂得他们的行为不仅是不道德的,而且也是很不明智的。那些暴富儿,因为某种原因赚了钱,缺乏创业的艰辛,所以,有财守不住,常常是家财散尽一场空。法国作家巴尔扎克用幽默而形象的语言表达了他的“金钱观”:“对于浪费的人,金钱是圆的;可对于节俭的人,金钱是扁平的,是可以一块块堆积起来的。”人和家庭都需要这种堆积,应该把钱看做是扁平的。圆的金钱,再多些,也会滚掉。有一位母亲教育子女要勤俭节约,她说:“未富先富不会富,未穷先穷不会穷。”“未富先富”者是有的,铺张浪费,甚至到处借债来满足自己暂时的欲望,到头来不会富起来;“未穷先穷”者也是有的,他们精打细算,勤俭节约,到头来是不会穷的。“贫穷离幸福很近,财富离幸福很远。”这句话虽然偏颇了些,但还是很有哲理的。

坚持“反作用”,反对“精神胜利法”

我们既要承认物质决定精神,又要承认精神反作用于物质。现在大家都在讲物质文明和精神文明,这种概念的区分容易造成一种误解,因为物质文明总是包含着精神文明在内的。当你看到高楼大厦的时候,你难道不能看到这是人民勤劳精神的“物化”吗?当你注射青霉素时,你难道感受不到医生和科学家那种献身精神和人道主义情感吗?这里所说的物质不是山川河流等自然物质,而是人化了的物质。精神文明孕育着物质文明,一个国家物质文明很发达,精神文明一塌糊涂那是不可能的。物质文明发达本身就包含着人类可贵的精神因素,包含着一种进取的精神,一种艰苦奋斗的精神,一种创新探索的精神。没有这些,物质文明不可能发展。我们常讲,有些国家物质文明很发达,精神文明不发达,这只能说明你在认识上"以偏概全"。比如,物质文明高度发达的美国、西欧、日本和新加坡,是和他们的精神文明——"美国信念"、"欧洲意志"、"松下精神"和"儒家资本主义"相对应的。我们不能没有物质的生活,也不能没有精神的生活。人类是先有物质生活后有精神生活的。所以,马克思说:"精神一开始就很倒霉,注定要受物质的纠缠。"不过,精神的需求,又最能体现人的本质。倘若把物质享受提高到至高无上的地位,毁掉了一切精神内容,那也会像马克思所说的,会"心甘情愿地丢掉了人的本质"。

一个国家,一个民族,如果没有现代科学、现代技术,一打就垮;而如果没有优良的历史传统,没有民族的人文精神,不打自垮。一个人抽去精神支柱,那就只有去爬行。人与动物的根本区别,不在于对物质的需求,而在于对精神的需求。正因为如此,人叫生活,动物叫生存。古人云:君子可以"寓意于物而不留意于物"。所谓"留意于物",是一个人自然性欲望占上风时的表现,目标全然定位于财物的占有和享受上;所谓"寓意于物",是指一个人的社会性制约能力,意即敢于超越既得物质利益的精神境界。记得列宁说过:"彻底的唯物主义者最唯心。"对此,可不可以这样理解:彻底的唯物主义者追求的是高尚完美的精神境界。一个人失去物质财富,只会使生活受到暂时的影响;而一旦失去精神财富,不仅会影响到一生,更会殃及后代。不难想象:精神空虚的父母会给子女什么样的教育?一个见利忘义的长者会给后代什么样的影响?

有一位诗人写道:精神是一介寒士,有把伞,就可以走遍世界。而我觉得,精神是一抔黄土,揣在手中,你就可以有家,就不会成为物质世界的弃儿。因为,这抔土里可以生长绿叶红花,可以温暖疲惫的心灵,可以养育后代子孙。那就让我们拥有这抔精神的沃土,书写自己扎根大地的"人"吧。

我们在强调精神作用的同时,也要防止出现"精神胜利法",那就是无限扩大精神的作用,甚至用否定物质第一性来突出精神的作用。过去,我们曾吃过这方面的亏,什么"人有多大胆,地有多大产"啦,什么"不怕做不到,就怕想不到"啦,这都是阿Q"精神胜利法"的翻版。社会上的政治骗子,如"四人帮"之流,他们一方面拼命鼓吹"越穷越革命",一方面却享尽人间荣华富贵,一点也未减少物质享受,这却从反面印证了这些人是没有精神诉求的,是一堆害人骗人的蛆虫。

坚持辩证法,信守统一性

我们应是物质和精神的统一论者。因为辩证法告诉我们,物质可以变精神,精神也可以变物质,二者在一定条件下是可以互相转化的。我们每一个人既要过物质生活,也要过精神生活,二者缺一不可。

作家秦牧"文心如水",撰文五十年,一直性喜清苦,良知为文,不逐利禄,默默奉献。正如他在一次作品研讨会上讲的:"我一生有两戒,一戒物质上的贪婪,二戒精神上的自大。"正因为如此,他才拥有情感上的达观、生活上的安详、身体上的健康、写作上的丰收。他是生活上的胜利者,也是我们在物质和精神生活上的仿效者。

有一传家团扇,扇子前后各六行大字,实际上是两首打油诗。那正面的六行字是:

酒是穿肠毒药,色是刮骨利刀,财是下山猛虎,气是惹祸根苗。看来四字无用,不如一笔勾销。

这是讲"酒色财气"的危害,是作者从反面的角度看问题说其害,是为了引起对"酒色财气"的警惕。

且看扇子背面的六行:

酒无不成礼仪,色无路静人稀,财无不成世界,气无反被人欺。看来四字有用，劝君量体裁衣。

把这前后六句相对照，便不难看出作者的辩证态度。把"酒色财气"看做洪水猛兽，一概抹杀和摒弃，进而对经济和社会发展持消极和反对态度，这是孱头和蠢货；但一味无节制地追求物质和精神的享受，恣意妄为，以致作奸犯科，造孽于国家和社会，这种人则是"害群之马"。

自律与他律

要想建立起善良的生活，我们必须建起智能、自制与同情。

——罗素

自重、自觉、自制，此三者可以引致生命的崇高境界。

——丁尼克

自律，就是以良心、道德自觉地规范和约束自己的言行；他律，就是以公德、纪律、法纪来规范和约束自己的言行。二者都是以人的修养、情操为前提的，同时，又是人的修养和情操的重要内容。他律是外因，是人的行为规范的外在条件。自律是内因，是人的行为规范的内在因素。他律在人的生活中是不可或缺的，但他律最终要通过自律起作用。

他律

俗话说："没有规矩，不成方圆。"一个人生活在社会中，总要受到一定的约束。社会公德、纪律、法纪法规，就是人们行为的规范。它们制约着人们的行为，是人们行为规范的准则。人们要自觉地遵守社会公德，自觉地接受纪律的约束，强制性地按照法纪法规办事。否则，就可能走到生活的反面。

社会公德是要遵守的。违背了公德，就会触犯众怒，受到人们的唾弃和谴责。因为违背公德,就意味着你的言行损害了大家的利益,侵犯了大众的权益。就拿随地吐痰这件小事来讲,你做了,影响了公共卫生,理所当然地要受到批评,甚至要被罚款。由于我们的一些公民在这方面的自律比较差,因此,必要的他律就不能少了。有一位中国游客在某国的大街上吐了痰,刚巧外国人在交谈时说了一句:"Today is Saturday."(今天是星期六)此人一听"吐痰要杀头",吓得赶紧跑了。笑话带有苦涩味,让人难以笑得出来,但窃以为,只有正视自己弱点的民族,才能自新、自尊和自强。在一些公共场合,你不能随便抽烟,不能大声喧哗,不能随便扔垃圾,等等,这些社会公德必须遵守。人改造环境,环境也改造人。当你在一个臭气熏天的粪堆边,你可以随意扔下一根烟头;而当你在一个洁净明亮的客厅时,你自然不会把烟头扔在地上。所以,他律在一定条件下可以转化为自律。

自由,是一个好东西。人希望自由,一切动物都希望自由。一只美洲雌画眉发现它的孩子被关进笼子后,就会想尽办法靠近笼子,一定要喂小画眉足以致死的毒莓。它似乎坚信孩子死了总比活着做囚徒好些。千千万万的革命者为了赢得人类的自由,曾经抛头颅、洒热血,直至献出自己宝贵的生命。马克思、恩格斯在《共产党宣言》中把对自由的追求讲得再清楚不过了。自由不是资产阶级的专利,它更属于社会主义。我们倡导的是促进发展的自由,促进社会进步的自由。但是,世界上没有绝对的自由。我们反对的是滥用自由,妨碍他人的自由,危害国家的自由。"为人不自在,自在不为人。"恩格斯在《论权威》一文中指出:"企业的工人进厂后要放弃一切自治。"如果工人进厂后可以各行其是,不受厂规厂纪的约束,这个企业还能办下去吗?朱元璋有一次问大臣,世上什么人最快活?许多大臣的答复他都不满意。有一位老臣站出来说:"遵守法度的人最快活。"朱元璋认为答得对、答得好。有的人不是要绝对的自由吗?结果被自己弄到绝对不自由的地方去了。

这正如黑格尔说的:“自由不是不要限制,那种不要限制的自由,其结果是最不自由。”自由电子不自由,它只能在电磁场的约束下沿着要自己的轨道运行。氘氚只有在磁场的约束下才能发生聚变,释放出巨大的能量来。在英国海德公园可以自由演讲,但你不能攻击女王,不能鼓吹暴力革命。如果一个人连法律和正当的约束都承受不了,那就不但成不了大事,甚至会自己把自己打倒在地。美国前国务卿鲍威尔有句名言:“所谓勇敢,应该包括两个方面,一是迎战不应该害怕的任何东西,二是害怕应该害怕的东西。”社会公德是“红线”,纪律是“警戒线”,法律是“高压线”,党的政策是“生命线”。我们每一个人都要以“红线”自爱,以“警戒线”自持,以“高压线”自危,以“生命线”自律,以立于不败之地。

自律

先让我转述一下来自报刊的几则报道:

曾名列2001年全球竞争力第一的芬兰,全国各个城市基本上看不到警察在街头维持秩序,即便在深更半夜的空旷街头,也不会有哪一个芬兰人闯红灯。芬兰人有着这样好的社会公德素养,为国家的普遍法制夯实了必备的基础,并为市场经济的健康成长创造了必要的环境,进而具有世界一流的国际竞争力。类似情况在许多发达国家并不鲜见。

再请看一则报道:

中国一位学者在日本亲历了一次堵车,从伊豆半岛到东京的公路上,几万辆车一辆接一辆,排了一百多公里。那个时间段几乎所有的车辆都是回东京的。道路右侧堵成了一条长龙,而左侧却空出一条“无车道”。谁要是开到左车道,就可以一溜烟地直奔东京,然而却没有一辆车这样做。一百多公里的塞车路上,不见一名交通警察维持秩序,在十几个小时的时间里,车流一步一步地挪动,一尺一尺地前行,静悄悄,不闻一声鸣笛。

再来看一看发生在德国的一件事。据“二战”期间留学被困德国的季羡林老先生回忆,1944 年冬,盟军已完成对德国的包围,此时德国的百姓生活陷入困境。由于冬天非常寒冷,缺乏燃料,可能导致居民被冻死,政府只能让居民自己上山砍树生火取暖,规定由林业人员在林海中搜寻,寻找老弱树和劣树,并在这些树上画上红圈,然后再让居民砍伐,砍伐没有红圈的树要受到处罚。而当时的德国,行政管理已名存实亡,公务员已尽数调往前线,市内找不到警察,全国基本上呈现管理真空状态。但直到战争结束,也没有发生一起居民乱砍乱伐的事,他们忠实地执行了这个规定。事隔半个世纪,季老谈起这件事时仍感叹不已:德国人"具备了无政府的条件下却无无政府的现象"。而这样的奇迹,正是由日耳曼民族的严格自律精神创造出来的。

世界各国都在讲要提高国民素质,然而,国民的素质到底有什么标准? 严格自律便是人的素质的最高境界。自律不但是一种道德,也是一种伦理,无论国家间意识形态有何差异,这一点却是人类社会的共同准则。

自律作为一种社会道德,虽出自于一个人对自己的真正关爱,但更出自于关爱社会的良知。一位赴澳大利亚公干的朋友讲了这样一件事:初到澳大利亚时,几位朋友为他接风。席间,所有的人都喝得八九分醉了。大家都是开车来的,怎么回去? 一个酒已经醉了的朋友犟着要自己开车回去,但东道主坚持挡住了他,并用手机打起了报警电话,说我们酒喝多了,请帮忙送我们回家。朋友们正在顾虑,来了两名警察,"刷"地一个敬礼,恭恭敬敬地说:"谢谢你们对公众安全的关心。请问诸位住在哪里?"问明白以后,警察接过几个人的车钥匙,把他们的车停在了停车场,然后交还了钥匙,用警车把他们挨个送回家,一路上再三感谢他们对公共安全的关心。

看了以上几则报道,不能不让我发出这样的感叹:素质高处是自律!

自律不是天生的，主要来自自身严格的修养，是个人高尚情操的自然流露。要做到严格自律，必须在自省、自重、自警、自制上下功夫。

自省

要做到自省，一要“吾日三省吾身”，经常地反省自己，随时保持一种清醒和理智；二要“退而省其私”。遇到问题时，善于平息内心的不平，独善其身，达到良心萌发的境界。

在中国，从先秦诸子到诸葛亮，从韩愈的论理到吕坤的《呻吟语》，哪一个没有一段醒世之论和反省箴言呢？就连信奉老庄哲学、息机忘世的道教人物张三丰，也有自己处世的“八字箴言”，或如他自己所说的“八句闲话”，即“人要懂点窍，知点儿，留点神，下点气，你便想得穿，看得破，做得事，成得人。”古语云：“求个良心来管我。”讲一点良心看似没有讲党性、讲原则那么高，实际上这类反省是个基础工程。英国小说家菲尔丁说得好：“纵使在一个法纪最松弛的国家里，一个有良心的人也不会胡作非为的，他会替自己订出立法者所忘记订的法律。”

人之所以是人，就在于能够经常地反省以至理智地约束自己。多一点满足，少一点贪心；多一点主见，少一点盲从；多一点冷静，少一点急躁。让我们回到生活应有的轨道上来，潜心地探求自然的奥秘，深入思考人生的本质，从容体味生活的乐趣，沉着面对身边发生的一切。

自重

自重，就是保持自己的独立人格，既不可得意忘形，也不可失意忘形。要记住，只要你不跪下，你就永远不比别人矮。

人格，事实上就是人的尊严，它同人的影子一样，永远跟随着你。自尊心是我们的空气，是我们生活不可或缺的元素。自尊和生命共存，如果活着没有了自尊，几乎就不能说他是活着。可以说，没有人不想要自己的人格。世人吵吵嚷嚷，好勇斗狠，还不都是为了一个尊严、一个面子。只是有的人受着金钱和物欲的推动，或被这些东西麻木了身躯、灵魂，而顾不上或忘记了人格。千万不能这样。人不能不自重，不能没有人格，但愿它伴随着我们的生活前行。

明代学者陈继儒在其《小窗幽记》中曾用“苍蝇附骥、茑萝附松”来讽刺嘲笑那些没有骨气，不讲人格，靠他人立身的无耻之徒。他说：“苍蝇附骥，捷则捷矣，难辞处后之羞；茑萝附松，未免仰板之耻。所以，宁以风霜之挟，毋以鱼鸟亲人。”这就是说，苍蝇附在马尾上，速度固然很快，但却洗不去粘在马屁股后面的羞愧；茑萝绕着松树生花，确实可以爬得很高，却无法洗掉攀附依赖的耻辱。所以，一个有道德修养的人，宁愿挟风霜以自励，也不能像缸中鱼、笼中鸟一样，觍着脸亲附于人。

自重是自尊的前提，正如巴尔扎克所说的那样：“谁自重，谁就会得到尊重。”所谓自重，即心理上的自我约束和行为上的合理规范。这里包含一个“度”的概念，任何心理行为都不可超过一定的“度”。比如谦虚，过度了就是自卑；人一自卑，便不自重了。再比如自信，过度了是骄傲；人一骄傲，就会失去自重。同样，行为也是如此。潇洒过度就是浪荡，检点过度就是刻板。浪荡与刻板，都是行为上的不自重。所以，待人处事要做到：开朗而不浮躁，热情而不偏激，坦荡而不虚伪，坚韧而不固执。

自重，不是一味地看重自己，只为自己。自重还意味着为他人、为社会，在奉献中体现自身的价值。人对社会的奉献越大，人的价值也就越大，自身的分量也就越重。奉献要求人们不讲报酬，但在奉献的同时可以感受到自己存在的价值，得到一种精神上的满足感。用黑格尔的话说：“任何一种牺牲，都会伴随着一种享受，伴同着一种自我发现。”助人为乐，也是实现人自身发展的主观需要的基本途径。对于社会来讲，只有经过大量的持续的助人为乐的道德实践,才能形成良好的道德风尚和理想的人际关系。对于个人而言,助人为乐之“乐”,就在于帮助别人比承受帮助更能从自己的能力中感受到自我存在的价值和自尊,给别人的快乐总比狭隘的自私行为更能从自己的自律中扩展自己的襟怀,提升自己的精神境界。

自警

一个人要经常地警示自己。做人要做好人,做官要做好官,做事要做好事。

莎士比亚的箴言:“生命短促,只有美德将他传播到遥远的后世。”劝君莫要镌顽石,路上行人口似碑!自勉吧,警省吧,老老实实地做人,勤勤恳恳地做事,律己要严、贪心要无,自奉要薄、待人要厚,索取要少、奉献要多。

古人云:“勿轻小事,小隙沉舟;勿轻小物,小虫毒身;勿轻小人,小人贼国。”相传有这么一段佳话:民国元老于右任是位大书法家,人人都想从他那儿得到墨宝,但难以得之。于老家右墙角经常有人小便,于是于老就写了一张条幅贴在墙边,上写着:“不可随处小便”。这张条幅被一个人发现了,小心地揭了下来,回去后重新剪裁组合成“小处不可随便”,于是得到了于老的手迹。这位先生未想到他的组合却揭示了一个道理:生活中因小失大的事不少,千万不可小恶视而不见,小善坐而不行,大事都从小处来,小恶会酿成大祸,小善不为,眼高手低,也难以成大事。对于一些小人,能避则避,不能避之也不能亲之。俗话讲:“少见黑曰黑,多见黑曰白。”也就是:“入芝兰之室,久闻不知其香;入鲍鱼之肆,久闻不知其臭。”对于他们的恶行,要敢于斗争,不能让小人横行于世上。知名学者昌广生一次在毛主席接见时进言道:“现在党内整风,共产党能把这样大的国家治理好,国势的强大是历史上从未有过的。”他又说:“我记得佛经上说过,一头雄狮也不免为身上几只虮虱所苦。虮虱虽小,害莫大焉,请必务提防。”毛主席说:“讲得好呀!

我一定牢记心上。”

自制

自制者，自己制约自己的言行。古代有几个例子让人清醒。《史记·循吏列传》载：鲁国丞相公仪休嗜鱼，有所图求者将鱼送至，公仪休坚决不收。送者不解曰：“闻君嗜鱼，送君鱼，何故不收？”对曰：“以嗜鱼，故不受也。今为相国能自给鱼，今受鱼而被免，谁给我鱼者？固吾不收也。”用白话文表述就是：正因为我喜欢吃鱼，才不收你的鱼。我现在担任丞相，可以用俸禄买鱼。如果收了你的鱼而被免了官，不仅没有人送鱼给我吃，连自己也没有钱买了。所以，才不收你的鱼。

像公仪休这等因存“受鱼而免”之顾虑，抗拒了尤物的诱惑，依照现在为官的要求衡量，未免格调太低，对自觉的“廉洁自律，克己奉公”者，不足为训，但对少数见了尤物便收不住心猿，热衷于权钱交易并自以为得计者，却不失为一种自制的清醒剂。

于谦巡视河南，绝无所取，作《入京》诗云：“绢帕蘑菇与线香，本资民用反为殃。清风两袖朝天去，免得闾阎话短长。”

明人李汝玉在福建作考官，有人昏夜贿以黄金。李汝玉愤然拒绝，作诗云：“义利源头识颇黄，黄金难换腐儒心。莫言昏夜无知者，怕塞乾坤有鬼神。”

雍正年间，有叶存仁者，先后在几个省为官。有一次离任时，有人送来馈赠，叶存仁题诗婉拒云：“月明清风夜半时，扁舟相送故迟迟，感君情重还君赠，不畏人知畏己知。”

《楚辞注》云：“不受曰廉，不污曰洁。”有人问民族英雄岳飞：“天下何时太平？”他说：“文臣不爱钱，武官不怕死，则天下太平矣！”他还有一句名言：“正己而后可以正物，自治而后可以正人。”

历史上那些居官为民、自甘清贫的为官者也不少。徐九经就是这样一位清官，相传他在句容当县令时，曾在大堂壁上画了一棵青菜，还亲笔题诗两句：“民不可有此色，士不可无此味。”他为官数载，两袖清风，深得民众爱戴。离任时，百姓流泪为他送行，并请他临别赠言。徐说，余为官及做人之道，“惟俭与勤及忍耳”。众人深感其德，把他所画的那棵青菜刻在壁上，以志纪念。由此，人称徐公为“青菜县令”。无独有偶，明朝一位姓符的人，在常州任太守，清正廉洁，每天以青菜下饭，一时传为佳话，时人戏谑地称他为“符青菜”。

这些例子都是讲官的，这是因为能够自制者，百姓难，当官者更难。封建官吏中尚有这些“当官敢打送礼的”、“居庙堂之高则忧其民”的人，真是难能可贵啊。我们每一个人生活在社会中，要面对各种诱惑，如果没有自制力，是很难抗拒的。佛家讲，人生无非跳，世间皆是圈。佛家讲世间有名圈、利圈、权圈、色圈、贪圈、傲圈等，这些圈子只要有一个跳不出去，自己就打倒了自己。我们每一个人都要勇于跳出这些圈子，使自己堂堂正正地立于世间。古人云：“灭六国者，六国也，非秦也；诛秦者，秦也，非天下也。”一个人，一个政党，一个国家，敌人难以从外部把其打倒，最可怕的就是自身腐烂起来，堡垒从内部被攻破。尤其是一些小有成就、志得意满的官儿们，要着力培养自己的自制力，不该拿的不要拿，不该要的不能要，不该取的不要取，用人民给你的权力去回报人民，千万不要忘乎所以，鬼迷心窍。“手莫伸，伸手必被捉，法网恢恢难逃脱。”宋代李邦献在《省心杂言》中写道：“轻财足于聚人，律己足以服人，量宏足以得人，身正足以率人。”能做到自制、自律，不为名所缚、不为物所累、不为利所惑、不为色所诱，身边就会有一大批真心的朋友和战友，生活的道路、从政的仕途、为民的事业怎么会不宽阔呢？

情趣与哲学篇

心灵应该习惯于从自身中汲取快乐。

——德谟克利特

心灵有时应该得到消遣，这样才能更好地回到思想与其自身。

——弗德鲁斯

生活是丰富多彩的，世界是绚丽多姿的。人生应该是全颜色的，工作、生活、劳动、创造，既有美丽的色彩，也有流畅的线条，更有力度的凝聚和复苏。德、才、学、识、情、貌、体、魄，喜怒哀乐、琴棋书画，相映成趣，和谐统一。红有红的喜悦，绿有绿的希冀，黄有黄的收获，青有青的庄重，蓝有蓝的广阔，紫有紫的纯真。生活就是这样多色调的。

一个人生活在五彩缤纷的世界上，从事着各种各样的活动，接触着无数的人和事，必然产生各种感受、感想，生发出多种情感、情趣，丰富着自己的感情世界，充实着自己的精神生活。在生活的实践中，人们又会主动地、自觉地、有选择地探寻和从事有利于自己身心健康的活动，从中得到更多的生活情趣，享受着人生的快乐。

在我观察，认真读书，丰富自己的认知和情感，经常锻炼，强健自己的体魄，把好口门，防病生，免灾降，勤动双手，操持多种有益身心健康的活动,是大家生活情趣的选择。要说有差异,那也不过是因各人的爱好兴趣、环境不同而侧重点不同罢了。

富脑门

大家不必论贫富,惟有读书声最佳。

——翁承赞

即使到了最文明的时代,读书仍将是最大的乐趣,书能使受益者逢凶化吉。

——爱默生

知识从何而来?一靠读书,二靠实践,三靠向身边的人学习。但是,一个人的实践具有时空的局限,身边的人也有质和量的局限。唯有读书,是汲取知识、懂得事理最可依赖也是最为有效的方式。优秀的书籍,是知识和智慧的载体,是世代人生体验的最高浓缩,是历史的遗产,是真善美的集大成者的另外一种存在形态。它们传递的是关于人、自然社会的最为本质、最为重要的信息。这就使其具备了深沉长久、博大精深、情趣无比、超越时空的品质。读书,不仅能长知识,明事理,增智慧,添勇力,养性情,而且是人生的一大乐趣、一大享受。生活的情趣,没有超过读书之乐、读书之趣的。

世上的书,有一些要不要读、如何读、读什么书的问题。就我看,读书好、好读书、读好书是读书的要领。只有唱好认之、行之、选之三步曲,才能漫游于书的海洋,丰富自己的大脑,从中获得生活莫大的情趣。

读书好

必须多读书,多读书才可以增益见闻。

——徐特立

读书,首先要解决一个认知的问题,即读书好不好,要不要读?

我觉得,物质产品的效用有限,精神产品的效用无穷。前者需要代价,后者却可以自由取回。许多人对需要付出的物质产品,往往限于财力不能尽量购取;但对不需要什么代价的精神产品却不知尽情享用,这真是一件怪事。想到这里,“读书好”之问题就不难解答了,一言以蔽之,只要把上下几千年、纵横数万里中人类无数优秀分子穷年累月、殚精竭虑所创造的精神产品尽情地享用罢了。

宋人尤袤说过读书的好处:“饥,读之以当肉;寒,读之以当裘;孤寂而读之,以当金石琴瑟。”不仅如此,书是药,“善读可以治愚”;书是船,带着我们从狭隘的地方驰向广阔的海洋。书是人终生的伴侣,当你痛苦时,书给你慰藉;当你困惑时,书给你解疑;当你迷茫时,书给你指路;当你消沉时,书给你振作;当你失败时,书给你勇气。一位颇得读书真味的饱学之士说:“三日不读书,便语言无理,面目可憎。”这句至理名言,含有深味。宋代大诗人苏轼有一千古绝句:“腹有诗书气自华。”意思是:肚子里有渊博的知识和学问,气质自然高雅,人格自然高尚。人们从《论语》中学得智慧和思考,从《史记》中学得严肃的历史精神,从《正气歌》中学得人格的伟岸,从马克思那里学得入世的激情,从鲁迅那里学得批判的精神,从列夫·托尔斯泰那里学得道德的执着,从冰心那里学得至纯至善的真情。古人云:“书中自有千钟粟,书中自有黄金屋,书中自有颜如玉。”这话虽带有浓厚的功利色彩,但就我看,读书可以明理、增知、成事、获趣、养生,却是千真万确的,而这些都是人生情趣不可欠缺的要素。

读书在于明理

中国古代有人之初性善、性恶之争,我却说,人之初性本愚,只是后天靠读书，才能解疑释惑，慢慢开启智慧。凡书籍所记录、所研究的范围、所涉及的东西，他都可以到达、都可以拥有。不读书的人无法理解读书人的幸福，就像是足不出户者无法理解旅游者游览大自然的心情。既然书总结了人类的一切精神财富，总结了做人的经验，那么读书就决定了一个人的视野、知识、才能、气质。当然，读书之后还要实践，但这里用得着高尔基的那句话："书籍是人类进步的阶梯。"如果你脚下不踏一梯，你的实践又能走多远呢？那就只能像一只不停刨洞的土拨鼠，终其一生也只不过是吃穿二字。你可以自得其乐，但实际上已比别人少享受了半个世界。一个人只有当他借助书籍进入精神世界、洞察万物时，他才会跳出现实的局限，才有了时代和历史的意义。直接单纯的一个思想，是从来不会深的。只有对一个思想再加思想，才能使思想更深。读书即是在思想古往今来他人的思想。人只有走过他人走过的，才能走得远。人亦只有思想过前人所思想的，才能思想得深。我思想前人的思想，而前人的思想，又是从思想更前人的思想来的。人类的文化史与思想史是无尽的后人对于前人之思想再加思想之果，而这又是靠一代又一代的读书人来延续、完成的。一旦将读书视为要事而终身不辍，便会使人思想更加深刻，人心便会更纯洁而富有正义感。知识积累而博学多才，遵道明理而奋发勇为，"各种蠢事，在每天阅读的影响下，仿佛烤在火上的冰一样渐渐熔化"，从而引导人们一步步向着人间美好的境界前行。这也就是古人说的"读书明理"。谁掌握了真理谁就掌握了世界。所以，读书人最勇敢，常有一介书生敢当天下。毛泽东当年就是以一青年知识分子独上井冈，面对腥风血雨，坚信能再造一个新中国，因为他懂得阶级分析、阶级斗争这个理。马寅初敢以一老朽翁面对汹汹批评而坚持到胜利，因为他懂得人口科学这个理。曾国藩认为读书的意义和价值在于按照理性的精神去改变自己的缺陷和天性。读书和修身是不可分离的，他说："儒家经典《大学》纲领有三条——明德、新民、止至善,这都是份内的事,如果读书不能落实到自己的身上,书中的道理是书中的道理,自己则是自己,那么,读书又有何用呢?即使能文能诗,他也只不过是一个会识字的放猪奴而已!”正如王夫之所说:“所以要读书,为明理也;所以要明理,为做人也。做人是主,读书是宾。”读书的目的就在于明理做人。

一位作家写了一个故事:有一贵妇人坐在温暖的马车里在雪地上奔跑,她捧着一本书全神贯注地阅读着,当读到书中一个可怜的孩子因寒冷而冻死时流下了热泪。正巧这时,车夫发现雪地上躺着一个孩子,还有一点气息,就把车子停下来。贵妇人气愤地说:“别管她,我们还要赶路。”于是,车从孩子身边经过,消失在雪花之中。

对这位贵妇人来说,书上讲的是书上的道理,与现实生活没有关系。像贵妇人这样读书的人,不会只有她一位。那么,这种读书法的意义在哪里呢?

读书益于增知

书籍是知识的载体,无论是自然科学,还是社会科学,书是它们的传播媒介。一个人从入学到大学毕业,十几年的光阴就是一门心思地和书本打交道,学到各种科学的基础知识,然后,才奔出校门,迈向生活的主战场,继续在工作和实践中学习和巩固在书本上已学到的知识。不仅如此,哪一位成大事者不是终身与书本打交道的?毛泽东是伟大的政治家、军事家、战略家和学者,这样的成就与他终身与书为伴是分不开的。美国开国迄今四十五位总统中有二十三位是爱读书的。约翰·亚当斯的藏书超过3000册,书中都是他密密麻麻的批注。托马斯·杰斐逊的大量藏书使他负债累累,他曾向人坦承:“没有书我就活不下去。”大概没有哪位总统能跟罗斯福匹敌,他曾一天读好几本书,还为此做了十多年的书评。罗斯福说,读书不仅可以使人在处理枯燥乏味的文件报告之余得到调剂,而且会给他们的权术和政策以灵感,强化、造就和改变他们的观点。这些总统爱读书的程度，恰与其治国的出色程度相埒。爱读书的总统远比其他总统杰出，不爱读书的两三位总统，其政绩也挂在末位。有人断言，假如老罗斯福还活着的话，他给小布什开治国药方，那一定会送书籍。读书给人知识，“知识就是力量”。“教授教授越教越瘦，读书读书越读越输”，这是百分之二百的庸言。读书造就学者，读书造就能人。你要成为某方面有用的人，你就得攻读这方面的书籍。毛泽东讲，从孔夫子到孙中山都要给予总结，总结什么？总结他们是怎样从一个读书人成为伟人的。读书也造就了毛泽东这样的历史巨人，这就是为什么一个民族甚至世界的伟人，必定是一个知识分子，一个读书人，一个求知最切的人。

当然，对待读书，不同的人有不同的态度。有的人大腹便便，脑袋空空，把读书求知当做一种负担，沉湎于灯红酒绿之中，讲起某个歌星，眉飞色舞，如数家珍，面对曹雪芹却懵然无知，打听杨振宁是唱什么歌的，以为罗曼·罗兰是孪生姐妹。这样的人，即使是一个暴富儿，其生活的道路又能走多远呢？

人，应当在有生之年多读些书，千万不可荒芜了自己的年华，尤其是青年人。一个人在年轻的时候，能够大量地储备知识。沉浸在书的海洋中，既可以使自己远离世俗的玩乐，又可以为以后的发展奠定很好的基础。总之，读书可以使人受益一辈子。青春是件好事，但没有内容的青春只是生物年龄，我看也不值得骄傲。青春指的应当是你整个心态奋发向上，敢于追求新事物，探求新知识，提高新能力，这才叫青春。有 18 岁的老人，也有 80 岁的青年，年龄这个东西是相对的。我非常欣赏麦克阿瑟的一句话：“青春不是生命的一个阶段，而是生命的一个境界。”

读书助于成事

北宋宰相赵普，每当朝廷遇一大事、定一大计的时候，其回家后必然急切地关门闭户，然后从书箱中取出一书而读之，往往要读上一天，即使家里人也不知晓其中缘故。第二天上朝时，赵普便得心应手地解决了问题，这种情况时有发生。待赵普去世，家里人开启他的书籍才发现，里边有一部《论语》。

早年，宋太宗欲拜赵普为相，有人便诬陷中伤他："普，山东学究，惟能读《论语》耳！"宋太宗听了很疑惑，赵普以实情告知："臣实不知书，但能读《论语》佐太祖定天下，才用得半部，尚有一半可以辅陛下治天下。"宋太宗顿时释然，下定决心拜赵普为相，"半部《论语》治天下"一词即由此而生。事实上，北宋初年的许多重大决策均有他的参与策划，如此一位运筹帷幄、定国安邦的宰相，仅靠半部《论语》治天下，这里可能有些夸张，但读书可以成大事，这是不争的事实。毛泽东原一介书生，后来成为一代伟人，成就了中国的千秋大业，创造了丰功伟绩，读书是他的一大法宝。

"索物于夜塞者，莫良于火。索道于当世者，莫良于典。"我国改革开放以来取得的巨大成就，与读书亦有很大关系。据悉，在1996 年，我国每百万人拥有的图书已经 93 种，高于发展中国家的平均数(55 种)。崇尚读书，尊重知识，正越来越成为时尚。

苏霍姆林斯基说过："无限相信书籍的力量，是我的教育信仰的真谛之一。从一定意义上说，一个人的精神发育史，就是一个人的阅读史。而一个民族的精神发育水平，在很大程度上取决于这个民族的阅读状况。"

意大利著名记者法拉奇访问中国时曾提出："这么大的社会，变化仅仅是在经济上，而忽略了文化精神方面，那么任何变化都不会是真正的变化。"

读书乐于增趣

我总是固执地认为，没有阅读的人生是残缺的人生，是无形中被缩减了的人生，也是丢失人生乐趣的人生。读书，禅宗意趣陶冶性情，人心趋于雅致而免于流俗。陈子昂的情怀、李白的孤傲、鲁迅的激昂、朱自清的深情、梁实秋的雅淡、沈从文的苍凉……一一呈现在面前,忘却了一切得失与荣辱,有的只是一份淡泊和求知的心境,一颗祈求解读人生的心灵。读书之趣,得于目而富于心;读书之味,每有会意,便欣然忘食。春读诗歌词赋如醉如痴;夏读小说剧本如缕如丝;秋读经史散文如澄如澈;冬读哲学文论如火如荼。四季往复,乐在其中。所以,学会了读书就学会了阅读人生。参悟天地,投入社会,可从阅读中学会泰然自若,胸怀坦荡,学会追求质量。不同的人,不同年龄的人,读书更有不同的感受。有人讲,少年读书,如隙中窥月;中年读书,如庭中望月;老年读书,如台上玩月。可见,读书的境界是大相径庭的。其中一个“窥”字,足以看出少年对书中内容的神秘感;其中一个“望”字,中年人就渐入读书的佳境;那其中一个“玩”字,何如?很能让你玩味半天,而方知老年人读书的达观与老成了。

读书利于养生

有人问起养生之道,一位老人说:“读书!”老人说:“书卷多情如故人,晨昏忧乐每相亲。”一卷好书在手,有“静观万物皆自得”的怡然,有“不以物喜、不以己悲”的物我两忘,有漫看花开花落云卷云舒的从容。书,释去心灵深处的雕凿,抹去一切恩恩怨怨在心底留下的痕迹,把世俗的烦恼托于过眼云烟,全身心浸在芬芳的书香中。书籍好像是营养品,它助人长精神,增智慧,怡性情,延年益寿。

读书益健康确是不假的。用书籍治病最成功的医生安托尔认为:病人读书可以缓解长期或突然的内疚、失望、焦虑、悲伤、紧张等精神压抑引起的胃病、甲亢、哮喘、过敏肠炎、高血压等。质量上乘的书籍,因其优美的描写、风趣的文字,对读者的精神产生微妙的影响,从而消除烦恼,解开忧郁,忘却痛苦。有位读书人对读书治病也体味入微:名句警言,富有哲理,可以医小疾;小说散文,平和清逸,可以降肝火;诗词曲赋,节奏通畅,可以舒脾胃;杂文评论,药力猛厚,可以增钙质。林语堂说,读书“开茅塞,除鄙视,得所知,增学问,广识见,养性灵”。同时,从保健角度讲,读书会使人精神静谧而心平气和,对保护人体正常的生理功能、维护机体的平衡是有极大好处的。南京有位吴泰星教授写过一篇《背诗与长寿》的文章,研究了许多爱好写诗、背诗的人,发现他们一个个都年逾古稀,不少达到了耄耋之年。远的如白居易活了75岁,陆游活了86岁;今人施垫存、臧克家都过了90华诞,冰心老人活到百岁高龄,究其原因,在于他们长年累月运用形象思维,脑细胞新陈代谢活跃。俗话讲:“流水不腐,户枢不蠹。”长寿秘诀就在这里。

读书,不是因为我要做一个有知识的人我才读书,或者为了让人觉得我有修养才读书。在我看来,读书应该是生命的一种需要。我们生活在这个世界上,除了从业实践、养家糊口外,我们还不能浪费生命,要善待生命,不是不让它生病,不只是让它保持肉体上的健康,我觉得更重要的是古希腊人给自己提出来的一个理念:健康的身体和健康的灵魂。有的人,为得到一个利益,不惜出卖人格,这样的人活着就没有尊严,也就没有自由,要受到别人的诅咒。而人格、尊严、自由不是天生的,而是通过自己的努力获得的,从哪方面去努力?那就是读书。读书过程是受教育的过程,也是自我完善的过程,从而达到灵魂的健康,使生活有意义,这正是汪道涵先生所说的“生活就是读书”。

好读书

读书不费精神,且能长精神。心言费精神者,皆不善学者。

——陆世信

世间的任何一件事都是这样:认识问题解决了,这只是一个良好的开端,而真正的解决问题,必须见诸行动。“读书好”与“好读书”是两码事,前者是认识,后者是行动。难怪有人发出这样的感叹:“相逢尽道读书好,案前可曾见几人?”

凡成大事者,既是读书的倡导者,又是读书的力行者。

唐宋八大家之一的苏轼年轻时曾书:“识遍天下字,读尽人间书。”后经一老翁指点改成:“发奋识遍天下字,立志读尽人间书。”

林则徐有书联:“家小楼台天地起,案前灯火有无知。”这副对联充分反映了林则徐不顾家境贫寒、矢志苦读、自强不息的精神。

“扬州八怪”郑板桥书云:“咬成几句有用书,可以充饥;养培数竿新生竹,直似儿孙。”一个“咬”字把人们钻研书本的情志及对事业的追求表达得淋漓尽致。

孙中山书道:“愿乘风破万里浪,甘面壁读十年书。”志坚意刚,跃然纸上。

蔡元培书室联:“都无做官志,唯有读书声。”他是中华民国首任教育部长,辞官不做,到北大任校长,堪为一代师表。

著名史学家范文澜的读书联是学术界的佳话:“板凳要坐十年冷,文章不写半句空。”显示了一个学者锲而不舍的治学精神。

毛泽东青年时曾撰写“绳锯木断,水滴石穿”一联,题赠堂妹毛泽建,这也是他自身刻苦读书的写照。

郭沫若写过一副书联:“读不在三更五鼓,功只怕一曝十寒。”上联意思是说读书要靠平时下功夫,不能心血来潮加班加点搞突击;下联是说,要获得成功,必须锲而不舍、持之以恒。

要解决“好读书”的问题,从现实看,必须处理好三对矛盾:一是读书与时间的矛盾;二是苦与乐的矛盾;三是读书死与读书活的矛盾。

处理好读书与时间的矛盾

读书是要时间的,而时间需要安排、设计,去挤、去利用。古人在“马上、枕上、厕上”读书,就是挤时间读书。东汉末年的董遇提出要在“冬者年之余,夜者日之余,阴雨者晴之余”读书,这是利用空余时间见缝插针地读书。读书就是要将这些“三上”、“三余”挤出来、利用起来。只要愿意读书,就会挤出时间。德国哲学家康德讲得好："零碎的时间足以成就伟大的事业。"零碎时间用得好，通过读书完全可以成为一个了不起的人。但是，从日常生活中观察，忙于事务者有之。耽于享乐者有之，对读书的兴趣淡薄者更有之。这应引起警惕。我国素有"学如逆水引舟，不进则退；心如平原走马，易放难收"之说，这对每一个人都适用。有的人说："我没有时间读书。"其实，讲这话的人就是有时间也不读书的人。很多人常在不知不觉中把时间白白地浪费掉了。一般说来，一个不珍惜时间的人无论他是在求学或是在工作中都不会有大的成就，还可能将会一事无成。我们有些"公仆"忙于事务，穷于应付，耽于安乐，是"上午轮子转，中午盘子转，下午骰子转，晚上裙子转"，哪还有时间读书呢？还有人说："我的工作太忙，拿不出时间读书。"说这种话的人，也无情可原。你忙，还能有毛泽东忙吗？他老人家为了中国和世界人民的事业，日理万机，殚精竭虑，工作压力重于泰山，可是他战争年代在马上读书，和平年代在夜深人静时读书。相对于这位伟大的人物，我们还有什么理由讲没有时间读书呢？

行笔至此，我想起一位学者朋友的话："我现在不太劝人读书，能不能享受读书，是一个人的命，是天性使然，勉强不得。"这位朋友的话可能有失偏颇，但也明明白白地说出一个道理：没有一种内在的动力，就是有人时时在耳边叮嘱，就是闲得发慌，他也不会去好好读书的。

我还是死劝大家挤时间去读书。要天天读，晨读几首诗，夜读百页书。读书在于心境，而夜读洗去白日的喧闹和浮躁，心境安详而宁静，夜读才是一种情趣，一种享受。要四季读。春读书，驱杂想，神专注，墨生香，如饥如渴不懒惰，不负春色好时光；夏读书，日正长，潜心精读，声琅琅，骄阳似火无闲人，汗珠撒播孕希望；秋读书，玉露凉，燕去雁来促我忙，千金一刻莫虚度，老大无成空自伤；冬读书，休闲忙，看经典，细思量，褂角负薪效李密，囊萤映雪学孙康，勤奋刻苦来读书，老天定买书生账。要终身读。明代英雄于谦在《观书》中有副名联:“活水源头随处满,东风花柳逐时新。”其上联是指书中有丰富的知识,就像源远流长的活水,汲取不尽;下联是指书中有生动的内容,就像春天里的红花绿柳,境界随时而新。因此,要想与时俱进,就要终身读书,才能跟上时代的步伐。尤其是在青少年时期,千万不能荒废了自己的时光。明代文学家徐渭在自己的寓所中也写了一副对联,不仅对仗巧趣,而且含义深刻。此联上下联对仗的字完全相同:“好读书不好读书,好读书不好读书”。上联的意思是说,有些年轻人正当大好时光可读书之时,却不喜欢读书;下联是说,等到他们年老了才想好好读书,却又不是读书的好时光了。

处理好苦与乐的矛盾

读书是个苦差役,既要耐得住寂寞,还要排除很多种趣味活动的影响。不经十年寒窗苦,哪知读书难?“面壁十年图破壁”,嘴咬书页苦涩多,这是身难。还有心难,读小说应该是轻松愉快的事了,可读着读着就产生了苦恼,这世界上到处有灾难和不平、邪恶和奸佞,让人气愤,让人哀叹。世界上的每一门学问都是一个无底洞,不读书或少读书不知道这些洞在哪里,更不知它的深浅,书读多了,便觉得处处有洞,洞中有洞,洞连着洞,弯弯曲曲,深邃无比。于是便产生了一种渴望、一种焦虑,迫切地想去摸索这个世界上的奥妙。这其中的苦衷也不少。读书不仅仅在于求知,更重要的是把在书中求得的知识和现实生活中的现象联系起来加以思考。探索和思考的结果有时恍然有所得,有时会更加迷惘和困惑,迷惘和困惑又逼着你苦苦地追求,恍然有所得会促使你去发表与众不同的意见,于是就有可能惹出祸事,遭人忌妒。由此可见,读书也不是那么轻松、愉快的事,“得”与“惑”都有苦恼。于是,就有人吟道:“读书之乐乐何如,绿满窗前草不除;读书之乐乐陶陶,起弄明月霜天高。”

然而,读书又是人生一大乐事,是苦中有乐、乐从苦来。要想成为一名学者，要想成大事，“灵活的头脑和沉重的屁股是两个不可缺少的条件”。不想吃苦，就成不了大事；不想读书，就成不了学者。小苦得小乐，大苦得大乐。未得其乐者，是因未经读书之苦；深得其乐者，是在读书之苦中熬过来的，真可谓“无穷岁月增中减，有味读书苦尽甜”。冰心老人也说：“我永感到读书是我生命中最大的快乐。”作为一个有志者，就要下苦功夫，耐得住煎熬，坚持下去。

处理好读书死与读书活的矛盾

书是不可不读的，然而读了又不可全信。“不全信”谓为“读活”，“全信”谓为“读死”。陶行知先生说过，中国有三种人：工人、农人、苦力、伙计是做死工，死做工，做工死；少爷、小姐、太太、老爷是享死福，死享福，享福死；书呆子是读死书，死读书，读书死。郑板桥也有诗云：“读书数万卷，胸中无适主。便如暴富儿，颇为用钱苦。”意思是读过的书数以万计了，但自己没有明确过为何要读这些书。这就像富贵人家的子女，面对那么多的钱财，实在苦于不知道如何去花费才好。那么，怎样才能读活，也就是怎样通过读书既能明白事理，又能不被书中的一些内容所迷惑呢？

孔子说过：“学而不思则罔，思而不学则殆”。《礼记·中庸篇》谈学问之道，提出要“博学”、“审问”、“慎思”、“明辩”、“笃行”。这些话恐怕对今天的读书人仍有指导意义。

毛泽东是读活书的典范。比如同样是读曹操，他就有他独特的见解。曹操曾写道：自己打仗，“推弱以克强，处小而擒大，意之所图，动无违事，心之所虑，何问不济？”卢弼认为曹操的这些话是“志骄气盛，言大而夸”。但毛泽东不同意卢的评价，认为曹操言之确凿，很会打仗。李太白云：“魏帝营八极，蚁观一弥衡。”毛泽东认为李白的评价比较实事求是。所以，毛泽东说曹操是“非常之人”，“超世之才”，“是个了不起的政治家、军事家，也是个了不起的诗人。”

曹操的《观沧海》:“东临碣石,以观沧海。水何澹澹,山岛竦峙。树木丛生,百草丰茂。秋风萧瑟,洪波涌起。明月之行,若出其中。星汉灿烂,若出其里。幸甚至哉,歌以咏志。”还有“星缩之期,不独在天。养怡之福,可得永年”。毛泽东认为这些诗句具有朴素唯物主义思想。他还说过:“曹操的文章诗词,极为本色,直抒胸臆,豁达通脱,应当学习。”

有人读人物,就把人读死, 比如对于左宗棠,一为反动派、一为爱国者,都统一左氏于一身。人总是立体的、多侧面的,而不是平面性的。一种片面、僵硬的推导——封建统治者都是卖国者,儒家必然爱国等,曾支配着人们的头脑。其实,历代统治者只有镇压或统治人民的共性,并不具备对外卖国的共性。比如,同是清朝的皇帝康熙和溥仪,两者都是统治者,但前者是伟大的爱国者,而后者却是可耻的卖国者。对于那些为中华民族独立、为祖国领土完整而作出历史贡献的人,我们应当充分肯定,就像不能认为岳飞镇压了杨么而否定其抗金的作用一样,我们也不能因为左宗棠镇压了太平天国、捻军,而否定或降低其在收复新疆中所建树的历史功勋。

有人读书尽信书,人云亦云,常常堕入迷途,不知何返。“尽信书则不如无书”,郭沫若曾讲过:“人是活的,书是死的,活人读死书,可以把书读活;死书读活人,可以把人读死。”因此,要读活书、读书活。

书,是知识的载体。但知识并不仅仅在于书中,真理往往更在字句之外。毛泽东说,实践出真知,诚是至理。周恩来曾撰联:“与有肝胆人共事,从无字句处读书。”张潮也说过:“善读书者,无之而非书,山水亦书也,棋酒亦书也,花月亦书也。”事实上,生活中任何一个领域都有书在。正如叶圣陶在他的读书诗中写的那样:“天地阅览室,万物皆书卷。”宇宙是一部大书,世界是一部大书,社会历史是一部大书,官场是一本书,商海是一本书,文坛艺术也是一本书。一个人便是一本书，在“人”的书中，有的书好懂，有的书难猜，有的书清奇，有的书恶俗，有的书引人入胜，让人爱不释手，有的书云山雾罩，不知伊于胡底。而真知总是在这些书中，或微或著，或隐或现。这都有待于读书人把它读活。

读好书

我们选择书籍应像选择朋友一样，要看它们是否真正具有那种内在的价值。

——科尔顿

从质上讲，书有好有坏，并不都是“开卷有益”。从量上讲，书籍浩如烟海，一个人的生命哪怕延长几十倍，也难以披览其万一。因此，不与坏书沾边，要与好书结缘，要从自身的实际需要与爱好出发，选读一些好书。

读一些革命导师的原著

既然马克思主义是解决世界观的根本途径，我们就要反复认真地读一些革命导师的书。我这里强调的是：要想科学地、完整地理解和掌握马克思主义的基本原理，正确地运用马克思主义的立场、观点和方法，就必须多读一些马列和毛泽东的原著，防止用马列和毛泽东的只言片语去指导工作、裁剪生活和评判是非，陷入“活学活用”、“一句顶一万句”、“立竿见影”的误区。

马克思主义经典著作的分量大，读起来难度也大。我们可以有选择地读，但必须精读。经典著作如《资本论》、《反杜林论》、《自然辩证法》、《唯物主义与经验批判主义》、《俄国资本主义的发展》、《哲学笔记》等都是不易攻读的，但要使自己成为一个坚定的、清醒的、有作为的革命者，非下苦功夫攻读不可。我们这一代人能不读毛著？他的话虽不是一句顶一万句，却常是一句顶一句的真理。读而再读，就能读出中国的走向，读出个人的走向。

读一些历史书籍

著名学者陈寅恪有段名言:“国可亡,而史不可灭。国亡然能有史,则殷鉴不远。从善去恶,国可再建。如灭史,何能鉴戒?何所取法?华夏民族无从因袭,将不复存在也。”抗战时期,日寇铁蹄践踏神州大地,中华民族面临危亡,但陈寅恪认为,国可亡,然民族精神文化不可灭。

因此,我们要认真读一点历史,特别是要读一读中国的近代史和现代史。社会现象往往有惊人的相似之处,“凡是历史的,都是现实的”。西方学者罗齐有句名言:“一切历史都是当代史。”历史是一条割不断的河流,任何历史都会以各种各样的方式与当代生活发生不绝如缕的联系。历史是面镜子,知史可以鉴今,“以史为鉴可知天下兴衰”。

鉴往知来,为政治国,“以古为镜,可以知兴衰”;“以人为镜,可以知得失”。

唐代大诗人杜牧写了《阿房宫赋》,其中有一段千古流传的精彩警语:对于秦国的灭亡,“秦人不暇自哀,而后人哀之;后人哀之而不鉴之,而使后人而复哀后人也”!这一段话读了让人大汗淋漓。

有的人说:“在当代中国,蒋介石可以说是要弄权术的高手了,其政敌没有一个不败在他的手中。但是蒋介石始终无法对付毛泽东,反而一次次地败在毛泽东的手下。”如抗战时期,国共虽然合作了,蒋介石仍企图消灭一些地区的八路军、新四军,制造反共摩擦。毛泽东为了有理、有利、有节地与之斗争,用古书上的三句话作为斗争的指导方针。第一句叫做“不为天下先”,这句话出自《老子》,意思是后发制人。第二句话叫做“退避三舍”,这句话出自《左传》,一舍是三十里,“你们要打边区,我就退九十里再说”。第三句话叫做“来而不往非礼也,以其人之道,还治其人之身”。你要打我,我要自卫,一点也不含糊。像《打渔杀家》中的肖恩,先让教师爷三拳,然后看准要害,一脚把教师爷踢倒在地。

历史的深沉,历史的珍贵,使人励志前言。智圆行方,应权通变,使人智勇高明。

《史记》被封建统治阶级视做“谤书”,民众却把它看做是一部秉笔直书的正史。司马迁在《史记》中为郭解伸冤,为李广辩解,为屈原鸣不平,为荆轲唱赞歌。他借古人的形象来发挥自己的见解,表述自己的感情。一位西方大作家说:“主人翁就是我。”司马迁写的《游侠列传》,则更典型地代表了他自己的志向和品格:“其言必信,其行必果,已诺必诚,不爱其躯。”

政治家“一言为政百金轻”,历史学家“一字褒贬胜于斧钺”。

清人龚自珍曾注意到:“绝人之才、灭人之国、败人之纲纪,必然去其史,我们后人都应小心,不能上当。”这话是发人深省的。现在的俄罗斯人,已经尝到了全盘否定自己国家的历史和领袖的苦果。正如一位俄罗斯学者总结他们痛苦教训时说的:“你用手枪对待历史,历史回应你的是大炮。”有段时期,在我国也存在一股全盘否定毛泽东以及他的思想的逆流,这个用心是很险恶的。因为全盘否定了毛泽东,就否定了中国的革命历史;全盘否定了毛泽东思想,也就全盘否定了中国共产党。正是邓小平力挽狂澜,充分肯定了毛泽东及其光辉思想的历史地位和历史作用,才使我们拨乱反正,使国家走上健康发展的道路。

我不赞成个人崇拜,更不赞成个人迷信,但我崇敬我们中华民族一切有巨大贡献的英雄人物和世界上一切对人类发展进步有杰出贡献的杰出人物。“人民,只有人民,才是创造世界历史的动力。”这话一点也没错,但每个民族、每个阶级都必须有它的代表人物,正是他们代表了这个民族的精神和某些特征。试想,如果美国没有华盛顿,德国没有马克思和恩格斯,俄罗斯没有列宁、斯大林,意大利没有但丁、达·芬奇,这些民族该是如何地减色呵!而雄踞东方的中华民族,也是由众多难以尽数的杰出人物,代表着祖国悠久的历史和影响深远的文化，伟大的中国革命造就了毛泽东等一大批无产阶级的杰出人物，简直像群星灿烂，如果加上群众中的英雄人物，那就构成一条壮观的星河了。这不仅是中国人的骄傲，也是中华民族的骄傲。尊重他们，就是尊重历史；尊重他们，就是尊重我们的民族。一个民族，如果连自己的杰出人物都不尊重，那就没有多少希望了。

古人云："君子以多识前言往行，以蓄其德。"这反映我们古人十分重视前人所创造积累的道德、智慧。这就说明，读一点历史，对当今每一个人的修养也是十分有益的。"艰难困苦，玉汝于成"、"忧劳兴国，逸豫亡身"、"生于忧患，死于安乐"、"历览前贤国与家，成由勤俭败由奢"、"居庙堂之高，则忧其民"、"先天下之忧而忧，后天下之乐而乐"，难道这些古人的懿德嘉言，不是对我们每一个人的修身悟性都很有启迪吗？文天祥的"人生自古谁无死，留取丹心照汗青"的勇气哪里来的？是历史给了他知识和力量。林则徐的"蛮烟一扫海如镜"的鸿愿哪里来的？是历史给了他知识和力量。谭嗣同的"我自横刀朝天笑，去留肝胆两昆仑"的牺牲精神哪里来的？是历史给了他知识和力量。古罗马有谚云："若不晓得自己诞生前的世界发生了哪些重大事件，此人永远是小孩子。"

中华民族是具有五千年历史的文明古国，这是世界上任何一个民族可望而不可即的。灿烂的历史文明是中国人宝贵的精神宝藏。有报载，中国的教育部长到美国去作学术交流，美国的教育部长不无嘲讽地说，我们中小学生的负担轻得很，历史课只有几周就上完了，可你们中国的学生却不堪重负。我们的教育部长带些调侃地说，那当然了，谁让你们只有几百年的历史呢？我们如果不多安排些课时，怎么能学好五千年的历史呢？历史长确实值得我们骄傲，但也要讲辩证法。为什么美国这样一个在世界上几乎是历史最短的国家，现在却是世界上最发达、最富有的国家，而世界四大文明古国在当代却都是贫困落后的后发国家呢？情况非常复杂，但有一点却是肯定的：前者国史短，没有历史包袱，创新变革的阻力小；而后者的因袭传统陈旧且固执，革命和改革的阻力大，现代化的步伐难免沉重而迟缓。因此，我们必须正确地看待自己的民族史和文明史。

我们还要正确地看待社会主义的发展史。回顾20世纪国际共产主义运动，一共发生了四件大事、四次探索。四件大事包括十月革命、"二战"后社会主义由一国发展到多国的实践、苏东剧变、邓小平理论的形成，四次探索指的是列宁、斯大林、毛泽东、邓小平领导的社会主义实践。专家指出，我国社会主义的实践中的四大历史教训是：高估了社会主义，轻视了封建主义，低估了资本主义，看近了共产主义。

读一些经济学书籍

经济学在我国还是一个比较年轻且偏窄的学科。有些人对经济学有不少嘲弄，有人说，经济学只是招考经济学家时才有用；有人讲，经济学并不能保证不失业，但它可以让你明白为什么失业；还有人讲，经济学就像是比基尼，其所暴露的都是重要的，但其掩盖的更重要。不管人们怎么说，搞现代化建设，不研究经济学不行。我们现在搞的社会主义市场经济，既有市场经济的共性特征，又有社会主义的个性特征，是对社会主义计划经济和资本主义市场经济的扬弃，在理论和实践上都有一个批判和继承的问题。经济学和其他学科的研究不一样，在研究现实问题时有一定的超前性，提出一些与现实有一定差距且不能为大家所共识的见解或结论，可又没有社会实践证明可行，于是总是容易受到批判。改革开放前，我国经济学界一些学者的正确观念多数受到批判，比如马寅初的"团团转"的综合平衡论和控制数量提高质量的新人口观论，孙冶方的把计划放在价值规律基础之上的理论，杨坚白的生产价格理论，都受到过批判，后来虽然都认为是正确的，但其间所付出的代价太大。改革开放初期，由于我们盲目地迷信西方经济学，也吃了大亏。从亚当·斯密为代表的“多因素决定论”，到丹尼森、凯恩斯主张的“收入分配决定论”，从索路为代表的“技术决定论”，到舒尔茨为代表的“知识和人力资本决定论”，这些西方的经典之作都有意或无意地遵循了这样两个假定：①凡是产出的都是有益的；②生产除了消耗成本外，不付出任何代价。这就是说，因素投入都是正向的。我们是邯郸学步似地这样去做的，其结果却相反，生产除消耗成本外，我们付出了自然资源遭破坏、生活环境被污染的代价；有许多建设，是高投入、低产出，高消耗、低效益，陷入了“增长不发展”的怪圈。实践证明，任何一种西方经济学理论都解决不了中国的实际问题，还是要从我们自己的实际出发，用我们自己的经济发展的实践经验（包括教训）来指导和制定经济发展的模式。正是因为我们坚持走自己的路，改革开放以来，我国才以每年近两位数的速度保持了三十多年的经济增长，创造了世界经济发展的奇迹。

现在，我国经济发展又进入了一个十分重要的历史时期，特别是在2008年世界性的经济危机面前，我国虽然被世界认为是摆脱经济危机的“优等生”，但经济发展中许多深层次的矛盾还是暴露了出来，比如生产与消费、外需与内需、增效与就业、产出与能耗、增长与发展、发展与和谐等结构性、宏观性的矛盾，已经到了非解决不可的时候了。这就需要有自己正确的经济学理论作指导，同时，我们也要认真学习西方经济学中一些科学的东西，洋为中用，他为我用，坚持走科学发展的道路，把中国的经济做强做大。

读一些自然科学书籍

一个人生活在社会中，应有贡献社会的志向；而要对社会有所贡献，就要有知识、有智慧、有本事。

我们在强调“理论武装”的同时，还要强调“知识武装”，尤其是科学技术知识的武装，强调要勤奋学习各种有用的新知识。古人曾讲过：“智是进德之基。”一个人要有所作为，就必须有崇高的精神境界,而精神境界的高低又往往和一个人的学识深浅联系在一起。培根说:“知识就是力量。”知识在经济建设中出生产力、在军队中出战斗力、在思想工作中出说服力。古今中外有多少有志之士为了报效社会、报效国家、报效养育自己的人民,努力刻苦地攻读科学知识,甚至不惜用生命捍卫科学和真理。布鲁诺为了捍卫“日心说”,被反动宗教势力活活烧死。邓稼先等科学家为了祖国的“两弹一星”,可以隐姓埋名几十年,奋战在边疆大漠之中。科学的灵感也决不是坐着可以等来的,如果说科学上的发现有什么偶然的机遇的话,那么,这种“偶然的机遇”只能给那些学有素养的人,给那些善于独立思考的人,给那些具有锲而不舍精神的人。

邓小平说:“科学技术是第一生产力。”社会的发展,国家的强大,离不开科学技术的发展。未来的社会将由谁来领导?国外有的学者提出,早在马克思时代,人们就已经认识到只有“既有钱又受过教育”的阶级才能担负起解放社会的责任。现在这个阶级已经出现了,那就是知识阶级。如果承认科学技术是生产力,承认知识和资本一样能够创造价值,知识产权受法律保护,即使按照阶级的定义,也没有理由否认知识阶级的独立性,没有理由再说知识分子不是附属无产阶级就是附属资产阶级。恰恰相反,资本和劳动最终都要接受知识的支配,听从知识的领导。我认为,马克思设想的共产主义要消灭“三大差别”,这些差别的消灭显然不是通过劳动改造、下放劳动即知识分子劳动化来实现的,而是要通过工农知识化来实现。当然,我们也应看到,由于科学技术的发展,阶级关系发生了变化,阶级矛盾的形式也发生了变化。因发展而导致的社会生产和社会生活多元化、分散化,使阶级对抗由过去的主战场工厂企业转移到整个社会领域,变成全面的社会对抗。有人讲阶级斗争淡化了,恐怕不确切,我认为不是淡化,而是泛化。阶级矛盾的主体已从政治斗争转到社会犯罪的层面,其规模之大,也许超过历史上的任何时期——暴力犯罪、毒品走私、恐怖活动、性混乱以及人口爆炸、环境污染、过度城市化等，宛如“核泄漏”，威胁着每一个人。社会对抗更加普遍化、分散化，到处是一片混战，又搞不清是谁跟谁战，莫非这就是后工业社会？从这里，我们既要承认科学技术的进步是社会发展的第一动力，同时，又要看到科学技术的发展也是有其负效应的。如果我们只讲科学技术，迷信科学技术，不讲自然发展规律、社会发展规律，不讲科学家的良心，也是难以实现报效社会、报效国家的情怀的。所以，“科学发展观”的提出是非常有道理的。

作为每一个人，只有掌握一定的科学文化知识，才能成为有用之才，才能有能力担负起作为社会一员所应承担的社会责任。你的能力越大，贡献也就越大，个人的社会价值也就越大。美国福特公司有一台大型电机发生了故障，工程师们会诊了三个月仍没有结果，最后只能请权威斯坦因梅茨诊断。他调查研究并反复计算后，用粉笔在电机某处画了一条线，说：“打开电机，把画线处的线圈减少十六圈。”照办后果然运行正常，福特公司询问要多少酬劳，他说一万美元，有人妒嫉说：“这是勒索。”斯坦因梅茨一笑，提笔在提款单上写了一个说明：“画一条线——一美元。知道在什么地方画线——九千九百九十九美元。”要说知识有力量，这就是力量。要说知识有价值，这就是价值。

反之，有些人空有报国之志，或不学无术，或半坛子醋，志大才疏，眼高手低，无报效社会的才能，个人的价值也就难以被社会所承认。

生活一次又一次地告诉我们，生命的价值，既不决定于年龄，也不决定于权力，更不决定于金钱，而是决定于你有了知识和本领之后对社会、对人民、对家庭的贡献。只要你做了有益于社会和人民的事，你的生命就是有价值的。由于知识和水平的出类拔萃而作出的贡献越大，你的生命价值就会越高。即使你离开了这个世界,也会闪现出你的光芒。钱学森、李四光、华罗庚等科学巨星之光,不是仍然昭示着我们应当怎样去生活、怎样去学习吗?

社会发展需要大批理工类建设人才。我国的落后,主要是在自然科学方面。有的人讲,我是有专业学历的。但是,知识是需要更新的。一位专家讲:“知识就像鲜奶,上面印着保质期,工程技术有效期为三年,如果时间到了你还不更新知识,你的学业就会被酸臭掉。”现在提拔干部讲专业化,但在掌握中往往是专业化变成学历化,只要有学历,就有了被提拔的“通行证”。可是,有的人是学医的,当了水利局长;学地质的,当了卫生局长。试问,对这些人而言,还有什么“专业化”的优势呢?社会的发展进入知识经济的时代,“这样一个时代是人们必需终身学习的时代”(江泽民)。我们每一个同志要成为时代的弄潮儿,成为生活和实践的强者,要不断地实现知识的更新,否则,个人被淘汰,国家没希望,诺贝尔奖就难以进入中国的大门。还是江泽民讲得好:“要学习、学习、再学习,实践、实践、再实践。”这应是我们每一个人的座右铭。

读一些中华文化书籍

有一位教育家这样说:知识,教会你做事;文化,教会你做人。相对于做事,做人是第一位的。一切彻底的成功,都是做人的成功;一切彻底的失败,都是做人的失败。有德无才要误事,有才无德要坏事。我们要真正成为生活的强者,成为一个高尚的、脱离低级趣味的人,不仅要学习马克思主义和科学文化知识,还要通过读书去学习优秀的中国传统文化。

中国传统文化知识博大精深,灿烂的五千年文明史是我们宝贵的精神财富。我们每一个人,只有专心致志地学习中华文化知识,才能通晓立身处世的道理,树立洁身向上的操守。鲁迅曾说:“历史上都写着中国的灵魂,指示着将来的命运。”这种渊远流长的“中国的灵魂”具体表现为历代社会精英追求和倡导的各种崇高精神,如孔子的“朝闻道,夕死可矣”;孟子的“富贵不能淫,贫贱不能移，威武不能屈”；贾谊的“国而忘家，公而忘私”；诸葛亮的“鞠躬尽瘁，死而后已”；杜甫的“安得广厦千万间，大庇天下寒士俱欢颜”；范仲淹的“先天下之忧而忧，后天下之乐而乐”；王安石的“天变不足畏，祖宗不足法，人言不足恤”；文天祥的“人生自古谁无死，留取丹心照汗青”；顾炎武的“天下兴亡，匹夫有责”；林则徐的“苟利国家生死已，岂因祸福避趋之”；秋瑾的“他年成败利纯不计较，但恃铁血主义报祖国”；等等。这些精神汇集在一起，便成了中华民族世代相传的国魂意识，成了中华儿女立身砥行的精神支柱。

“君子不器”是《论语》中的一句话。意思是：君子（有志向、有修养、情操高尚的人）不应该仅仅是一种可供使用的器具。是的，人决不是工具、机器，人应该是人，他应该有思想、有修养、有情操、有理想、有追求，一句话，要有文化。一种生活产生一种文化，一种文化规范一种生活。文化就是人化，也是化人。知识是文化的一个方面，但决不等同于文化。有知识的人未必有文化，有文化的人一定有知识。如果我们的教育只是传授知识、技能，最终把人训练成一台机器，这样的教育是不成功的。“君子不器”就是标举了一个非常重要的命题：人（君子）首先要学会做人，除非你愿意做“小人”（非君子）。

中国传统文化的一个显著特点，是研究人与自然、人与人、人与自我的关系。对此，儒家、道家、佛家都从不同角度给予了阐释，为中国传统人生智慧提供了一个较为完整的文化图景。“以佛修心、以道修身、以儒治世”成为中国人的修身处世之道。

中国传统文化融儒、道、佛为一体，互补相融。儒家讲入世，强调刚健有为，以天下为己任；道家讲忘世，强调清静无为，精神超脱，以柔克刚，安时处顺；佛家讲出世，强调万物皆空，排除烦恼，自度度人。儒、道、佛三家虽有所差异，但各有特色，又互相融合，凝炼出人与自然的和谐取向、人与人之间关系的定位取舍、人与自我的精神境界的深邃追索。当然,儒学始终处于中国传统文化的核心地位。

中国传统文化和人生智慧所追求的目标、理想可用宋代大儒张载的四句话来概括——“为天地立心,为生民立命,为往圣继绝学,为万世开太平。”这四句话充分体现了中国古代思想家的“仁者气象”和“天地情怀”。五千年历史是中华文化自身的积累,不断前进的人类文明是世界历史的积累,它们都是我们建设新文化、新生活的基础资源。没有历史积累的文化是“化而不文”,没有现实活力的文化是“文而不化”。单纯向外看的“西化论”是邯郸学步,单纯向后看的“复古论”是刻舟求剑。我们既要反对历史虚无主义,又要反对文化复古主义。

有人问,在现代社会,以儒家价值为核心的中国传统文化还起作用吗?对此,有否定儒家价值学说的民族虚无主义,也出现过现代新儒学的积极支持者“东方中心论”学派。而后者有一个重要的观点是:儒家文化不仅是一种优良传统,经过适当改造,对现代化、对未来世界也会起推动作用。其中一个有力的证据是新加坡、韩国和中国的台湾、香港的崛起。

我认为,不要把中国传统文化捧上天,但也不要把它贬得太低。任何社会进步,正如机车行进一样,都需要动力与制衡两方面作用。动力不足,难以前进;制衡不好,就会翻车。以儒家价值为核心的中国传统文化,确实有重人伦、求和谐、盼安定的一面。从消极方面讲,它可能表现为保守、落后;从积极方面讲,它可能有助于稳定,有利于长治久安。西方传统文化从消极方面讲,它可能引发物欲横流,个人至上,秩序混乱;从积极方面讲,它有发展生产、尊重首创精神,鼓励竞争进取的一面。对待它们的正确方法是,要善于吸收两种文化的长处,而不能抬高一方,贬低另一方。

以儒家价值为核心的中国传统文化到底要不要提倡?我认为,如果将儒家价值学说当做指导思想,那么不仅在现在,就是在上一世纪就已经过时了。但是,以马克思主义作为指导思想,它更多地是讨论如何改造宏观世界,而儒家思想文化则侧重于讨论社会最基层的细胞,即家庭、人与人之间的相处、个人的修身立命,从这个角度讲,两者并不是冲突的,相反,两者在很多方面是有很强的互补性的。因此,在新中国,我们应该在马克思主义指导下把儒家思想文化的合理因素进一步发扬光大,以真正地负起大国的责任。一旦我们建立起对自己传统文化的自信,剔除了它的弊病,平心静气地面对自己的祖先、自己的传统,那就可以与悠远的历史接上脉,滋养健全的道德、价值和生活方式,学会如何安顿自己的身心,如何与人打交道,如何去开创未来。中国传统文化中有许多有价值的思想,如诚信、和谐、慎独、知耻、礼貌、好学、敬业、崇德、修身养性、见利思义、恻隐之心、浩然正气、自强不息、珍生务义等,是前人留下的宝贵精神遗产,都可以成为我们每一个人安身立命的精神资源。我们反对历史虚无主义。一个人、一个国家、一个民族,生活概念中缺少未来,现实生活中就会有太多的过去;生活概念中缺乏应有的过去,现实生活中就会失去美好的未来。在我们的社会价值倾向中,有着强烈的缺乏未来概念的简单功利主义色彩,往往对现实生活中有价值的东西才去认真对待,捞取眼前的利益才是现实的,过去和未来对我们没有足够的吸引力。从文化角度讲,中国悠久的文明中缺乏应有的对过去的尊重。为此,我们不应该毁灭的却保留得太少,应该抛弃的却又传承得太多。

有一位名人提到过毛泽东,说他之所以能成为一代伟人,除了他亲自领导了中国波澜壮阔的现代革命的伟大实践之外,与他终身与书为伴、潜心学习和研究中国传统文化是密不可分的。集革命家、军事家、政治家、战略家、书法家、诗人于一身的毛泽东,博览古籍,精通经、史、子、集,是当之无愧的“国学大师”。尽管战争年代戎马倥偬,尽管建设时期日理万机,但毛泽东争分夺秒地研读国学典籍,用“汗牛充栋”来譬喻不为夸张,当今某些以“国学大师”

自居的人是无法望其项背的。一部300万字的《资治通鉴》,他读了一十七遍,煌煌“二十四史”被他翻破了。他的史论常常石破天惊,他的史识往往发人之未发,其思想根基深深扎根于中华民族传统文化之中。有人填词评价他“掌上千秋史,胸中百万兵”,绝非虚言!

毛泽东一生笔走风雷,写过许多气势雄宏足以传诵千古的文章。对《毛泽东选集》,有人作过粗略的统计,其中的成语典故有40条左右来自《左传》,有20至30条来自《论语》、《孟子》、《史记》、《汉书》等,有20条左右来自《易经》、《尚书》、《中庸》、《战国策》、《后汉书》、《三国志》、《孙子兵法》、《老子》、《庄子》等,《毛选》中活用古典小说、诗词曲赋的地方更是俯拾即是。

人们都知道,毛泽东思想是马克思主义原理与中国实际相结合的智慧结晶。试问,如果没有毛泽东对国学典籍的饱览,没有他对中华民族的历史沿革以及民族性格的了如指掌,他能对中国的实际现状洞若观火吗?这种结合能如此地完善吗?

从毛泽东的读书实践中我们不是可以更多地悟出应该以什么样的态度去对待中国传统文化了吗?

中国的古典和现代文学是中国传统文化的代表和精华,学习中国传统文化就要下功夫阅读一些文学作品,尤其是要精读一些名著和诗词。

名著是文学代表之作、传世之作,当然值得一读。像现代的《家》、《春》、《秋》、《青春之歌》等作品,影响了几代中国人。至于我国的古代名著和诗词文化更成了中国人的灵魂和精神食粮,其传承之久,影响之大,是其他文学作品所不可比拟的。

诗人赵翼说得明白:“江山代有人才出,各领风骚数百年。”一个时代,有一个时代之文学,也有一个时代最具有代表性的作品和作家群。我们通常讲,秦汉是辞赋的黄金时代,唐宋是诗词的豆蔻年华,元代是戏曲的丰收季节,明清便是小说的繁荣岁月。我们经常讲“四大名著”，就是指《三国演义》、《水浒传》、《西游记》、《红楼梦》，如果我们把视野更放宽一些，还可以说有六大名著，即除四大名著之外，再加《金瓶梅》、《儒林外史》。

《三国演义》的文化特质，可以概括为“忠”文化，《水浒传》可以概括为“义”文化；《西游记》可以概括为“神”文化；《金瓶梅》可以概括为“性”文化；《红楼梦》可以概括为“情”文化；《儒林外史》可以概括为“士”文化。我国的许多学者及政治家对这些名著从不同角度有过不少非常精辟的评价。

鲁迅曾说：历史上的“曹操是一个很有本事的人，至少说是一个英雄”。而《三国演义》中的曹操是奸雄。英雄也好，奸雄也好，反正都有雄的一面。

鲁迅在评《三国演义》时，还提到过刘备和曹操的形象：刘备——“长厚而似伪”；曹操——“多智而近妖”。

沈雁冰讲道：“《水浒》书上有三个军官出身的人，杨志、林冲、鲁智深。对于杨志，其遭遇是可怜的，但鄙薄其为人；对林冲，既予以满腔的同情，确又心惜其认识不够；鲁智深，我们主张赞叹，别无可言。”

薄一波说过，《水浒》要当做政治书看，《金瓶梅》要当做经济书看，《红楼梦》要当做历史书看。

有人说，“士人不阅《红楼梦》，读尽诗书也枉然。”

毛泽东对《红楼梦》这部书就有着非常深刻的见解，他多次提议干部要读《红楼梦》。他说这是一部顶好的社会政治小说，不是读故事，而是读历史。你要是不读《红楼梦》，怎么知道什么叫封建社会？他在多种场合提到过这部书。

有一次，他在和学者笑谈《红与黑》时提到了《红楼梦》。他讲，人们常说，旁观者清，当事者迷，这话不能绝对地看，有时可能是旁观者迷，当事者清。有人对我讲，《红楼梦》里的贾宝玉真是有福不会享，大观园那么多的丫头、小姐，哪个都不错，为什么非林妹妹不可？这也是旁观者迷呀！所以，不要以为旁观者就一定清，还要看怎么观，我看要慢慢观，多观几个面，不然，观不对，不但迷，有的还执迷不悟，这样的人还不少呢！

毛泽东和一位学者还讲过这样一段话：中国除了地大物博外，几千年就产生了一部《红楼梦》。毛泽东对《红楼梦》之所以给予极高的评价，除了因为这是一部真实地反映18世纪中国资本主义还在萌芽、封建制度正在走向没落，具有重大历史意义的作品，还因为这部作品在揭发封建家庭和封建社会的黑暗、腐败、丑恶时，并没有对生活失去理想和希望。他这样说过，有些小说如《官场现形记》，光写黑暗，鲁迅称之为谴责小说，只暴露黑暗，人们不喜欢看。《金瓶梅》没有传开，不只是因为它淫秽，主要是因为它只暴露黑暗，虽然写得不错，但人们不爱看。《红楼梦》却不同，写得有点希望么。

几大名著的影响力和普及力，在中国的社会人群中，恐怕没有超过《三国演义》的。

对于《三国演义》，毛泽东评价也很高。他说，看这本书，不但要看战争，看外交，而且还要看组织。

让我们来品一品《三国演义》吧。《三国演义》这部书，政治家读它的权谋，军事家读它的韬略，士农工商读它的传奇故事，道学家则抓住它的仁义道德大做文章。底层社会视桃园结义为千古楷模，至今仿效不绝；大人物以史作鉴，把《三国演义》俨然当做一部教科书；老百姓饭后茶余，它又是一份消遣的佳品、聊天的读资。于是仁者见仁，智者见智。王者，看其王道；霸者，看其霸道；弱者从中看到勇气；强者则于英雄豪杰的身影中，看到自己的长短；谋事者从中懂得如何寻找进身之阶；得意者也自然会在这部书中吸取覆辙之鉴。统治者曾经用它来愚弄人民，人民又用书中的帝王将相的成败来褒贬统治者；正义之人震撼其中的正义，如同邪恶之徒偏好其中邪恶一样，各取如需；心怀叵测者从中能找到知音，坦荡君子当然也不难寻到同道。“分久必合”,矛盾的统一;“合久必分”,又何尝不是辩证法呢?浩浩哉,荡荡哉,千秋鉴赏,品评不已。所以,此书问世数百年来,盛行不衰,一代又一代人捧读把玩,爱不释手。如今漂洋成为世界性的《三国演义》,这充分说明它常青永存的艺术魅力。

两千年来,天变,地变,人变,沧海桑田,无不变的事物。然而,构成社会相生相克、此消彼长、强弱转换、进步退化的关系总则好像又未变,至少未大变,或形式变,而实质未变,或语言口号变,而内容未变。从这个角度来读《三国演义》的话,这本书真可称得上是中国人的一部不同凡响的启示录。

所以,做一个中国人,读一读《三国演义》,绝对是大有裨益的事情。

孔子说:“不学诗,无以言。”诗是什么呢?马一浮先生有句话说得好:诗其实就是人的生命,“如迷忽觉,如梦忽醒,如卧者之起,如病者之苏”。后来,叶嘉莹教授说,这是对诗的最精彩的一句定义了。诗就是人心的苏醒,是离我们的心灵最近的事情,是从平庸、浮华与困顿中醒过来见到自己的真身。我们为什么从风花雪月、语言艺术、文化遗产、汉唐气象来读古典诗词总觉得不够呢?那是因为隔了一层,没有醒过来跟自己的真身相见。

古典诗词是中国文化的一朵奇葩。请看,“离离原上草,一岁一枯荣。野火烧不尽,春风吹又生”(白居易),“会当凌绝顶,一览众山小”(杜甫),“欲穷千里目,更上一层楼”(王之焕),“天生我才必有用,千金散尽还复来”(李白),“山重水复疑无路,柳暗花明又一村”(陆游),“沉舟侧畔千帆过,病树前头万木春”(刘禹锡),“落红不是无情物,化做春泥还护花”(龚自珍),等等,这些出于对复杂人生阅历而产生的深刻思考,内中所表达的顽强、旷达、潇洒、乐观的人生态度,都饱含哲理,可以启迪我们生活的智慧,滋润我们的心田。

“海内存知己，天涯若比邻”（王勃），写真诚的友谊；“一日不见，如三秋兮”（《诗经》），写相思之苦；“梧桐更兼细雨，到黄昏点点滴滴”（李清照），写离别之苦；“晨兴理荒秽，带月荷锄归”（陶渊明），写田园躬耕之乐；“莫愁前路无知己，天下谁人不识君”（高适），写离别友人的抚慰；“人世几回伤往事，山形依旧枕寒流”（刘禹锡），写历经人世的沧桑；“白日放歌须纵酒，青春作伴好还乡”（杜甫），写战事结束回归乡舍的喜悦。又比如“忽如一夜春风来，千树万树梨花开”之写景；“红杏枝头春意闹”之写春意盎然；“桃之夭夭，灼灼其华”，写桃花的盛开，并渲染新婚喜庆的气氛；用“桑之未落，其叶沃若”，写嫩桑，并象征青春美好的年华；用“昔我往矣，杨柳依依”，写柳丝，兼状惜别不舍之情。诗人屈原用香花美草、春兰秋菊象征自己高洁的人格和品德，唐诗宋词中惯用“落花”、“流水”表示岁月的流逝和无情，“秋雁”表示离人的愁思和萧索之感等。诸如这样一些喜怒哀乐的境遇和各种景观，也许曾是我们亲自经历过的，但远不能感觉到如此敏锐，表达得如此深刻鲜明。

这里，我们还不能不提到毛泽东那些博大精深的诗词，不讲别的，单是他70年前的那首《沁园春·雪》，就曾征服了多少学者和文人！蒋介石阅读这首诗后，也感叹此作“有王者之气”。他气不服，曾网罗许多文词高手，要写一首诗压倒《沁园春·雪》。可是，像是战场上远不是毛泽东的对手一样，那些高手根本拿不出与之抗衡的作品来。说到底，毛泽东就是毛泽东，胜过“草头（蒋）将军”，是“易如反掌（毛）”的事。有人讲，毛泽东的胸怀气度远远大于老蒋，从其书法、诗词、长相一看便知有毛就不会有蒋。

著名诗人贺敬之讲述毛泽东诗词时曾这样说：“毛泽东诗词以其前无古人的崇高优美的革命情感，遒劲伟美的创造力量，超越奇美的艺术思想，豪华精美的韵味辞采，形成中国悠久的诗史上风格绝殊的新形态的诗美。这种瑰奇的诗美熔铸了毛泽东的思想和实践、人格和个性。在漫长的岁月里,可以毫不夸张地说,几乎是风靡了整个革命诗坛,吸引并熏陶了几代中国人,从而传唱到国外。”

“诗言志”。让我们从古典文学中“学得人格、学会生活、升华精神、壮美社会”,进入一个美轮美奂的人生境界。

读一些宗教书籍

学习和汲取中外优秀传统文化,对于宗教问题是不能回避的。全世界有50%的人信奉各种教义,这里难道没有值得思考的问题吗?有的人把宗教一概定义为迷信、盲从、愚昧,斥之为唯心主义,从而采取批判、排斥、声讨的态度,恐怕是值得商榷的。

宗教是一个非常复杂的社会文化现象。它的存在也经历了各种各样的挑战,然而其作用经久不衰,确有值得我们无神论者思考的地方。19世纪法国大哲学家黑格尔有一个著名的哲学命题:“凡是合理的都是现实的。”对于当时普鲁士臣民来讲,这无疑有为封建反动的普鲁士专制制度粉饰的一面,但我们通过其唯心主义的外观,拨开迷雾,就能从中看到一个历史辩证法的深刻道理:凡是现实的东西,它的存在都有其一定的合理性,决不是无缘无故的,而且现实的并不等于现实的东西,现存的事物中只有合乎规律性的东西才是现实的,而那些违背历史发展规律的东西则是不现实的,注定要消亡的。宗教是被压迫生灵的叹息,是无情世界的感情。社会的不公给人民带来许多不幸和痛苦,人们需要精神上的安慰,而宗教能够发挥舒缓人们痛苦的作用,这就是马克思主义所说的:哪里有痛苦,哪里就有宗教。没有谁比马克思对于宗教的本质讲得更清楚的了,也没有谁比马克思对宗教的唯心色彩批判得更深刻的了。但是,仍然是马克思对于宗教的积极作用,比如宗教在慰藉人们的痛苦、鼓励人们从善、乐于助人等方面作了充分的肯定。基督教、伊斯兰教等都有存在的意义,他们对改善人心和安定社会都发挥作用。佛教讲究修身养性,认为有性才有命,修心为上,修身次之,主张通过压缩人的欲望来减少社会上的麻烦,这值得我们借鉴。所以,人们不能否认宗教文化的价值。在宗教中,独有道教是一种快乐的宗教。道士对于饮食、进补等都有精深的研究。佛教视肉体官能享受为烦恼之根,若想成佛,便要看破红尘,抛弃肉体这个真皮囊。而道教却把神仙与富贵结合起来,只要服食丹药,便可肉身成仙,一可长生不老,永葆青春快乐;二可长生不死,永享肉体生活的快乐。鲁迅在剖析中国的国民性时曾指出:“中国的根柢全在道教。”相对于其他教义,佛教更为圆满。有人对佛教与其他宗教进行了比较,区别主要有四点:一是佛教是“无神而非有神”,不建立主宰神,而其他宗教普遍认为世界是神创的;二是佛教是“业力而非神创”,认为人类吉凶祸福不是神决定的,而是由自身的行为所决定;三是佛教是“自力而非他力”,其修行是依靠自身努力而非上帝拯救;四是佛教是“人本而非神本”,认为在修行意义上,唯有人本身才能完成生命的觉醒和解脱。马克思否定的宗教,主要是西方宗教,并不包括佛教。在马克思的辩证哲学中,如否定之否定、质量互变等,和佛教理论有某种相通之处。所以,马克思曾经评价:“辩证法在佛教中已达到很精致的程度。”马克思更是赞叹道:“佛教徒处在理性思维的高级阶段。人类到释迦牟尼时代,辩证思维才成熟,辩证法最初来源于佛教,辩证的思想只有对人才是可能的,并且只相对于高级发展阶段的人(佛教徒和希腊人)才是可能的。”秦汉以来,中国文化的主流基本是儒、佛、道三家。佛教虽是外来宗教,但和中国传统文化水乳交融,就像体内输入的外来血液,虽然是外来的,但已和我们自身血液融为一体,不分彼此。佛教对于中国文化的影响也体现在方方面面。从中国哲学史来看,自魏晋南北朝到隋唐,始终贯穿着佛学思想。而宋明理学的骨子也是佛理。一直到近代,梁启超、康有为、谭嗣同等维新代表人物,仍然秉承佛法的思想理念推广社会改革。至于文学艺术领域,佛教的影响更是不容忽视。即使在现实生活中,也有许多内容源自佛教,如盂兰盆会、腊八粥等民俗活动,就直接脱胎于佛教节日。而在日常用语中，人们也不知不觉地使用了很多佛教名相，如烦恼、世界、利益等。此外，佛教道德观也对国人产生了很大影响，如善有善报、恶有恶报的因果说，就是沿用至今的生活准则。所以，社会主义不仅要允许宗教的存在，在限制它的消极作用的同时，还要运用宗教的积极因素为社会主义服务。我们应善于辨别真伪，学习和汲取宗教教义中合理的、积极的文化内涵，改造自己的身心，使自己的生活情操更加理性、更加丰富。比如季羡林对名利采取道家态度，是超脱的。他是陶渊明的信徒，陶的四句诗“纵浪大化中，不喜亦不惧，应尽便顺尽，无复独多虑”成了季羡林的座右铭；而他对工作和学业，则采取儒家的态度，是进取的，这也是儒、道互补吧。

还应指出的是，佛学与佛教是两个不同的概念。佛教是宗教之一，不信教的人可以不去问津。佛学，是哲学，含有人生的哲理，其不乏辩证的因素，值得人们去学习、研究和剖析。宗教与哲学是有严格区别的。蔡元培曾对宗教和哲学进行过比较。他说，哲学自疑入，而宗教自信入；哲学主进化，而宗教主保守；哲学主自动，而宗教主受动；哲学上的信仰是研究的结果，而永留有批评的机会，宗教上的信仰不许有研究与批评的态度，所以哲学与宗教是不相容的。世人或以哲学为偏求真方面，因而疑其情意不能不借宗教的补充。实际上，哲学本统有知情意三方面，是自成系统、不假所求的。

抓健身

呵，健康！健康！富人的幸福，穷人的财富！人间少了你，使天堂无悦，有谁能用高价将你买去！

——本·琼森

运动是健康的源泉，也是长寿的秘诀。

——马约翰

健康是生命之本。失去健康，生活就会变得黑暗而悲惨，会使你对一切都失去兴趣和热忱。无法想象一个在不健康水平下挣扎的人能有什么样的好生活。

拥有健康不等于拥有一切，而失去健康就会失去一切。古今中外有多少有志之士却因为健康问题无奈地放弃了他们为之奋斗的目标！“出师未捷身先死，长使英雄泪满襟”，何等遗憾，何等悲哀！有一句得人心的大白话：有什么别有病，没什么别没钱。明智的人懂得“1”和“0”的取舍。假如“1”是健康，“0”是一切美好的东西，诸如财产、地位、荣誉、能力等，那么，没有“1”，一切“0”就都只能是“0”。有了“1”，一切美好的东西才叫美好的东西，且多一个“0”就多一份美好的生活。失去“1”，“0”再多也没有任何意义。我看，这个比喻是把身体好坏的重要性讲得最贴切、最通俗、最有说服力的。有位哲人曾说过：“对幸福健康生活的追求，就是健康幸福地生活。”幸福生活的最低标准和最高境界都是相通的，那就是健康快乐！

佛家妙语之一：人生最大的财富是健康。此语虽然大家皆知，但真正领悟，却非易事。请看古今中外，有多少人或为名所惑，或为利所动，或为官而奔波，或为爱情而苦恼，把名、利、禄、情视为人生的最高追求，却不知人生最大的财富是自身的健康。记得有一篇小说写一个贪财的人进入一座黄金山，山内皆是金银财宝。他大喜若狂，但因贪得无厌，终于陷入黄金山而无法出来，留下了一堆白骨，岂不悲哉？健康是最宝贵的，如果一个人想通了这一点，那么，什么名利之念、禄情之欲，都可化为乌有，而唯有守着自己的健康，才能享受到属于自己的那一份生活。

人的健康，可分为生理健康和心理健康。生理健康是基础，心理健康是高层次的健康。一个人如果生理上不健康,诸病缠身,就难以保持心理上的健康;但一个人仅有生理上的健康,而心理上有障碍,被忧郁所困,那也过不上好日子,而且天长日久,生理上的健康也会逐渐被消融。“人没有累死的,都是窝囊死的。”这也算是个大实话。

世界卫生组织向全世界发布了健康公式:健康100% =15%遗传 +17%环境 +8%医疗 +60%生活方式。可见,影响健康最大的因素是占60%的生活方式,这就是“健康在自己手中”的道理。保持身心健康的生活方式包括很多内容,择其要者,一是健体,二是健心。

健体

健全自己的身体,保持合理的规律生活,是自我修养的物质基础。

——周恩来

健体的方法很多,关键是两条:一要坚持身体锻炼,二要科学养生。

坚持身体锻炼

生命在于运动。要想身体好,锻炼少不了。锻炼的方法很多,有跑步、游泳、打球、打拳、做操,等等。中外人士总结出不少好的锻炼方法,如得要领,事半功倍,值得仿效。比如,乾隆皇帝是一个少有的高寿之帝,享年89岁。他实践了“十六字养身之道”,故得以强壮体魄,延年益寿。十六字即“吐纳肺腑,强壮筋骨,‘十常’‘四勿’,适时进补”。

“十常”是:①齿常叩:先叩前齿,再叩大齿,每日100次,可固齿防龃;②津常咽:古人称口水是人体之宝,能灌五脏六腑。用舌头先舔唇齿、上颚等部位,待口水增多,在口中鼓漱吸吮,分几口咽下，能助消化，增免疫；③耳常弹：食指压在中指上，轻轻叩击后脑枕部，可听到咚咚响声，每回100次，能防治头晕、耳鸣；④眼常转：亦称目常运，双目缓慢自如地从左转到右，从右转到左，再从上转到下，从下转到上，各转10次，然后双目紧闭片刻，再睁大眼睛，可防治近视、远视；⑤鼻常揉：双手握拳，以拇指中关节搓揉鼻部两侧，上下各100次，可防治感冒、鼻炎；⑥面常搓：双手搓热，以中指引导带动其他各手指，沿鼻两侧由下向上搓，至额部两侧分开，再向下搓擦，每回50次，可防皱纹、老年斑；⑦腹常旋：双手搓热，然后重叠，用掌心以肚脐为中心，先顺时针方向摩腹旋转50次，后逆时针旋转50次，能顺气、消积；⑧肢常伸：上肢向下伸展，下肢向前后远端伸展，四肢关节随时舒展，可促循环、护腿脚、解疲劳；⑨肛常提：吸气时，用力摄提肛门连同会阴部位，稍停，呼气放松，每回50次，能升提氧气、防痔疮、强肾功；⑩足掌摩：也叫搓涌泉穴，即在将脚用热水浸泡洗净后，用手掌心的劳宫穴搓脚心，缓慢转动搓摩100次，直至摩热为止，能固肾暖足、调适神经、改善睡眠。

"四勿"是：食勿言、寝勿语、酒勿醉、色勿迷。

日本人的健身法中，有一个"十六宜"颇为流行。这"十六宜"是：发宜常梳，面宜常擦，耳宜常掸，目宜常运，颚宜常舔，背宜常护，肢宜常摇，体宜常干，腹宜常收，肛宜常提，齿宜常叩，津宜常咽，脚宜常护，气宜常呼，身宜常敲，指宜常动。

我看，这"十六宜"与中国人的健身法有许多相通之处。

锻炼的方法再好，关键在于坚持。"三天打鱼，两天晒网"，总是不会奏效的。我的体会是："坚持锻炼，身心康健，天道酬勤，受益无穷。"我多年的运动方式是坚持晨练，在晨练中做到：常年不断，定时定量，通体兼顾，心神专一。

常年不断。在上世纪80年代中期，刚30多岁的时候，我就有了晨练的习惯。但是，当时是常有间断的，特别是在几千人的企业做"一把手"，尽管有晨练的愿望，可是抓工作经常通宵达旦，生活上没有规律性，即使有时也去锻炼，也难以做到天天坚持，常年不断。

20世纪80年代末期，我开始克服一切困难，包括自身的懒惰心理。无论是忙还是闲，是晴还是阴，是在家还是外出，是国内还是国外，我都坚持早上出去晨练，从不间断。有时出差在火车上过夜，清晨就是在两节车厢间也要活动一个多小时；有时是冰天雪地，或是大雨滂沱，或是寒风呼啸，我都照常出门，到一些合适的地方去锻炼。节假日更是我锻炼的好时光。几十年来，我没有一个大年初一早晨是在床上度过的。有时，感冒发烧，四肢无力，我也咬着牙照常去晨练，而且运动量不减少。有人讲我这样不科学，非理性，我却认为，这才是真正的锻炼身体，因为这是和疾病作斗争，是和惰性比高低，是和毅力赛跑。

定时定量。为了能使工作、晨练两不误，我对晨练的设计是有严格的时间规定的：每天坚持4时50分左右起床，5时10分外出，锻炼一个半小时后，6时40分回到家中。每天的运动量是一定的，锻炼程序是不变的，尽管外出不带表，但回到家中的时间几乎不会有什么误差。有时外出，有地区上的时差，那就按时差设计锻炼时间。比如，到新疆，有两小时的地区时差，就按两小时的时差来安排晨练的时间。到日本早两小时，到西欧晚6小时，都依时差设计自己的生活表，确保晨练和工作不发生冲突。

通体兼顾。锻炼身体，要讲究科学性。古今中外，人们总结出了许多有益的经验，但关键还是要从自己的实际出发，做到从头到脚、从肢到干都要进行活动，也就是“通体兼顾”。在学习别人经验的基础上，结合自己的身体条件和兴趣，我摸索出一套自己的锻炼方法。它包括跑（前跑、后跑、横跑）、走（前走、后走）、摇（四肢）、呼（气）、提（肛）、弹（耳）、转（躯干）、运（目）、敲（体）、叩（齿）、做（操）等70多个动作，每天既定动作完成后，浑身上下也就全部活动一遍了。我认为，有的人锻炼的时间也不少，但或是跑一跑，或是走一走，太单调，没有兼顾身体的各个部位和器官，恐怕效果就不一定很理想。另外，我外出活动回来后，还有一个重要的锻炼项目：洗冷水澡。我洗冷水澡已有30多年的历史，其中不间断的就有20多年。无论是什么季节，哪怕是零下10度的冬天，也坚持晨练后洗冷水澡，我甚至还有在零下10度时在山涧的水潭中洗澡的记录。多年来，我感受到洗冷水澡有三个好处：一是增加抗寒能力，软化血管。二是清除各种灰尘和病菌对身体的附着，是一种良好的卫生习惯。日本是一个人口大国，前几年的非典疫情没有发生一例，这固然与其优越的卫生保健体系有关，但与日本人天天洗澡的良好生活习惯是不无关系的。三是可以养成持之以恒、坚韧不拔的个人意志，其意义已经远远超出健体本身了。

心神专一。由于定时定量，常年不断，持之以恒，所以，晨练时身心很快便会进入旁若无人、旁若无事的境界。尽管有时也有外界的干扰（天气的变化），也有心绪的不定（工作和生活上的压力和烦恼），但也都能适时进入运动的状态。这不仅对身体是一种锻炼，而且对心境也是一种很好的休息。

可以说，晨练已经成了我生活的一部分，而晨练又给了我新的生活。是晨练让我磨炼了意志，祛除了疾病，强壮了体质，增添了意趣。我用良好的生活习惯拥抱了健康，又用健康去拥抱了美好的生活和紧张的工作。但愿我的体会能对读者有所裨益。

坚持科学养生

身体是要护养的，而护养要讲究科学。我认为，这主要的是要抓住“阴阳”这对矛盾，按季节养生；抓住“大小”这对矛盾，在细节上养生；抓住“善恶”这对矛盾，在气节上养生。

按季节养生。

春季，省酸增甘养脾气。

古人指出，养生当“春夏养阳，秋冬养阴”，而动则生阳，静则生阴。因此，春季要增加活动量，可踏青问柳，行歌舞风，这样才能使阳气增长，顺应生发之气。可很多人特别是些青年人和老年人，往往由于“春困”而贪睡少动，这样阳气将从何养起？

春季在我国大部分地区是冷暖交替的过渡季节。历代养生家皆指出，春宜保暖，衣服不可乱减，以助人体阳气生发，即俗话讲的“春捂秋冻”。唐代大医学家孙思邈还特别告诫：“春天不可薄衣，以防伤寒、霍乱、食不消、头痛。”

常见不少青年人春天稍热，即穿得很单薄，甚至穿着夏衣度日，从而感冒、扁桃体炎、肺炎与咳嗽等疾病不胫而来；小儿也易患脑膜炎、麻疹、腮腺炎等疾病；老年人以哮喘、高血压、过敏、心肌梗死、精神病为常见。据统计，三四月是心肌梗死发病的第二个高峰。俗话说：“菜花黄，痴子忙。”春天的精神性疾病发病率也比其他季节高，故古人提出“春防风，又防寒”的忠告。

春天阳气升发，人体新陈代谢较盛，人们在饮食上应选食辛、甘、温之品，即孙思邈所说的：“省酸增甘，以养脾气。”历代养生家要人们在春令“戒暴怒以养其性，少思虑以养其神，省言语以养其气，绝私念以养其心”。这对我们每个人可能是一种苛求，但又是必需的。

夏季，防“贼风”伤人。

夏季阳光充足，雨水充沛，万物生长茂盛，动物也最为活跃。此时应“夜卧早起，无厌于日”，即睡得稍迟，早上早起，以与夏日天长阳气同步。因“动则生阳”，故夏令还应增加活动以养阳气。“无厌于日”，即让人们不要害怕日光，因为植物就生长在阳光下，很茂盛，人亦应与之相似。

古人告诫我们夏令防暑更要防凉。如《养老奉亲书》即指出：“夏日天暑地热，檐下过道，穿隙破窗，皆不可乘凉，以防贼风伤人。”由于夏令阳气走表、向上，人体体表经络血液充溢，而体内则“阳气内伏”，所以夏令手摸肚子和心口是凉的。这时表现为人体消化功能薄弱，所以应少吃不易消化的食物。孙思邈的《千金要方》要求人们"省苦增辛，以养肺气"，即少吃苦味，适当增加点辣味和酸味，这样易于开胃。

在情态上，要保持安静乐观。俗话讲："心静自然凉。"也不要发怒，可到名山大川去旅游，既能避暑，又能饱览自然风光，极利于养生。

秋季，宜润燥。

秋天，阳气渐收，阴气渐长，金风送爽。此时，应"早卧早起，与鸡俱兴"。早卧，是要人们静以养阴，以应阳气内收、阴液(湿气、水分等)收敛的自然变化；早起则利于阴气和肺气的舒展。有专家调查研究认为，秋季适当早起，可减少或缩短小血栓形成的机会，这对于预防脑血栓发病很有意义。

由于秋季阳气收，阴气也收，故此时天气特别干燥，风力大，人体也由于阴液内收，阳气内敛，汗液少，分泌物少，二者结合极易出现皮肤、口鼻、咽喉干燥，甚则干咳、便秘、皮肤开裂、毛发脱落等症状。这时应少开窗，适当增加室内的湿度和温度，并适当补充人体水分。《饮膳正要》告诫人们："宜食麻以润其燥。"麻即芝麻、麻仁之类。这类食物多脂，易润泽。还可进食核桃、梨、甘蔗等以润养体内阴液。古人主张秋衣不可太厚，然而要适当，因为秋令毕竟是感冒、哮喘、脑炎、胸炎、痢疾等病的高发季节，因此要适应气候变化，适当增衣。俗话说："二八月，乱穿衣。"就是这个意思。

秋季天高气爽，要多增加一些娱乐活动，但不要出大汗，太疲劳，因为此时是阳气、阴气内敛季节，要注意顺应自然界的一个"收"字。

冬季，烘烤取汗犯大忌。

一切生物皆顺应一个"藏"字，以增加体内储备，减少物质消耗，即新陈代谢上的同化大于异化。其意义在于为越冬积存能量和养精蓄锐，为来春生长储备物质和生机。与天地相应，冬令养生应顺应这一规律。此时，应阳气内藏，阴精内敛。在作息上应"早卧晚起,必待日光”。因为人醒时则阳气趋向体内,入睡时衣被太薄易受凉。

冬令严寒,为防寒应采取保暖措施,但不宜暴暖或烘烤取汗。《内经》指出,冬令要“无泄皮肤”,因为那样就会内扰阳气,使阳气外泄。为什么古人一再告诫冬令不可大动、大热,让阳气外泄呢?因为阳气有保卫人体的功能,要让阳气内守,以保护内脏。

注意细节养生

人体是一部精巧的机器,要倍加呵护,粗心不得。在平时生活中,要注意从细节上养生。小洞不补,大洞受苦;小病不防,大病缠身。要小处见大,从小处、细节处养生健体。宋代宦官任源的《养生秘诀》有诗云:“酒多气血皆乱,味薄神魂自安,夜嗽却胜早嗽,暮食不如早餐,耳鸣须宜补肾,目暗必定治肝,节食自然脾健,少思必定神安,汗多莫当风立,肠空莫用茶穿。”这些讲的都是细节养生。在细节养生方面还有不少应该注意把握的地方。比如:

体内毒素扫除法

过去人们总认为,生病就是病菌、病毒、营养不良、不良生活方式和心理不健康等原因引起的。现代医学研究提示,若人体内毒素积聚过多,同样也能使人致病。因此,专家告诫人们应像打扫环境一样经常清扫毒素。方法有:

主动咳嗽清肺。自然界的有毒物质,可以通过呼吸进入肺泡,不但肺受到伤害,有害物质还会“株连全身”,故应借助咳嗽加以清除。每天清晨、中午和睡觉前,到室外空气新鲜处做深呼吸运动,然后伸开双臂突然咳嗽,将痰液吐出。

饮水冲淡肠道。应保持大便通畅,清晨起床后至少要喝200毫升水,然后活动,这不但能稀释血液,防止血液浓缩出现脑血管意外,更有清刷胃肠的作用,使大小便排出,清除毒素。

巧取食物净化血液。人体内的自由基,是氧化过程中的副产物，在体内积聚过多，会破坏去氧核糖核酸和正常细胞。蔬菜水果是碱性，经常多吃与人体内的酸性物质发生化学反应，能使人的血液呈弱碱性，让沉积在血管壁上的有毒物质溶化，消除体内的自由基，并使之排出体外。

运动发汗，淋浴以清扫皮肤。体内毒素可通过排汗加以清除。汗和尿液基本相似，都是体内的废物。因此，清除体内毒素，运动是最好的办法。运动前多喝水，出汗会更多，然后洗热水澡，能使汗腺舒张、汗毛孔散开，得以排汗排毒，更能清除皮肤上的汗垢，促进血液循环，活血化瘀，加速代谢，起到清洗血管的作用。

对症择食

蔬菜及粮食是营养物质的“绿色宝库”，是人们维持生命的主要滋养来源。对症择食，择优而食，方可充分利用蔬菜、粮食的药用价值。比如，感冒吃大蒜，脱发吃牛排，心脏病喝苹果汁，乏力吃香蕉，醉酒喝番茄汁，打嗝吃糖，高血压喝橘汁，吃鱼治疗哮喘，蔬菜缓解关节炎，视线模糊吃绿菜，皮肤青紫吃花柳菜等。

从细节处留心，皆可养生健体。比如吃食用油，别老盯着一种油，诸如橄榄油、菜籽油、花生油、豆油、猪油等各有其特点，换着吃对身体有益。又比如，看电视这种小事、常见事，也马虎不得。看电视后要马上洗脸，以防由于屏幕电效应而在面部积落灰尘，影响皮肤健康。最近，德国一位专家发现，电视机和其他视觉影像系统可以释放出一种危险的能量。为此，人们看电视时，经常关闭门窗，会使染上癌症的几率大大增加。如果再开空调，那更是雪上加霜。香港的报纸曾刊登过“关窗看电视易染上癌症”的警告。因此，不要关上门窗看电视，尤其是连续看两个小时以上，一定要开窗户。另外，要多吃银耳，因为银耳中的多糖 A 具有抗辐射的功能。诸如这些生活中的小事、小处，都应小心。有人讲，对身体的伤害尤如钞票存银行，是“零存整取”，经常在小处伤害身体，不以为然，可是日积月累，身体就会从整体上垮下去。

坚守气节养生

中国传统养生还十分注重“以德立身”、“养生必先养性”。这里的“性”是指品德、禀性。孔子说:“欲修其身者,先正其心。”又说:“仁者寿,智者乐。”《礼记·中庸》曰:“大德必得其寿。”孟子则指出:“爱人者,人恒爱之;敬人者,人恒敬之。”荀子也认为仁义气节为长安之术。《内经》则有“德全不危”的明训。《黄帝内经太素》曰:“修身为德、则阴阳气和。”养生以修德为首务,修德以修心为中心。培养高尚的道德情操,坚守高洁的气节,不断完善人格,也是心理健康的重要标志。

1948年,世界卫生协会曾经提出健康的概念应该包括良好的道德品质,健康应是躯体、心理、社会道德的良好状态。现代心理学认为,道德愉快是一个人在利他活动中自我体验到的愉快,有减轻或消除心理痛苦的作用。一个有道德修养的人,往往是一个心理健康的人。我们应具有良好的心理素质,能理性地处理问题,自制力强,为人豁达大度,充满爱心,乐于助人,对未来充满信心,碰到困难和挫折不会灰心丧气,以快乐的生活态度面对人生。

健心

忧愁、顾虑和悲观,可以使人得病;积极、愉快、坚强的意志和乐观的情绪,可以战胜疾病,也可以使人强壮和长寿。

——巴甫洛夫

人的幸福在于心的幸福。一个作恶的人,即使逍遥法外,也逃脱不了自我心灵的惩处。一颗善良的心,是一席享用不尽的美筵,也是健身的真正法宝。

著名书法家费新我的养生格言是:药补不如食补,食补不如动补,动补不如静补,静补不如心补。

健心的要诀是:对外看得透,对内守得住。

对外“看得透”

著名作家冯英子总结健身之道为四句话:一是凡事看得透,二是凡事想得穿,三是凡事忍得住,四是凡事放得下。依我看,关键还是“看得透”,看不透,也就难以“想得穿”、“忍得住”、“放得下”。

有一首题为《空空诗》的古诗云:“天也空,地也空,人生渺茫在其中;日也空,月也空,东升西沉为谁动?田也空,屋也空,换了多少主人翁;金也空,银也空,死后何曾握手中?妻也空,子也空,黄泉路上不相逢;朝走西,暮走东,人生犹如采花峰,采得百花成蜜后,到头辛苦一场空。”

粗看《空空诗》,似给人以消极悲观之感,但细细琢磨,却含有极深刻的哲理。孟子说:“养心莫善于寡欲。”清心寡欲,实为有益的做人之道和养心之道。老子有一重要的哲学思想,即“道法自然”,指的是世间万物要顺应自然规律,不可拂逆,不可强制;而要达到“道法自然”,则须按照老子说的“致虚极,宁静笃”去身体力行。看破红尘便是仙,无为之处却有为。空寂清静中含有生机,闲逸中自有情趣。有此淡泊空灵、虚怀若谷的心境,才能活得潇洒自如,快乐长寿。

日本全国老人协会理事长加藤纯博士赠给高龄老人幸福生活的三大秘诀是:忘记死亡,忘记钱财,忘记子孙。这不正是看得透的养生之道的又一妙方吗?

“看得透”,就能谨慎从事。凡事做最好努力,又做好风险防范。不怕一万,就怕万一,规避了万一的风险,进可成功、退可安全。

“看得透”,就能和谐为上,心平气和,享受个人的文明生活。“比我强的人千千万,比我差的人万万千”,持有这般心境,便可天天过得自娱自乐。

“看得透”，就能顺其自然，顺随一年四季气候变化养心，顺理成章地处理生活中的矛盾纠葛，使心灵得到安宁。著名历史学家周谷城先生享寿近百岁。他90岁寿辰那年，有人向他讨教长寿秘诀。他只说了“顺其自然、不背包袱”八个字，也就是凡遇不如意之事，任其来去，自己不背忧虑苦恼的“包袱”。否则，劳心伤神、有害健康。

对内“守得住”

《内经》受道家思想的影响，主张“恬淡虚无”、“精神内守”，“嗜欲不能夺其目，淫邪不能惑其心”。调志摄神，归心于虚，抱神以静，形神自正。中医把情志过用作为重要的致病原因，如怒伤肝、喜伤心、思伤脾、忧伤肺、恐伤肾。因此，保持良好的情绪，坚守美好的心态，是维护身心健康的重要保证。马克思说：“一种美好的心境，比十副良药更能解除生理上的疲惫和痛苦。”反之，正如孙思邈说的：“多思则神殆，多念则志散，多欲则志昏，多事则形劳，多语则气乏，多笑则脏伤，多愁则心慑，多乐则意溢，多喜则忘错昏乱，多怒则百脉不定，多好则专迷不理，多恶则憔悴无欢。”这些如果不注意，则荣卫失度，血气妄行，丧身之本也。

宁波普陀山法雨寺的大雄宝殿外墙上有一贴“无际大师心药方”，妙不可言，对健心者是一剂良药。此药方是“慈悲心一片，好肚肠一条，温柔半两，道理三分，信行要紧，中直一块，孝顺十分，老实一个。阴骘全用，方便不拘多少。”末尾道：“以上十味，若能全用，可致上福上寿，成佛成祖，灭罪延年，消灾免患。”“心药方”的旁边还写道：“此药用宽心锅慢炒，不要焦，不要躁，去火性三分，于平底锅内细细研碎……每日进三服，不拘时间，用和气汤送下。果能依此服之，无病不痊矣。”

无际大师乃唐朝高僧，其《心药方》虽寥寥数语，但在“天下熙熙，皆为利来”的经济社会里，对于众多浮躁郁结的“心病者”是否能药到病除，关键还是靠每个健心者自己，所谓“心诚则灵”是也。

口门紧

要想好，七分饱。

——佚名

言语的花儿开得愈大，行为的果子结得愈小。

——冰心

口门，口门，口乃门也。俗话讲："祸从口出，病从口入。"祸、病皆口也。所以，我提倡在生活中"口门紧"。

紧口不是不吃饭。人以食为天，几天不吃不喝，人就没法活了。所以，口总是要张开吃饭的。只不过要少吃、慎食，否则，会吃出病来。

紧口不是不讲话。语言是生活中不可缺少的交流工具，离开语言，人与动物也就没有多大差别了。只不过要少言、慎语；否则，会讲出祸来。

某寺庙的大门处挂着一块木牌，上面写着：

一、少肉多菜，二、少盐多醋，三、少糖多果，四、少食多餐，五、少衣多浴，六、少车多步，七、少烦多眠，八、少悲多笑，九、少言多行，十、少欲多施。

我看，其中"少食、少言"是最得提倡的。

慎食、少吃。饿了就吃是动物的本能，但很少有动物像人类这样放任：天上飞的，地上爬的，树上长的，水里游的，无所不吃。不管吃对、吃错，先吃再说。有人讲，吃是百分之百为自己，穿是百分之八十为别人。可以不买新衣服，但不能不吃。俗话说："能吃就是福。"然而，能吃真的就是福吗？这对行将就木的老人来说也许是对的，在物质贫乏的过去也许是可以理解的，但对平常人，在今天，经常大吃大喝早已成了隐性自杀。许多人花大钱去吃得好、吃得精，却得不偿失地吃出一堆病来。一个癌字三个“口”字，第一个“口”是“海吃”，膳食营养失衡；第二个“口”是“傻喝”，饮酒过量；第三个“口”是瞎抽，即烟不离口。人类常患的三十多种癌症大多由此而来。

我认为，健康和食物的关系是“成也食物，败也食物”。因此，必须科学地饮食。为什么有那么多人患上高血压、高血脂、高血糖？那就是不会科学地饮食所造成的。中医认为，任何食物都有寒、热、湿、凉的不同性质，而人的体质也有阴虚、阳亢的差异。如果不会科学饮食，就会阴阳差错，饮食失衡，损害身体。

慎食就是要讲究饮食之性、饮食之味、食之归经。

要讲饮食之性

食物有寒、凉、湿、热这四种不同的性质，中医称之为“四气”。这并不是古人臆造出来的，而是人们通过几千年的实践摸索总结出来的，并经过历史验证屡用不爽的。凉性或寒性食物，并不是因口而定的，而是能令热性体质和病症的人吃了以后感到舒服或病状有所缓解的食物。例如，西瓜能缓解发热、口渴、烦躁等现象；梨能清热解渴，止咳化痰，治疗咳嗽、痰多等病；槐花蜜性寒凉，能清热、解毒、润燥，可以治疗热性病及肠燥便秘。温性或热性，与凉性或寒性正相反，凡能使寒性体质和病症的人吃了以后感觉到舒服或病状有所缓解的食物，就属于温性或热性食物。比如有人喝点姜水，胃就感到舒服，中医认为这个人可能属于脾胃虚寒。平性食物的性质介于寒凉和温热性质之间，适合于一般体质，无明显寒、热象之人或寒性、热性病症的人都可选用，如米、面、黄豆、萝卜、苹果、牛奶等，久食不造成人体的寒热失调、阴阳失衡。

据有关专家分析，历代中医食疗书籍所记载的三百多种常用食物都有其营养保健功能。而寒凉性食物属于阴性，有清热凉血、泻火解毒的功效；温热性食物属于阳性，兼有温经散寒、通络助阳的功效。

要讲饮食之味

“味”是指食物的味道。中医将食物的味道分为五种，即“五味”，指酸、苦、辛、甘、咸这五种味道。“五味”不仅能起到人类饮食的重要调味功能，而且可以促进食欲，帮助消化，补充脏腑，供给人体不可缺少的营养物质。

中医认为，不同的味道具有不同的作用。酸味有敛汗、止泻、止咳、涩精缩尿、固崩止带的作用，如乌梅止渴，石榴皮涩肠止泻。苦味有清热、泻火、解毒、燥湿、降气通便等作用，如苦瓜泄脾胃积火且通便，苦杏仁清肺火、莲子心清心火。甘味有补益、和中、解痉挛的作用，如红糖养血又治虚寒腹痛，桂圆肉、蜂蜜都对人体有滋补作用。咸味有泻下通便、软坚散结和补血等作用，如多吃海带、紫菜能治大脖子病等。辛味有发散、行气血的作用，如风寒感冒时用生姜泡水或直接吃一顿麻辣火锅等，里面有姜葱蒜等辛味的调味料，吃后会全身发热，出一身汗，立刻会觉得身体轻松不少。

因此，选择食物时，必须具食搭配，五味调和，这样有利健康，否则，会吃出毛病来。《黄帝内经》指出：“多食咸，则脉凝泣而色变；多食苦，则皮槁而毛拔；多吃辛，则筋急而爪枯；多食酸，则内胝而唇揭；多食甘，则骨痛而发落。此五味之所伤也。”所以，一般应掌握“肝病禁辣，心病禁咸，脾病禁酸，肾病禁甜，肺病禁苦”。

要讲食之归经

人们常说吃大枣养脾胃，吃银耳对肺好。这“养”和“好”其实就是食物的特殊疗效。而它之所以有特殊的疗效，就是因为它进入人体后，能通过经络（经络就是人体内在脏腑与体表之间互相联络的通道）补益相应的脏腑，从而表现出对某些脏腑有特殊的疗效。这种疗效的对应现象就被称为“归经”，即归属某一脏腑的意思。所以，中医的饮食养生不只是一种食物会有多少蛋白质、维生素、纤维素及微量物质如钙、铁、锌、硒等，而是在掌握它的性、味归经后，根据个体的差异，遵循缺什么补什么的原则，通过日常饮食，来使我们的身体达到阴阳平衡。

少吃，就是坚持限食。

许多疾病，特别是肠道疾病与饮食关系十分密切。而饮食过量、暴饮暴食，是病之祸根。要想身体健康，就要限食或少食多餐。即使得了这方面的病，也毋须吃药治疗，只要进行“饥饿疗法”就行了。

《黄帝内经》谈到上古之人，“尽终其天年，度百岁乃去”。其主要经验之一，就是“饮食有节”。

20 世纪 30 年代，美国康奈尔大学的营养学家莱德·麦卡教授做了一个动物的实验。他将小白鼠分作甲、乙两组，两组均保证必要的营养供应，包括蛋白质、脂肪、碳水化合物、维生素、矿物质等。但对甲组小鼠限制热量摄取，而对乙组小鼠不加限制，任其自由取食，每天都敞开肚皮吃。结果是：乙组小鼠 175 天骨骼就停止生长，而甲组小鼠 300 天、500 天，乃至 1000 天，骨骼还在缓慢地生长着。乙组小鼠不到两年半就全部死亡，而甲组小鼠却活了三四年，且患病率也低得很。这应该讲是一个惊人的发现。

为什么限制饮食能够长寿呢？研究指出，在保证必要营养的前提下，采用低热量饮食，能够预防多种疾病，保障健康，促进长寿。这种低热量饮食，特别是低脂肪，能有效地降低血脂，降低血压，预防动脉粥样硬化，这就有效地预防了很多心脑血管疾病，如高血压、心绞痛、心肌梗死、脑血栓、脑出血等的发生，还能预防肥胖病、糖尿病、脂肪肝、肝硬化、胆囊炎、胆结石等，并能减少一些癌症的发病率，如大肠癌、胆囊癌、胰腺癌、卵巢癌等。

美国免疫学家奥福尔指出，限食可使身体免疫力在老龄化时保持旺盛，使免疫中枢器官——胸腺的定时紊乱得以推迟。一些专家对限食小鼠的器官检测表明，它们在年老时，心脑等主要脏器中的脂褐素堆积，要比同龄正常饮食小鼠低得多。加利福尼亚大学的医学专家曾做过限食的动物实验，发现限食动物体温下降2℃~3℃。老年医学研究指出，降低体温能够长寿，而限食是体温自然下降的有效办法。

日本九州大学的大林裕教授，从事多年老年医学研究。他的报告指出，在一顿饱食之后，大脑中一种叫做“纤维芽细胞生长因子”的物质比进食前增加数万倍，这种物质能使毛细血管内皮细胞和脂肪细胞增殖，促进脑动脉硬化，造成大脑早衰、记忆力减退，甚至与老年性痴呆的发病有一定关系。通过限制饮食量，减少这种因子在大脑里生存，可以推迟脑动脉硬化和大脑衰老。

为了健康，为了长寿，应慎食、少吃。同时，要下决心与不良嗜好绝缘，如不要经常饮酒过量，更不要抽烟。

慎言、少语

庄子说，有智慧的人不多说话，话说多的人无智慧。少说话可以将自己的锋芒收敛住，解除纷乱的干扰，使自己超凡脱俗而见解又与别人和合。为人处世中，言多必失，话多为大忌，而慎言、少语谓之大巧。《圣经》上说，世上有三件追不回来的事：射出的箭、说出的话和失去的机会。孔子就十分讨厌夸夸其谈的人，他说：“巧言令色鲜矣仁！”他认为真正的君子应该是“讷于言而敏于行”。表面上可能是木讷的，少言寡语，但他的内心无比坚强刚毅。与讲话一样，文字亦是如此。华罗庚1962年写了一副对联，一共七个字，上联为“敢、干、赶”；下联是“严、研、俭”；横批是“觉”字。古人云：“凡文笔老则简，意真则简，辞切则简，理当则简。”华老这言简意深的七个大字，不是更深刻地反映了他的崇高信仰、敬业精神和治学之道吗？

少说话不是不讲话。有时需要免开尊口，有时就需要用语言表达出自己的思想和意见，只不过要慎言、慎语。要讲真话、赞美的话，语言要风趣、幽默，用最少的话表达自己最深刻的见解和思考;不能讲假话、坏话、闲话、昏话、漂亮话,不失言,不妄语,不与人口角。

要讲真话

讲真话,是有力量的表现,也是一个人品德纯正的反映。"真话一句值千金,假话千句如粪土。"假话害人害己,失信于人。"说了一句谎,到老人不信。"只有讲真话,才能说服人、取悦人、赢得人。林肯有一句名言:"你可以在一定时期欺骗所有的人,也可以在所有时期欺骗一部分人,但不能在所有时期欺骗所有的人。"真心做人,就是以真诚之心处人处事,不欺人,不伪诈,"不虚美,不掩恶"。"医治别人缺点的是医生,庇护别人缺点的是小丑,美化别人缺点的是骗子。"《古今谈·癖嗜部分第九》中有这样一段故事:后汉司马微从来不谈及别人的缺点,和人交谈,无论好事坏事,一概说好。有人问候他:"近来身体如何?"他回答:"好。"有人向他诉说近来刚刚死了儿子,他回答说:"很好。"他的妻子责备他:"别人以为你品德好,所以把伤心的事儿告诉你,为什么听见别人死了儿子,反而说好?"司马微听了说:"像你这样的意见,也很好。"历史上对司马微如何评价姑且不论,但从这段故事里可以看出,司马微是一个十足的伪君子,因为他不讲真话。真心就讲真话,假心就讲假话。只有那些无私无欲的人,才是"当面敢批评"的诤友。生活告诉我们,当面讲好话的人不一定是好人,当面讲坏话的人不一定是坏人;背后讲好话的人一般是好人,背后讲坏话的人一般不是好人。"搬弄是非者,必是是非人。"时至今日,讲真话的氛围也并不宽松。讲真话,有些领导不高兴;讲假话,有些群众不高兴;不如讲笑话,大家都高兴。就是在一个班子里,一个团体中,"批评上级怕穿小鞋,批评下级怕丢选票",只能是"自我批评谈方向,互相批评谈希望"。在有的部门,"对下级拢着哄着,对同级容着护着,对上级捧着抬着",连真话都不敢讲,出路在何处呢?有的为官者,"居官无官官之事,处事无事事之心",他们逢会出席,出席则讲,肚皮里没有货，加上心里又没有数，只好把功夫用在侃和吹上。或泛泛而谈，漫无边际，有纲无目，有筋无肉；或“侃”一阵子与实际不沾边，至少相去甚远的大话、空话、套话。无怪乎大家批评这些为官者是与知识群体说话，说不上去；与困难群众说话，说不下去；与青年学生说话，说不进去；与老同志说话，给顶了回去。说来说去，现在出现了一些“不会说话”的领导干部。《鹤林玉露》中朱文公语云：“夫下以言语为学，上以言语为治，世风所以日降也。”看来，为政者的吹、侃也是自古有之的了。

讲真话也要看场合，合时宜，不然会适得其反。古人云：“话有三十六角，角角伤人。”方式不对，也会产生误会。有一个故事：一天，一个人喜得贵子，满月时两个人前来祝贺。一个人说：“这孩子两眼有神，将来一定大富大贵。”主人听了很高兴。另一个人出于好心地说：“婴儿可要好好照顾，弄不好会死掉的。前几天，我们家邻居的孩子就是不小心给噎死了，你们可千万要注意。”主人听了很不高兴。因为满月是个喜庆的事，喜庆的日子要讲喜庆的话，而这位客人虽然讲的是真话，而且是出于好心，但不合时宜，所以引起主人的不满。还有一件事：某人的老母亲 88 岁去世了，人活七十古来稀，应该讲算圆满了。追悼会上，这个人哭得很伤心，旁边的一位朋友出于好心劝他：“节哀吧，自己身体要紧，你母亲 88 岁，也死得着了。”听完这话，这位孝子狠狠地瞪了他一眼。其实，这位朋友讲的是真话，也比较理智，但时机不对，效果也不好。说话不仅要看场合、看时宜，也要看对象。不能信口开河，心里想什么，嘴里就说什么。说者无心，听者有意，不知不觉地就得罪了人，给自己造成不必要的麻烦，甚至造成无可挽回的损失。中国有句朴素的民谚，叫做“到什么山唱什么歌”，这就是说要根据对象的不同，采取不同的语言方式，否则，就容易造成对立。具体讲，与地位高的人谈话要保持自己的个性，维持自己的独立人格，不能做“应声虫”；与老年人谈话要保持谦虚，老年人本身就是一个经验的宝库，只有放下架子，才能赢得对方的欢心；与年幼者谈话应保持深沉，这是因为年幼者的思想虽已起步，但有些方面知识欠缺，因而不宜降低身份，否则，反而会使对方自以为是；与地位低的人谈话应该保持庄重，以免使对方对自己产生随随便便的印象。这些都正好印证了一句波斯谚语："你若不说话，不会有麻烦；你若要开口，就得有才干。"

讲赞美的话

有人讲，你能赞美别人有多高尚，你的内心世界就有多高尚。不要怕因为赞美别人而降低自己的身价，相反，通过赞美表示对别人的真诚，就能换得别人对你的真诚。记住一句话："给活着的人献上一朵玫瑰，要比给死去的人献上一个大花圈的价值大得多。"生活中没有赞美是不可想象的。百老汇一位喜剧演员一次做了一个梦，自己在一个座无虚席的剧院，给成千上万的观众表演，然而，没有一丝掌声。他后来说，即使一个星期能赚上10万美元，这种生活也如同在地狱中一般。当你赞美别人的时候，好像一支火把照亮了别人的生活，使他的生活充满光彩。同时，这支火把也会照亮自己的心田，使你在这种真诚的赞美中感到愉快和满足，并激起你对所赞美事物的向往之情，引导自己向这个方向前进。马克·吐温说过："一句精彩的赞辞，可以代替我10天口粮。"赞美对每一个人而言，都是生活的必需品。所以，我们不要吝啬自己的赞美，要知道"赠花予人，手中留香"。还要记住，无论多么伟大的人物，都不能摆脱人类特有的虚荣心。在人际交往中，投其所好，避其所恶，使对方的虚荣心获得相当程度的满足感，这是人际交往的"润滑剂"。

讲幽默的话

以盛产笑话闻名的山西万荣县，两个人在吵架："你为什么不讲理？""我本来就没有理，和你讲什么理？"一场战争在笑声中制止了。

德国诗人歌德在公园里散步，和一位批评家在一条仅能让一人通过的小路上相遇。批评家说："我从来不给蠢货让路。"歌德笑着退到路边："我恰恰相反。"

戏剧家肖伯纳走在街上，一个资本家见他长得很瘦，戏谑道："一见到你，我就知道世界在闹饥荒。"而肖伯纳从容地回敬："一见到你，就知道世界闹饥荒的原因。"

还有一次在一个晚宴上，肖伯纳独坐在一旁想心事，走过来一个富翁自恃高明，说："先生，我愿意出一元钱来打听你在想什么?"肖伯纳看了看这位浅薄的富翁，对他说："我想的东西不值一元钱。"富翁好生不解，肖伯纳进一步说："我想的就是你啊!"

这就是幽默的魅力和珍贵所在。

幽默是一种哲理的、智慧的、生动的语言形式。它好比温润细雨，好比潺潺流水，好比融融春光，孕育着人与人之间的愉快、祥和的气氛。幽默好比化学反应中的酸碱中和，常可以化干戈为玉帛，使剑拔弩张的双方相视一笑，握手言欢，也常常使浅薄者含羞而去。一位哲学家说："世俗生活中最有价值的是幽默感。恰到好处的幽默，在生活中往往能收到妙趣横生、独辟蹊径、优化气氛、赢得人心的独特功效。"

不讲假话

要讲真话，不怕讲错话，决不能讲假话。应当树立一种观念，真话是最正确的话，假话是最错误的话。希特勒的宣传部长戈培尔有句"名言"："此处论据不足，必须提高嗓门。"靠假话、大话过日子的有几个有好下场? 回顾过去的日子，我们凡是吃了大亏的，也都是因为讲假话造成的，是"真作假来假亦真，假作真来真亦假"。一位社会学家说，如果我们从上到下不讲假话，讲真话，国家的强大指日可待。现在到处都可以听到假话、谎言，因为有些人认为讲点假话，无伤大雅，甚至还会得到好处。久而久之，假话和谎言就会像滚雪球一样，愈滚愈大，但终究要露出马脚，不过已后悔莫及。说谎，无利于事业，无利于朋友，无利于自己，也无利于健康。神僧梦窗疏石说过："人要想长寿，就不可以说谎。因为说谎需要费心思，哪怕是扯一点点谎也会使人伤神。人若是能够不劳心，就必定会长寿。"

不说坏话、闲话

有的人为了达到自己不可告人的目的，去说别人的坏话，这是很可恶的。胡适最不喜欢在背后说别人的坏话，他常说的一句话是"来说是非者，便是是非人"。有的人还爱说别人的闲话，自觉或不自觉地搬弄了是非，这也是很不地道的。"静坐当思自己过，闲谈勿论他人非。"此话虽有独善其身的一面，但其对加强修养、少谈飞短流长的积极一面还是可取的。闲话多出于私欲。有论者说，情人不讲钱，奸人不讲义，蛮人不讲理，小人什么都不讲，只讲闲话。《诗经》云："忧心悄悄，愠于群小。"那些以制造和散布流言为乐的，实际上是干着杀人勾当的群小们，实在令人可憎！闲话的可憎还在于裂变。有人做过一个推算：假如一个人在一小时内将一则闲话传给两个人，那么，10 小时后，知道传闻的人就达 1024 人。24 小时后，为 33554431 人。以每人口头传播的准确率为 95%，那么传到第 100 人时，准确率已经降为 0.6%。历史上有一个人叫曾子，与人发生口角，传播率还未到 0.6% 时，已变成"曾子杀人"了，连深知其为人的老母亲也"投杼而走"了。

双手勤

甚至当你已经达到最高幸福境界时，你也不应该搁起双手闲坐。

——鲁达基

他用劳动的双手雕刻时间的面貌，在时间的唇上刻着永恒的微笑。他一刀刀地刻着，永不停手，那么坚决、果断、高超。

——契诃夫

常人只知打发时间，能人则设法利用时间。

——叔本华

一个人的情趣往往来自各个方面。随着生活条件的不断改善，愈来愈多的人把业余时间用在有益于身心健康的劳作以及琴棋书画等爱好上，而这些都离不开勤快的双手。

利用可以利用的空间，在自己的阳台、庭院等处种花、育草、栽树、养鱼，美化自己的生活环境，让双手和身体得到一定的锻炼，不失为一种乐趣。我的一位朋友，在郊区的老宅子装修了几间房子，在房子的周围和庭院中栽种了十几种果树，种植了诸多花草，播育着四季蔬菜，除了写作、对弈和休息之外，就是侍弄自己的树木、花草和蔬菜，整天忙得不亦乐乎，但精力充沛，心情愉快。两只手都磨出老茧子，仍日日忙碌不停。每当亲友光顾，他更是神采飞扬，向他们介绍自己的杰作，烧制自己收获的绿色蔬菜热情地招待他们，真是其乐融融，怡然自得，很让人羡慕。有人夸他“你要活一百岁呢！”他说：“照这样下去，还是有信心的。”一个身心完全融入大自然的人，一个双手不停劳作的人，其长寿是不言而喻的。

动手就这么有益吗？还是先让我们来认识一下自己的两只手吧。

人有两件宝，双手和大脑，这是人类区别于动物的根本。生物进化的进程表明，从鱼类鳍——爬虫类和两栖动物的四肢——猴，手一步步进化、成形。而意义最重大的是从猴到猿的进化，关键就在于使前肢独立了出来，手从此得到了解放，成为一种特殊的工具。猿人用手拿石头撞击出了火，由于有了火，人类才开始进行生产制造，从石器时代——火器时代——机器时代，直至今日进入信息时代。人类所有的文明成就都是建立在手的解放的基础上的。手的活动引发了大脑的思维，脑的思维又通过手的实践去完成、完善。手和脑在如此不断的循环中相互促进、进化，从而造就了人类文明不断进步的历史。可以说，没有手，就不可能有人的大脑。脑是在人手活动的基础上形成的，没有手，就没有脑的今天。

翻开《新华字典》可以看到，带“手”偏旁的108个字，无一不与手的活动方式有关，而这108个字还没有包括人手的所有动作。人类的器官中，最精巧的部分是手部的19块小肌肉，也是手最宝贵的地方。有了这19块肌肉，人才可以干非常精巧、灵活的活儿。大家都看过猴子吃苹果的情景，有没有注意到它一定是用双手捧着吃的，这是因为猴子的五个手指是相互平行的，没有对掌和对指的功能，手拿不住东西。而人能拿住、握紧，就是因为有这19块肌肉的活动。它使人的拇指可以转向掌心，即对掌；又可以转向其他手指，即对指。对掌和对指是人手最主要的功能，人手上的19块肌肉是能完成那些动物无法完成的灵巧动作的关键。其中，有4块在拇指上、4块在小指上、4块在肌腱上、4块在掌骨间的背面、3块在掌骨间的掌面，这就是我们手内部肌肉的结构。

手还是人类神经感觉最为敏感的部位，神经纤维也最集中。从比较学的研究角度来看，人类基因组的检测结果显示，大鼠和人在基因结构上大体相同，仅有3%的差异。但在手拥有的神经纤维的数量上差异极大。大鼠前爪有3万根神经纤维，而人手上有100万根，这是任何其他动物都无法比拟的。人因此也具备了最复杂、最特殊的功能——手和脑的联系与互动。

最近，瑞典专家研究了手指活动和脑血流量的关系，证明手指活动简单时，脑血流量约比手不动时增加10%；但在手做复杂、精巧的动作时，脑血流量会增加35%以上。而脑血流量增加了，就有利于思维的敏捷，这证明了手和脑之间的关系。

再从人的大脑皮层显示的信息来看，手在大脑皮层上所占的面积是最大的，几乎达到1/4～1/3。因此，手的高度灵活是和脑联系在一起的，是人类所特有的高度进化的结果。可以说，手是人的第二大脑。

相比手来看，目前人类对机器手的研究和制造，与人手的差别还很大。现在国际上制造机械手还只能做六个动作，可以预言，至少100年内，人类仍然造不出手一样的机器，因为人手太复杂、太精细了。19块手内部肌和19块外部肌，19×19的功能变化有多少啊！

为配合教学，上海有一位教师在学生中做一个夹筷子的动作实验。结果发现，这个动作做得正确与否，与学生成绩的高低呈正比关系：做得正确的学习成绩就好，反之亦然。这在一定程度上说明了动手与动脑的关系，说明动手教育非常必要。

现在不仅提倡动手教育，还应该提倡动手休闲。动手休闲也是最高级的休闲。比如，自己动手制作日常生活用品，自己动手养花种草，自己动手琴棋书画，要在休闲这个字眼上做各种各样的尝试。休闲的时候是好好动手、进行各种手指活动最合适的时候，这对创造性思维的发挥非常重要。俗话说："心灵手巧"、"得心应手"。同时，这对于修身养性、增趣益体都是不可少的。可谓"双手勤、情趣浓；健体魄、养精神"。

琴棋书画是人生高雅的追求，是手与脑共建的平台。我熟悉的一位老同志，兴趣比较广泛，尤其对书法、绘画情有独钟。他的书法造诣很高，主要得益于其祖父的教授。祖父是扬州很有名气的书法家，他很小的时候，其祖父就精心培养他的书法功力。他也大量阅读前人的书论、碑帖，虚心与同行切磋技艺，虚怀若谷，孜孜已求。近年来，他在行、草、隶、篆、楷各体中游击，又多别出心裁，不守成法，法为我用，风格独特。其楷书以颜体圆润为本，内藏柳体筋骨，于通达中见俊雅；其隶书远追秉授意趣，近含其家学之体态，结构凝重，笔毫洒脱；其篆书直取金农之方笔，又得齐白石篆石之金石气象，墨色如漆，笔迹奕奕；其草书于怀素狂草奇纵中，含于右任草书之法度；其行书则摇曳多姿，时而刚正挺拔、气势雄浑，时而流转融通、顾盼生情，时而刚柔相济、正侧得宜、违而不犯、和而不同。书法是作者心灵的轨迹。老先生从前人的作品中寻找书体流变中的玄机，更体会出山川形胜对于心灵那份亘古不变的熏染。他从别家作品中寻找抑扬顿挫的苦心孤诣，也仔细地审度自己创作实践中的浓浓心得，但更注重笔致墨韵的品性高低。书法艺术应当是千姿百态的，可以返朴归真，也可以精致奇巧；可以端庄凝重，也可以飘逸洒脱；可以雄强伟岸，也可以娟秀柔润；可以稚拙倔强，也可以流利畅达。这些，都在老先生的书法艺术中得到体现和张扬。这位老人也很喜爱美术。他自己画技不高，但颇有欣赏能力。他有时翻看一些名画，很觉得是一种享受。吴昌硕的厚度，齐白石的醇度，潘天寿的力度，傅抱石的速度，都以不与人苟同的艺术个性和独创在艺术史上留下的篇章，给人以很高的美的享受。同是荷花的画，刘海粟的"豪迈雄厚"，唐云的"悠然洒脱"，陈佩秋的"娟秀圆润"，黄永玉的"妍媚超逸"，王个簃的"凝重豪放"，李苦禅的"丰实浑朴"，张大壮的"淡雅清劲"，潘天寿的"险峻奇特"，这位老人都能慧眼识奇。这位老人有时仿照着涂抹着一些花儿、鸟儿什么的，也感到是一种满足。

谈到书法，我们又不能不提到毛泽东。毛泽东的书法堪称是划时代的艺术珍品。为什么讲是"划时代"？因为书法界公认毛泽东的"草书"是继晋代的王羲之、唐代的怀素之后，中国草书艺术的第三个高峰。在此，我们不能不发出这样的感叹：毛泽东仅是一个"中专"学历，竟被世界公认为大政治家、大战略家、大军事家，而在文学艺术上，其诗词与书法又是中国公认的集大成者，看来，不能不承认有天才，而天才除了先天的天赋之外，还有后天的勤奋与好学。

我还结识一位教师，他对围棋很有研究。他经常给他的棋友和朋友讲解围棋的乐趣和奥妙，并经常和友人对弈。他虽然七十多岁了，但思维敏捷，这与他的爱好不无关系。

且看他对围棋的看法。

围棋别名很多，这体现了中国的文化和智慧。古代称围棋为“弈”，现在下围棋还叫“对弈”。人们还根据围棋的形态给它起了个“方圆”的别名，根据棋子的颜色，又把围棋叫做“黑白鹭鸟”。下围棋还叫“手谈”——通过手来交流沟通，这比用语言交流的层次就更高了。围棋还有“忘忧”、“坐隐”、“烂柯”、“木野狐”等雅名，这都体现了中国的文化。

现在根据围棋选手棋力的高低分为九段，其实早在隋唐时期也就有了类似的九品：一品叫入神；二品叫坐照；三品叫具体；四品叫通幽；五品叫用智；六品叫小巧；七品叫斗力；八品叫若愚；九品叫守拙。

围棋的特征充满了对立统一的辩证思想。有人概括出围棋的六大特征：围棋是中国的，又是世界的；围棋是最古老的，又是最年轻的；围棋是最复杂的，又是最简单的；围棋是最精确的，又是最模糊的；围棋是最文雅的，又是最激烈的；围棋是最广阔的，又是最狭窄的。

从具体上讲，如大小、先后、攻守、得失、生死、厚薄、奇正、动静、虚实等，都充满着对立统一的辩证关系。围棋就是阴阳调和、黑白相间。黑跟白交融在一起像太极图，黑白互相转换、不可分割。攻和守是矛盾的，又是不矛盾的。你只有守得好才能进攻，攻得好就是最好的防守。

中国围棋有“十诀”：一、不得贪胜；二、入界宜缓；三、攻彼顾我；四、弃小争先；五、舍小救大；六、逢危须弃；七、慎勿轻速；八、动静相应；九、彼强自保；十、势孤取和。这十句话，每一句都有辩证法。

围棋的功能多样：一是娱乐功能。现在有人看不起娱乐，其实，从老人到小孩都是要娱乐的。没有玩，没有快乐，怎么行呢？席勒说过："只有当人在充分意义上是人的时候他才游戏。"第二是教育功能。寓教于乐，围棋可以开发智力，锻炼思维，培养独立思考的能力。第三是竞技功能。学围棋，完全是一种优雅、从容、淡出的风范，是一种很高层次的修养。围棋的竞赛有严密的规则，对提高运动水平，扩大影响力很有好处。第四是交际功能。日本有围棋五得的说法：得心悟、得教训、得好友、得人和、得天寿。

围棋是中国人智慧的结晶，是中国人的骄傲，是走出去的中国文化。我曾在电视里听到英国前首相撒切尔夫人说，中国人出口了电视机，但未出口电视节目以及中国的文化和思想。这句话很深刻，也很中肯。中国常被第三世界特别是非洲国家誉为经济发展的"楷模"，但我们却没有完整的经济发展理论向发展中国家输出，在各种多边国家战略和政策论坛上，来自中国的与会者，"韬光养晦"已经习惯成自然，极少听到中国的学者畅抒己见，即使发言也是在"我们的立场是一贯和明确的"框框里老生常谈。中国虽然早已成为国际社会的重要成员，但在理念上却依然不具备全球的辐射力。从这个意义上说，目前国际社会对中国人的溢美之辞，对中国而言就是一种"被强大"。我想，一个民族，要真正被人尊重，首先要尊重自己的文化，把自醒升华为自信，健全自己，整合自己，发展自己。这就需要像围棋这样的文化根基。

与围棋这种"手谈"艺术相对照的，还有中国人发明的另一种"手谈"——麻将。胡适曾在《漫游的感想》中专门写了《麻将》一节。他算了一笔账，即麻将每四周费时约两个小时，少说一点，全国每日有 100 万桌麻将，每桌只打八圈，就得费时 400 万个小时，损失 16.7 万天光阴。金钱的输赢、精力的消磨，都还是外在的。

他痛斥道:“我们走遍世界,可曾看到哪一个长进的民族、文明的国家,肯这样荒时废业的呢?”

胡适讲的是“废时”。海戈在《人世间》发表“谈麻将”一文,又是这样说的:“四个人打麻将,开始总是很客气,谦和有礼,可是牌到手中,是极力卡住下家、防着上家、看着对家,宁可自己不和牌,也要绞尽脑汁算计他人,这是一种勇于私斗的最好的表现。”潘光旦则认为,麻将的最大特点,是在其“各自为战性”。而西洋游戏,如足球,则注重一致行动。所以,中国是“人自为战之国,极端个人主义之国”。这些观点鞭辟入里,发人深省。

美籍华人中流传着这样的比喻:“下围棋”是日本人的处世哲学,“打桥牌”是美国人的做事方式,“打麻将”则是中国人的作风。“下围棋”常从全局出发,为了整体利益和最终胜利可以牺牲局部的某些“棋子”;“打桥牌”需要与对方紧密合作,针对另外两家组成的联盟激烈竞争;“打麻将”是孤军作战,看住下家、防住上家,自己和不了,也不让别人和。在“麻将文化”长期熏陶下的中国,会不会败在麻将桌上,真令人担忧。

美国人还曾这样评论:“对付一个中国人比对付一个日本人困难得多,因为中国人的才华是超群的。但是,对付一群中国人比对付一群日本人容易得多,因为中国人的精力与才气往往会在彼此无聊的争斗中内耗掉了。”这话足以使人警醒。

说到这里,提倡“双手勤”,要勤在康健上,勤在高雅上,勤在文化上。那些损人利己、耗费心力、无聊自娱的“手谈”活动,还是要远离些。

情爱与哲学篇

我知道我寻找的是什么幸福——是可爱的，美好的，能使人快乐的东西，也就是爱情，是生活。我一向依靠能叫我爱、叫我欢喜的东西活着。

——布宁

无论是多情的诗句、漂亮的文章，还是闲暇的欢乐，什么都不能代替无比亲密的友谊。

——普希金

有情就有爱，有爱就有情。每一个人生活在世界上，都有自己的情与爱。但这种情与爱应当是理性的、真挚的、纯洁的、无私的、久远的。情与爱的对象应是有选择的，因为世界上没有无缘无故的爱，也没有无缘无故的情。从以上观点出发，爱祖国、亲人和敬朋友、恋山河，应是我们每个人情与爱的共同选择。

爱祖国

人们不能没有面包的生活，人们也不能没有祖国而生活。

——雨果

新青年最高的目的是为国家社会做点事，为国家死是中国史上最光明的一页。

——老舍

每一个人都有两个母亲：一个是生身母亲，一个是自己的祖国。国家、国家，有国才有家。家破国犹在，国破家亦亡。所以，爱祖国是每一个人共同的情爱、共同的情结、共同的责任。歌德有句名言："世界上最伟大的美德是爱祖国。"徐特立老人讲过："人们有权爱国，而且爱国是个义务，是种光荣。"拿破仑也说过："爱国，是一切文明的首要选择。"诗人裴多芬写道：

我是你的，我的祖国。
我的这心，这灵魂，都是你的。
假如我不爱你，我的祖国，
我能爱哪一个人？
纵使世界给我珍宝和荣誉，
我也不愿意离开我的祖国。

翻开中国历史，从屈原的"虽九死其犹未悔"、陆游的"僵卧孤村不自哀，尚思为国戍轮台"，到文天祥的"人生自古谁无死，留取丹心照汗青"；从林则徐的"苟利国家生死已，岂因祸福避趋之"，到孙中山的"救国图存，振兴中华"，他们的爱国主义精神光彩照人、彪炳千秋。李大钊立志"以青春之我，创建青春之国家，青春之民族"；毛泽东"问苍茫大地，谁主沉浮？"自觉肩负起救国救民的重任；周恩来"面壁十年图破壁"，为中国人民鞠躬尽瘁、死而后已。邓小平说："我是中国人民的儿子，我深情地热爱着我的祖国和人民。"他们的伟大思想和光辉实践，集中体现了中国人民的爱国主义精神与山河同在、与日月同辉。

有这么一句台词："平生泪眼无多滴。"我以为，一个成熟的男子一辈子只能哭两次：当国之将亡，可以痛哭于九庙之外；母亲将逝，可以痛哭于床榻之前。男儿有泪不轻弹，男儿有泪不轻摔。所以，我说："平生泪眼无多滴，但仰钦男儿胆量，国家梁脊，笔底潇潇听夜雨，忍看鱼龙沉寂，且试举垂天鹏翼。"

美国的民族英雄内森·海尔在就义前，英国殖民主义者问他："以你如此年轻的生命，就这样结束，你不感到遗憾吗？"内森·海尔微笑着回答："我唯一遗憾的是，我只能为我的祖国献出一次生命。"别林斯基说："谁不属于自己的国家，那么，他就不属于人类。"尽管鲁迅先生留学日本时就反对日本帝国主义对中国的侵略，尽管周恩来是当时中国抗日战争的领袖之一，今天在日本的仙台，鲁迅先生的纪念碑和日本三国时代的英雄伊达政宗的雕像并立在仙台公园供人瞻仰，周恩来的诗碑也巍然耸立在日本的岚山。而在日本，决不会有汪精卫或者郑孝胥的石碑，虽然他们曾经为取媚于日本帝国主义而不惜出卖民族的利益和尊严。背叛自己祖国的人在世界上任何地方都受到人们的唾弃。塔西坨说："甚至连受惠于叛徒的人，也痛恨叛徒。"

林则徐在广东禁查鸦片并号召人民对入侵者"人人持刀痛杀"之时，钦差大臣琦善赶到，将林则徐撤职查办以谢洋人，并私自与英国代表义律签约，割让香港。像琦善这样的人物，择其要者，历史上还有几位：西汉懂得点美术的画工毛延寿、宋代被金人所俘而后为之效力的秦桧、现代的国民党要员汪精卫等，他们都是国家民族的大卖家，是卖国者，但因为读"贼"字可以咬牙，故百姓把"卖国者"痛呼为"卖国贼"。

据载，明代一位姓秦的状元到西湖浏览，看到岳王庙内秦桧夫妇的铁像跪在岳王墓前，当即赋诗吟到："人从宋后少名桧，我到坟前愧姓秦。"

据说，汪精卫喜欢写对联，他于1941年旧历除夕夜，在南京颐和路公馆大门上贴出了自己的春联："立民族民权民生之宏愿，开为党为国为公之大业。"不料第二天清晨，发现对联已被人改为：

“立泯族泯权泯生之宏愿，开伪党伪国伪公之大业。”

这些卖国贼，他们的下场就是被人民永远地钉在历史的耻辱柱上！

中国是一个有五千年历史的文明古国，对世界的物质文明和精神文明曾作出巨大的贡献。同时，她也孕育了千千万万的民族精英，培养了光辉灿烂的民族精神。

直到19世纪中叶，中国还是一个当之无愧的生产大国，工业产品占到世界的19.7%，仅仅稍逊于那个号称“日不落帝国”的英国的19.9%的世界产品占有率。自1840年英国的远征军驾着20艘炮舰轰开了清王朝的国门，随后，西方列强对中国发动了大小数百次侵略战争，强加给中国人民1100多个不平等条约、协定和海外法权条款，掠去战争赔款和其他款项高达上百亿两白银。仅“庚子赔款”一项就掏空了清王室12年的财权收入。在所有对中国发动侵略战争的国家中，日本掠夺的财产最多。

甲午战争后，清政府与日本签订了《马关条约》，并依此向日本赔款白银两亿两。按明治二十八年（即1895年）的财政收入计算，这笔款项相当于日本四年零两个月的财政收入。除了《马关条约》规定的赔款外，清政府至少还向日本赔款一亿两白银，其中包括俄、德、法三国干涉日本归还辽东半岛而追加的三千万两和日本参加八国联军“有功”而在庚子赔款中连本带利分得到的七千万两。这样一来，日本人从中国得到的战争赔款就超过日本当年财权收入的六倍多，相当于日本近四年的国民收入。换句话讲，当时即使日本人全部不工作，他们也能够在生活水平不降低的前提下过上三四年。

有人把日本的成功归结于以明治维新为表现的制度创新，或归功于伴随明治维新而来的日本内部市场的统一，或归功于日本幸运地拥有一位能够奉行明智政策的“杰出君主”。实际上，导致日本经济起飞的直接“燃料”即资本原始积累源于何处？是来自于中国的战争赔款的决定性支掠夺。

日本民族主义具有特殊的历史文化背景，不了解这一点，就很难理解日本的某些现象及其蕴含的危险。比如，“集体意识”深入日本人心，体现出“樱花特征”。樱花之所以成为日本的国花，是因为它有着这样的特点：花瓣体小而相同，若将一瓣采下来，实在微不足道，但千万朵樱花连成一片，就能汇成花的海洋，形成蔚为壮观的场面，这正是日本社会的形象写照。在面对外部世界时，这种过分的集体意识就会变成强烈的封闭意识和排他意识。美国的日本问题专家本尼迪克特在《樱花和刀》一文中是这样描述的：“他们一手捧着鲜花，一手拿着刀，他们既狂妄又卑躬屈膝；既忠诚又背信弃义；既彬彬有礼又野蛮残暴。因此，是一个‘精神分裂’的民族。”还有的学者说，日本这个民族能做人上人，也能做人下人，就是不能做人中人。对这样一个民族，我们连睡觉都要睁着一只眼睛。因为，对中华民族而言，他们作的恶太多了。

虽有一代又一代的仁人志士的前仆后继、自强不息，由黄河文明孕育的华夏民族，却正如马克思所形容的，是“一个用酒精浸泡着的封建胎儿，仍然在瓶子里装着……”

我们时常感叹中国在现代化进程中一再失去历史机遇。陈旭麓先生有一句名言：“中国人不是自己走出中世纪的，是被轰出中世纪的。”紧跟着的一句话往往不被人注意——“即使轰了，也仍然不太情愿意走。”还有一位外国要人曾说过：“近代中国，一极积累贫穷，一极却没有积累资本。”资本哪去了，多半被强盗掠走了。

中国人是不会永远沉睡的。我们不必为百年的曲曲折折而感到沮丧。假如说，哲学使人聪明，文学使人激情，那么史学使人冷峻。什么叫“历史感”？历史感就是一种大时间观，胸中有大时间格局，就像斯宾诺沙说的：“不笑，不悲，也不怨，只是为了理解。”

以毛泽东为代表的中国共产党人，领导中国人民推翻了“三座大山”，建立了新中国，开辟了中国历史的新纪元，走上了民族振兴的社会主义康庄大道。不过，当毛泽东跳下战马接受战争创伤留下的江山时，蒋介石已先期将国库中的黄金、银元、美钞分别劫去我国台湾和美国，但这并不能阻拦新中国前进的步伐。尽管我们也走了不少弯路，犯了不少错误，甚至栽过大跟头，但是，建国六十多年来，特别是改革开放三十多年来，中国走上了一条正确发展的道路，经济发展突飞猛进，中国用六十年的时间走完了西方几百多年走完的路，被公认为世界经济发展的奇迹。现在的中国，已自豪地进入世界舞台的正中央。

倘若"文化大革命"有什么特殊贡献的话，那就是把一切推向极端，终于使我们这个苦难深重的民族大彻大悟。中国人蓦然惊悟：历史准备让我们走进一个房间，最终却走进了另一个房间。美国人的《每日快报》一篇题为《中国——新的旭日在升之国》的报道以感慨的笔触写道："一想到有 10 多亿人口的中国站起来并实现工业化，西方产业界人士心中就感到一种恐惧。这个巨大而仍然相当神秘的国家不仅是一个未来的市场，而且还是一个可怕的竞争对手！"

其实，上一个世纪曾经纵横驰骋不可一世的拿破仑说得更加直截了当："中国，是一个酣睡的雄狮，让它睡吧，因为一旦醒来，会撼动世界的。"

前途是光明的，道路是曲折的。中国要成为世界的政治、经济、军事、文化强国，还有很长的路要走，历史注定了我们这一代中华儿女是奋斗的一代、艰辛的一代、奉献的一代、开拓进取的一代。

我们已经站在一个新的历史起点，我们已经有了强大的物质基础，更重要的是植根于民族历史的伟大民族精神是不可战胜的。诸如以人为本、以民为贵的人本精神，忧国忧民、国而忘家的爱国情怀，以和为贵、"协和万邦"的博大胸襟，"富贵不能淫、贫贱不能移、威武不能屈"的坚强品格；刻苦自励、锲而不舍的勤勉精神，崇尚正义、厚德载物的道德追求，经世致用、躬身实践的务实态度等，在凝聚人心、激发斗志、勤勉实干、矢志奉献等方面，都是巨大的精神支柱。我们高举爱国主义的旗帜，以井岗精神、长征精神、延安精神、红岩精神、西柏坡精神，取得了新民主主义革命的胜利；在社会主义革命和建设中，我们又高举爱国主义、集体主义和社会主义的旗帜，以抗美援朝精神、“两弹一星”精神、大庆精神、抗洪精神与“六十四”字创业精神，使得民族精神发扬光大，创造了改革开放、飞速发展的世界奇迹。

有人讲，每个中国人都是富有的，因为他们拥有三笔巨大的财富：一是五千年灿烂的中国文化，这里有孔孟与老庄、有屈原与唐诗、有敦煌莫高窟与长城等；二是九百六十万平方公里的土地与300多万平方公里的海洋所组成的巨大的空间。三是近一百五十年祖国母亲的苦难与追求，这是中国人心中最为宝贵的巨大精神财富，它激励着龙的传人艰苦奋斗，拼搏图强。

我们要干好自己的事，要脚踏实地、真抓实干。陶行知先生有一句名言：“傻瓜、傻瓜，种出傻瓜。惟有傻瓜，救得中华。”我们不要张扬、不要自大，“韬光养晦、决不当头”，一百年也不为过。只有自己的事干好了，才能受到别人的尊重。马克思说过：“越是民族的东西，就越是世界的东西。”中国的事情办好了，其本身就是对人类的巨大贡献。我们任何时候都要以国家利益为重，有国才有家。国家强大了，母亲富有了，孩子们的日子才好过。没有国家利益，就谈不上大家的利益。没有全国这个大局，也就没有局部的利益可谈。黑格尔讲过：“割下来的手不再是手，因为它不再是人的整体的一部分。”

“世事如大海，无日不风波。”“江头未是风波恶，别有人间行路难。”世事诡谲、天灾人祸，总会发生；友人资助、恶人攻讦，总会作伴，但任何力量也阻挡不了伟大祖国前进的步伐，这是历史的必然。17世纪是荷兰人的世纪，18世纪是法国人的世纪，19世纪是英国人的世纪，20世纪是美国人的世纪。有人预测，21世纪是中国人的世纪。我们要发奋图强，使嘲弄我们的人没有理由，惧怕我们的人不必惧怕，期待我们的人不会失望，推崇我们的人能证实他们的预测。美国老讲“中国威胁论”，想一想也有道理，道理在哪里？中国强大起来就威胁到美国不能再威胁中国了，不是吗？

亲人和

真爱是夜香花，黑暗中的钻石，心脏医生没听过的心跳。它是最寻常的奇迹，是用软绵绵的白云组成，是撒在夜空里的一把星星。

——无名氏

家和万事兴。

——佚名

世界上最美好的东西，莫过于有几个头脑和心地都很正直的朋友。

——爱因斯坦

在博大精深的中国文化中，“和”的思想有着十分突出的位置。早在三千多年前，中国的甲骨文和金文中就有了“和”字。西周时期，周太史伯提出“和实生物，同则不继”的观点。到了春秋战国时期，诸子百家更是常用“和”的概念来阐发他们的哲学思想和文化理念。管子提出“畜之有道则民和”；老子提出“知和曰常，知常曰明”；孔子提出“礼之用，和为贵”；孟子提出“天时不如地利，地利不如人和”；荀子提出“万物各得其和以生”；《中庸》提出“和也者，天下之达道也”。和，不是盲目地附和，不是无原则的苟同，而是“和而不同”。

现在说的“和”包括和谐、和睦、和平、和善、祥和、中和等含义,蕴涵着和以处众、和衷共济、政通人和、内和外顺等深刻的处世哲学和人生理念。

和,表现在人与自然的关系上,强调“天人调谐”;表现在人与人的关系上,要求“和睦相处”;表现在人与社会的关系上,崇尚“合群济众”;表现在国与国的关系上,倡导“协和万邦”;表现在各种文明上,主张“善解能容”。

早在17世纪初,美国学者罗伯特·劳力顿就在其著作中称赞中国人“和平而安静”。上个世纪30年代美国著名哲学家罗素在他的《中国问题》中写道:“中国至高无上的伦理品质中的一些东西,现代世界极为需要,这些品质中我认为‘和气’是第一位的。”

以“和”为核心,中国形成了以家庭关系为中心的齐备的伦理本位和社会秩序。亲亲、尊尊、长长、男女有别,成为核心价值。由此形成所谓“格物、致知、诚意、正义、修身、齐家、治国、平天下”的社会教化体系以及“家和万事兴”的家庭实践体系。

我们每一个人都有自己的家庭,有着自己的亲人。家庭和顺,亲人和睦,很大程度上取决于对社会教化体系的遵循和张扬。家庭是社会的细胞,家庭的状况直接影响着社会的安宁与和谐。

有一位哲人讲,当你有家庭时,你的爱首先会给自己的家人。而一个没有家庭的人,才会把爱分给别人。一个人对亲人的态度,不仅直接反映着这个人的情爱取向,还直接或间接地折射出这个人的情操。要做到亲人和顺、家庭和睦,如果你是一个中年人,我看,主要的是要做到敬老、尊偶、育子。

敬老

孝养父母,百行之根也。有生之时,以孝养为先,死后以追孝为本,努力于报恩。

——《大方便佛·报恩经》

中国有句古训:“万恶淫为首,百善孝为先。”孝敬生吾养吾的老人,这是人间第一善事。

佛家讲,父有慈恩,母有悲恩。他们不仅给予我生命,并将我养育成人,为三界中最胜之福田。必须怀着感恩的心情,去终身报答。可是,在这个问题上,也出现过不同的意见和争论。

列宁说过一个譬喻:不能在倒洗澡水时,将浴盆中的小孩子一起倒掉。用这个譬喻来解释新社会中对待“孝”的两种态度,极为合适。

“孝”是指善待父母。《说文》:“孝,善事父母者。”《尔雅》:“善事父母曰孝。”《孝经》:“夫孝,天之经也,地之义也,民之行也。”另据曾子的解释:“大孝尊亲,其次弗辱,其下能养。”又说,孝,要首先继承父母的遗志,明白父母的道业,只能养父母,还不能称得上全面的孝。

旧社会,“孝”与“忠”是连在一起的。《孝经》:“夫孝始于事亲,中于事君,终于立身。”这里说的“事君”是忠。其实,“忠”的原意是为维护公家的利益而有作为的意思。如《左传》:“公家之利,知天而为,忠也。”

按其本意来考察,“忠”与“孝”都没有什么不好的。根据道德的批判继承论原则,新社会都是可以批判继承的。“忠”是批判继承下来了:“忠于人民忠于党。”杨子荣打虎上山,冒着生命危险;李玉和做地下工作,丢了性命;江姐在牢狱中不泄密,不叛变,不都是对“忠”字的新诠释么!然而,把“忠于人民”篡改成忠于某个人,以至于跳忠字舞、唱忠字歌,变成愚忠,就使真理多走了一步,陷入到谬误的领域中去了。

“孝”在新社会中的命运与“忠”相反,一开始就被认为是封建的糟粕,在反封建的过程中即被当做垃圾、当做洗澡水中的秽物一起倒掉了。在新的教科书中,乃至其他新出版物中,连“孝”这个字也不提了;在有关法律条文中,仅以“赡养”一词代替。但据曾子的解释，“养”远不是孝的全部涵义，这样做也是某些彻底的革命家们所不得已而为之的。譬如，孟懿子问孔子什么是孝？孔子答曰：“孝就是‘无违’。”据此解释，若老子是“老革命”、“左”派还可以混下去；若老子是“反革命”、“右”派岂不麻烦了。所以，干脆不讲孝、不倡孝，取消孝来得方便。社会无孝，风气也就时髦了。运动一来，老头儿或老太婆一旦被戴上时兴的帽子，子女们也就不需顾忌地脱离与父母的关系。

1997 年岁尾，《新周刊》以“1997 年五大不孝”为题，列举了五个虐待、摧残父母，甚至杀害父母的典型不孝之徒：佛山的潘×，为谋钱财而杀父母；丹东的郭××，为骗得保险费而烧死亲娘；南海的叶××，因母亲责其赌博而用砖砸死母亲；天津的李×，强迫父母进精神病院；本溪的武×，为逃避赡养责任而吞戒指。据中央人民广播电台报道，1998 年元月 2 日，沈阳一赵姓初中学生，为获取长辈的财产，伙同歹徒杀死爷爷、奶奶、父母一家四口，这些人连禽兽都不如，遑论尽孝！

当然，也有迷途知返、歹心悔悟的。从前，有一个儿子，因为母亲失去劳动能力，就狠心地背着母亲往深山走去。途中，儿子听到背后传来折断树枝的声音。心想：“母亲可能怕被遗弃后无法辨认回家的路，就沿路折断树枝做记号。”他便不加理会，继续往山里走。到达目的地，他放下母亲，说：“我们在这里分别了。”这时母亲点了点头：“上山的时候，我沿路折断树枝为你做记号，你只要顺着记号就可以下山了。”儿子听了，十分羞愧，母亲不但不责怪自己的无情抛弃，反而一路做记号让自己平安回家。这种慈悲的骨肉之情，使他恍然大悟，赶紧向母亲忏悔自己的不孝，然后将母亲背回家，从此尽心地奉养起来。

日本有所名牌大学的一名毕业生应聘于一家大公司。社长问道：“你替母亲擦过身吗？”“从来没有过。”青年人老实地回答。“那么你替父母捶过背吗？”青年想了想：“有过，那是我读小学的时候，那次，母亲还给了我10元钱。”青年临走时，社长突然对他说：“明天这个时候，请再来一次，不过有一个条件，明天来之前，希望你一定要为父母洗一次脚，能做到吗？”青年一口答应。

这个青年虽大学毕业，但家境贫寒。他刚出生不久父亲就去世了，母亲为人做佣挣钱，供养他在东京一所名牌大学读书。这天青年回家后，母亲还在外帮佣。他想，母亲出门在外，脚一定很脏，决定替他洗一次脚。母亲回来后，见儿子要为她洗脚，感到很奇怪：“脚，我还洗得动。”青年便将自己必须替母亲洗脚的原委一说，母亲便坐下，儿子端起脚盆，把母亲的脚放进盆里。当他用手握着母亲的脚时，母亲的双脚已经像木棒一样僵硬，他不由得搂着母亲的双脚潸然泪下。在读书时，他心安理得地花着母亲送来的学费和零花钱，现在才知道这些钱是用什么换来的。次日，青年如约去那家公司，对社长说：“你使我明白了在学校里没有学过的道理。如果不是你的指点，我还从没有握过母亲的脚，谢谢社长。我要照顾好母亲，再不能让她吃苦了。”社长点了点头说：“你明天到公司上班吧！”

《诗经》云：“哀哀父母，生我劬劳。无父为怙，无母何恃！出则御恤，入则靡至。父兮生我，母兮鞠我，抚我育我，长我畜我，顾我复我，出入腹我。欲报之德，昊天罔报。”“孝子不匮，永锡尔类。”

读着两千年前的这些诗句，现实生活中的那些不孝之徒，会有什么感想呢？我不得而知，但我的感想，不妨先公布出来：对“孝”，应当扬弃。

“扬弃”，这是一个哲学用语。它包含着抛弃、保留、发扬和提高的意思，指新事物代替旧事物不是简单地抛弃，而是克服、抛弃旧事物中消极的东西，又保留和继承、发展对新事物有积极意义的东西，并把它提高到新的阶段。

传统的“孝”中确有消极的东西，这就是冰鱼、割肉、埋儿以及

“不孝有三，无后为大”之类的愚孝。还有出于维护封建宗教关系的盲从、绝对服从等，新社会对这些消极的东西应当抛弃。然而，如果在抛弃这些消极因素的同时，连孝的本义——善待父母及其他长辈也一起抛弃掉，那就变成倒退和荒谬了。新社会应当提倡一种新型的孝，既把具有积极意义的孝的本义加以发扬光大，又要添加新的道德因素，增加新的孝敬内容，使孝成为增加情爱、和睦家庭、稳固社会的强有力的聚合剂。

在生活中，有这样一种现象：我们往往会牢记别人对我们的好，却对父母的恩情视为理所当然并忽略不计，这对我们的父母是一种巨大的伤害。无论是与父母之间有隔阂还是有代沟，都不应该忽视父母的恩情，因为那种恩情是不求回报的、无私的。

说到这里，有必要听一听老子的警告。他说：“六亲不和，有孝慈。”什么意思呢？礼崩乐坏，六亲不和，才想到孝子慈父的可贵乃至人为地去进行本来不需要灌输的孝慈规范的教导。

老子这句话分量很重，内容深刻，我觉得这是警诫。

一般人都认为，仁义道德，孝子慈父，忠勇良臣，是国家之宝，是价值的核心，而老子的逻辑却相反。他认为，家庭亲属、天伦之乐、父慈子孝、兄弟之情、相亲相爱本是天性。只是因为有人诡诈，搞歪门邪道，风气败坏，才需要把仁义道德、父慈子孝挂在嘴上，再把父慈子孝变成道德规范，这本身就不自然、不真实了。成了规范标准后，便要做作，便要显示，便要搞竞赛，便要勉强，便口是心非，便万般假冒。事实上，把孝挂在嘴上的人不一定孝，把慈挂在嘴上的人也不一定慈。母亲为孩子喂奶的时候需要声明我是慈爱的吗？孩子为父母倒杯水他会说我是在做孝子吗？所以，老子的话是警世醒言。

现在，有的组织部门公开地提出：凡是不孝顺父母的人不能提拔重用，这应当是对“孝”的积极倡导和创新。其实，道理也很简单。一个人连自己的父母都可以蔑视，这样的人还能团结大多数人"去解放全人类"吗？古人就提倡"求忠臣于孝子之门"。还应看到，任何一个人的成长，都离不开老一辈的培养，没有任何一根春笋是可以脱离老竹而猝然冒出地面而来的。对于它的破土成长，连满山的落叶都有功劳。所以，那些无视父母长辈的培育，无视为他的成长而作出奉献的人，不可能是一个忠诚于党、忠诚于人民的好同志，这样的人不可重用。

还有句俗话讲："不要我儿孝顺我，只要我孙像我儿。"这句话使我想起一则俄罗斯寓言：一位老人，眼睛看不见了，每当吃饭撒下饭粒时，儿媳就骂他、咒他。一次午饭，老人又因掉下饭粒被儿媳痛骂时气不过，手中的饭碗也摔到地下砸坏了，儿媳就用皮鞭抽打老人。午饭后，儿子、儿媳上班，走到儿子的窗口时，见儿子在用刀刻着什么。于是，他们走进儿子的房间，看见儿子用刀在刻着一个木碗。她问儿子，你刻这个干什么？儿子说："等你们老了，木碗不会让你们砸掉，那我也就不用鞭子抽打你们了。"这对夫妇听了深思良久，从此之后，他们再也不虐待老人了。这个寓言说明什么呢？说明你必须善待老人，否则，你的孩子会像你对待老人一样的对待你。

在现实的生活中，应当怎样去孝敬老人呢？

在衣食无忧的一般家庭中，孝敬老人最主要的是两条：一是让他们不要寂寞，二是顺从老人。

孤独确是催人老化、摧残身心的重要因素。一个濒临熄灭的煤球，要是添上新煤，连下面的煤球也会烧得健旺。假如老年人常有人作伴，特别是能和子女经常地生活在一起，那他也许会精神饱满地多活若干年。有人借口工作忙，经常地不回家探望父母，这是老人很伤心的事。"在世不沾边，去世哭上天"，这是不可取的。有首歌叫"常回家看看"，我觉得，这首歌有人情味，也含有哲理。

孝敬老人还应尽量地按照他们的意愿去做，尽量地满足他们的要求。当然，老人的需求有时也未必明智，如果出现这种情况，不要与他们争论，也不能强行拂逆他们，而应耐心地去做好他们的思想工作，得到他们的认可。老人们走过半个多世纪的人生道路，已经形成了对世间各种事物的看法，又由于离退休在家，缺少新的外界信息的刺激，改变他们的一些观点很难。我们不必试图改变他们，从某种意义上讲，顺从就是善待。

谈到善待，我觉得，老人也要善待自己。人老了，要承认自己的相对不足，尤其是对新事物的接受程度要差些。子女们的人生哲学可能与自己的观点有冲突，在这种情况下，不如“装聋作哑”，乐得个清静。俗话说：“两耳不聋，难做家公。”这话有些道理。同时，也要理解子女的难处。有句老话，很耐人寻味：“百善孝为先，论心不论事，论事则天下无孝子；万恶淫为首，论事不论心，论心则世上无好人。”子女的工作忙，有时不能回家问寒问暖、尽心尽孝，但只要他们工作好，对社会有贡献，又有那一份孝顺的心，这也就足够了。对社会也要有一个平和的心态，原来在职，家中可能是车水马龙，现在退下来了，人少马稀，我看，“人走茶凉”也是一种自然现象，何以见得？俄国大文豪托尔斯泰就曾有一个妙喻。大意是说，友谊好比一壶开水，一旦离开炉子就逐渐凉下来了。朋友尚且如此，何况又是一般的关系呢？

有诗一首：

人走自然茶就凉，
不凉反而不正常。
只要留得真情在，
纵然成冰又何妨？

“老书生，自屋中，说黄虞、道古风，许多后辈文科中。门前仆人雄如虎，陌上旌旗去似龙。一朝势落成春梦，倒不如蓬门僻巷教几个小蒙童。”江泽民曾在一次会议上，把郑板桥的这首《道情》推荐给“功名利禄思想重的人读一读”。他说，任何人总有退出历史舞台的那一天，借用一句话：要“安全着陆”、“软着陆”。

有位老同志作了一首“宽心谣”，很有意味：

日出东海落西山，怨也一天，喜也一天；
遇事不钻牛角尖，人也舒坦，心也舒坦；
每月领取退休金，多也喜欢，少也喜欢；
少荤多素日三餐，粗也香甜，细也香甜；
新旧衣服不挑拣，好也御寒，丑也御寒；
常与知己聊聊天，古也谈谈，今也谈谈；
全家老少互慰勉，贫也相安，富也相安；
内孙外孙同样看，儿也心欢，女也心欢；
早晚操劳勤锻炼，忙也乐观，闲也乐观；
心宽体健养天年，不是神仙，胜似神仙。

庄炎林老人的“六六赠言”，也是老人与大家所共勉的：

“世事六然”：凡事存其自然，遇事处之泰然，得意之时淡然，失意之时坦然，艰辛曲折必然，历经沧桑悟然。

“人生六是”：权力是一时的，财产是后人的，健康是自己的，知识是有用的，情谊是珍贵的，声誉是长远的。

“身心六炼”：认识修炼意义，进行修炼实践，养成修炼习惯，坚持锻炼身体，不断磨炼意志，获得修炼成果。

“人品六为”：大公无私为圣人，公而忘私为贤人，先公后私为善人，先人后己为良人，公私兼顾为常人，损公肥私为罪人。

“行为六利”：有利国家，有利民族，有利社会，有利人民，有利集体，有利个人。

“为人六乐”：进取有乐，知足常乐，先苦后乐，自得其乐，助人为乐，与众同乐。

尊偶

忠诚和互相信任，是爱情的首要条件。

——邓肯

爱情好比火焰，没有养料就会熄灭。

——莱蒙托夫

记不得是哪一位学者说过："爱情是一伟大的导师，它教我们怎样做人。"尊重配偶，看起来是个人小事，但它却能反映出一个人的人品。"男大当婚，女大当嫁"。一个人长大成人，选择自己的配偶，组建家庭，这是终身的大事。一旦双方成为夫妻，俩人的命运就紧紧地连在一起了。

有人说，男人永远是山，女人永远是水。山有了水才能长寿，水有了山才会长流。因此，尊重配偶，是生活的需要，是情感的需要，是事业的需要，也是尽责的需要。

说是生活的需要，是因为既是夫妻，生活中离不开对方的关爱和呵护。而且这不是一时的，短期的，是终身的。男人的事业即使再辉煌，没有家庭的温暖、妻子的温柔，也等于零。因为，那不叫人生。

说是情感的需要，是因为夫妻是靠情感维系的，没有情感的夫妻生活，如同在监狱中度过一样。元代学者赵孟頫年轻时娶妻管道升。后来，赵升官，想娶妾，便写了一首诗试探管道升，词曰：

"我为学士，你做夫人，岂不闻王学士有柳叶桃根，苏学士有朝雨暮云？我便多娶了几个吴姬越女无过分，你已年过四旬，只管占住玉堂春！"

管道升知书达理，善于作词，为表达自己的态度和感情，作词曰：

"你侬我侬，忒煞情多。情多处，热如火！把一块泥，捏一个你，塑一个我，然后将咱两个，一齐来打破，用水重调和。再捏一个你，再捏一个我，我身上有你，你身上有我，我生与你同一个衾 ，死与你同一个椁！"

赵孟頫读了妻子的《我侬词》，感情振动，便打消了原来的念头。这就是情感的力量。

古代有一对夫妻，膝下有一小儿。后来，妻子患了不治之症，她临终时向亲人吟咏一副对联：

依别良人去矣！大丈夫何患无妻，盼他年细语床头，莫向新欢说旧妇；

儿依严父伤哉！小儿郎终当有母，愿明日承欢膝下，须知继母即亲娘。

上联对丈夫好言相劝，望他忘掉自己，移情于新人；下联则是教子听从继母教诲，当做亲娘来尊敬。

全联动人腑肺，其爱夫爱子之情溢于言表，这才算真正的夫妻情感。这让我想起泰戈尔的一段话："友谊和爱情之间的区别在于：友谊意味着两个人和世界，然而爱情意味着两个人就是世界。在友谊中，一加一等于二；在爱情中，一加一还是一。"

说是事业的需要，是因为夫妻双方的事业要靠两人互相理解和支持。"每一个成功的男人背后都有一个女人。"这是欧美社会人们常说的一句话。一位商人说，在你生意一帆风顺的时候，不要沉醉在金钱与物欲之中，要关怀你的妻子儿女、至爱亲朋，因为在你败落的时候，他们才是你最后的防线。

尊重配偶还是尽责的需要。当一个人和你结成夫妻后，也就把自己的命运托付于你了，你必须对对方负责，丝毫不能掉以轻心。有一位男人，曾经埋怨命运的不公，内心深处也有过放纵的念头，但最终不敢游戏生活。他觉得男人是一棵树，至少应该为生活投下一片绿荫。即使在最绝望的时候，我们手中还拥有一半的命运。男人啊，你的责任就在于用自己的一半去获取上帝手中的一半，为你的妻子，为你的家庭赢得一片辉煌。

有人说："夫妻本是同林鸟，大难临头各自飞。"我看，这话不应该成为指导夫妻生活的准则。曾有一位哲人把婚姻比喻为"一座神秘的房子，外面的人纷纷往里挤，而里边的人却不断往外涌"。现实生活中，夫妻离异的事是司空见惯的，但真正的夫妻应当认识到婚姻的意义，要把终身托付给对方，而不是不负责任地进进出出婚姻这个殿堂，随意地飞出夫妻同栖的那个林子。

夫妻要互相尊重。夫妻生活是以爱为纽带的。可是在几千年的封建社会中，妇女的地位很低下，受着多种束缚。妇女戴耳环，据说是“恐怕听张还听李”；穿两截的衣裙，据说是意味着“妻子不与丈夫齐”；把脚裹折了骨，据说也“不因好看如弓曲，恐她轻出房门，千缠万裹来拘束”。她们有的是生育、顺从、操持家务的义务，没有走出家门、参加社会活动的权利。汉字是象形字。你看那个“女”字，似站非站，似跪非跪，一副奴颜卑膝的样子。而那个“男”字，力大无比，把田地都可以举在头上。在旧社会，男女从骨子里就没有平等的份儿。所以，互相尊重是句空话。现在到了文明社会，妇女的地位大大提高了。但是，真正地实现男女平等还有待时日。而妇女要获得真正的解放，关键是让妇女走上社会舞台，让妇女去奋斗、去创业，去实现自己的价值。从古至今，中国的家庭模式就是“男主外，女主内”，所以，人们通常把女人称为“内人”、“贱内”、“贤内助”。看来，这个观点必须改变而且正在改变。不过，现在有些“矫枉过正”的味道。一些年轻的妇女太张扬自己，不把男人放在眼里，不尊重夫妻的情感。有句笑话讲，过去的妇女地位不高，是“嫁鸡随鸡，嫁狗随狗”；而现在的妇女地位高了，男人是“娶鸡随鸡，娶狗随狗”。这又走上了另一个极端，同样会造成婚姻生活的悲剧。有人说，上帝对人的最大惩罚，是让两个不相爱的人生活在一起。一位外国名家对痛苦婚姻也作过风趣而幽默的描述：“啊，多少痛苦，包括在这个小小圆圆的结婚戒指中。”

夫妻之间还需要互相包容。法国哲学家莱布尼茨在宫廷中提出相异律，宣布世界上没有两片相同的树叶时，宫中的仕女纷纷走出御花园，四处寻找完全没有区别的树叶，结果，全部扫兴而归。自然界是如此，家庭亦是同样。要在世界上找一个与自己的思想、感情、作风、习惯、爱好完全相同的妻子或丈夫那是不可能的。因此，夫妻要互相包容。俄罗斯人说：“结婚生活，最重要的是忍让。"伊朗人说："忍耐是痛苦的，但它的结果是甜的。"中国人讲："退一步海阔天空。"包容和忍让是夫妻生活的粘合剂。无怪乎有人说，结婚前，你的眼睛要睁得大大的，结婚后，最好还是半睁半闭着你的眼睛。夫妻长期生活在一起，没有矛盾是不可能的，出现吵架现象也不必大惊小怪，这与尊重和包容从根本上说是没有冲突的。有这样一对夫妻，他们结婚多年，才华一样，思维一样，做事一样，甚至连相貌也很相似。一次，他们与两个陌生人交谈：

"我们从来没有过分歧。"丈夫说。

"我们从来没有吵过嘴。"妻子补充说。

"我们总能知道对方有什么感觉。"丈夫说。

"很多次，我们甚至不需要说出来就知道对方正在想什么。"妻子面带微笑地说。

"哪本书好，哪部电影精彩，甚至对某个人的评价，我们的见解都是相同的。"丈夫自豪地说。

两个陌生人，一直听着他们的表白。

一个陌生人转向另一个陌生人说："他们这样相亲相爱，难道你会不感动吗？我相信他们一定很幸福。也许，他们是世界上最幸福的一对夫妻了。"

另一个陌生人沉默了良久，然后说："因为我是一个诚实的人，我不能不讲真话。老实说，这对夫妻没有什么可使我感动的，他们俩为什么要在一起呢？他们中的一个人是多余的呀！"

著名作家柏杨说："凡是夫妇不吵架的家庭，准是一块阴森之地，既没有冲击，故也没有快乐。"

夫妻之间需要存在差异，一个团体也需要差异。有差异也就说明各自有了优势，也才能做到优势互补。

少年夫妻老来伴。中青年夫妻固然要情深意笃，中老年夫妻仍然要相濡以沫、相敬如宾，那才是更可贵的。有一句顺口溜是这样说的："握住姑娘的手，好像回到十八九；握住情人的手，一股暖流上心头;握住小姨子的手,后悔当年握错手;握住老婆的手,好像左手握右手。"请听一位妇女的见解:这词儿编得真是妙极了。最妙的就是这"左手握右手"。第一,右手是可以被左手依赖的;第二,右手、左手彼此都是自己的;第三,别的手任怎么让你愉悦销魂,过后都是可以甩手的。只有右手,甩开了你就残缺不全了。听,这位妇女的理解是多么的深刻和独到。我看,这不是一般的见解,而是心声、是深谙夫妻生活意义的真正道白。

最后,我摘抄一下《六方礼经》所提到的夫妇相处之道:

"礼拜西方乃是丈夫对妻子的敬爱表现,它有五种表现:一、尊重妻子的人格;二、热爱妻子;三、给予金钱、衣服、饰物;四、经济、家事、育儿交由妻子负责;五、要尊敬妻子的双亲。"

"为人妻者对丈夫的信条如下:

一、热爱丈夫;二、顺从丈夫;三、服侍丈夫;四、帮助丈夫处理事务;五、重视家庭生活;六、要有敬爱之心;七、待人要亲切;八、说话要诚实,多表示爱意;九、对客人要有礼节;十、要赞扬有人格的人;十一、家中要打扫干净;十二、要做营养丰富的膳食供养家人。"

以上"相处之道"看起来平淡无奇,但要真正做到则并不那么容易。做到了,夫妇生活就美满幸福了。

育子

子不教,父之过。

——《三字经》

俗话说:"过日子,过孩子。"孩子是家庭生活的中心,是家庭的希望和未来。"舐犊之心,人皆有之。"在世上,很难找到不疼爱自己孩子的父母。但是,孩子不是一只小猫仔,他今后是要长大成人、成家立业的,因此,教育孩子是父母不可回避的责任。人人都希望自己的孩子长大成名成家、光宗耀祖,但希望是一回事,能不能成人成才又是一回事。因此,培养教育孩子是家庭的一件大事。

人首先是动物，然后才是人。几位美国科学家向世人宣布了他们在研究遗传基因上的惊人发现。他们发现人与猿猴的 DNA 遗传差异居然只有 1% ~4% 。另外，人身上还有 1% ~3% 极为落后的遗传基因。这种遗传基因与非脊椎动物的遗传基因相似，如低能的毛毛虫或我们称之为鼻涕虫之类的基因，这是远古时代我们的祖先遗传给我们的，已经存在于人身上大约两亿年了。

这也就是说，人的遗传基因并不会因为社会发展了、人类进步了而逐渐改变。人类表现出的崇高、自强不息、锲而不舍及博爱精神都是教化的结果，并非与生俱来。没有人生下来就是耶稣，也没有人生下来就是圣徒。英国人类学家做过一个实验，让两个不同母亲生下来的婴儿吸一个母亲的奶，那个吸着自己母亲乳汁的婴儿用脚踹另一个婴儿，反过来亦如此。可见，“人之初，性本善”这句话是存在疑点的。人之所以为人，关键在于后天的教育。陶行知先生发挥了杜威“教育即生活”的原则，结合中国多年的教育实践，提出了“生活即教育”的主张。

教育孩子是门科学。无数的事实证明，教育有方，孩子成人成才；教育无方，徒费心劳，孩子无才无德，甚至成为社会的罪人、家长终身的遗憾。在教育子女上，我们需要思考并付之实践的是三句话：教什么？爱什么？留什么？

教什么？

孩子如同一张白纸，在这张白纸上，你写上什么就是什么，你涂上什么就是什么。孩子从懂事到大学毕业，需要教化的东西很多，作为家长，主要的是教其知识、教其做人、教其懂得怎样料理自己的生活。

教其知识

孩子在入学前和入学后，第一位的是教授其知识。这个时候的基础打不牢，今后要吃大苦头。“少壮不努力，老大徒伤悲。”古今中外，有多少学者和成大事业者，都是在少年时就苦读诗书、苦学知识，为今后成就大业铺平了道路。著名科学家邓稼先接受祖先“父母不足恃，自己气力不足恃，可恃者，读书明理，存心忠厚而已”的明训，少年时刻苦攻读求学，中年时矢志不渝奋斗，成为“二弹一星”的功勋。家长要配合老师，在基础知识上下苦功夫。多做多练，对于名句名段要死记硬背，对于公式公理要启发思考，举一反三，来不得半点含糊。学习时间上也要有一定的保证，不能让无益的游戏耽误了学业。那种随其自然、学多少就学多少、学什么就学什么、不学也可以的放任自流是不可取的，也是有害的。

在严格要求的同时，还要注意把握好两个问题：一是着力培养孩子的学习兴趣和好的学习习惯，这比什么都重要。有了好的学习习惯，等于给了孩子一条成才的通道。反之，靠灌输、靠挤压是不会成功的。弄不好，让孩子产生厌学情绪，那就十分难办了。二是想方设法把孩子的眼光引向校园外那无边无际的知识的海洋。我们要让孩子知道，生活中的一切时间和空间都是学习的课堂。要在生活中激发他们的好奇心和求知欲，鼓励他们自己去思考一切问题，并拿出自己的结论。现在，我们的儿童教学很难讲是成功的，搞题海战术，以分数论高低，让孩子背上沉重的书包，穿梭在学校和家庭的书桌之间，没有童友、没有娱乐、没有兴趣，甚至看一看电视都变成对孩子的施舍。这样的教学不是培养人，而是摧残人。

教其做人

一位哲人说过，人的一生只在做两件事：做事与做人。在我看来，人的一生只做一件事，那就是做人，因为做事也是做人。无论是做家长的，还是当老师的，都希望孩子将来有出息，都希望孩子将来有所作为。由于历史的、社会的、个人的认识等诸多方面的原因，在如何培养孩子成人的认识上，不少人还存在着误区。他们往往只盯住孩子考试的分数，而忽视对孩子做人的教育。

目前，不少人对一个孩子的评价是，只要学习成绩好就是好孩子，将来也会有出息。人们总是对学习成绩处于下游的学生另眼相待，对他们的未来要么信心不足，要么忧心忡忡。学校里评价老师的工作，也往往只看学生的成绩。至于育人方面，由于缺乏具体的考核标准，又似乎与学校的升学率关联不大，也往往重视不够。孩子的升学择业，几乎完全靠分数与文凭。因一分之差或名落孙山或多交高昂的学费，这会误导家长和孩子，会让他们产生分数比什么都重要的错误认识。于是，对孩子是以分为本而不是以育人为本。结果培养出来的孩子，只会做题不会做人。这样的孩子在考场上也许能得高分，可在人生的舞台上却会失分。

学校里有高低分之分，但校门外没有，校门外总是把校门内的一切打乱重整。孩子长大了就要做事做人，服务于他人，造福于社会。前些年，有教师以“挣大钱娶美女”诱导孩子勤奋刻苦学习，引起了全国范围的大讨论，在教育界产生了不小的影响。以“挣大钱娶美女”作为奋斗目标去教育孩子，这些孩子长大了会成为社会的危险品。从刘海洋到马加爵，再到高层知识分子犯罪率升高的趋势，我认为导致这些人犯罪的真正原因是他们的人生里缺少了做人这一课。学会了做人，有了人格，孩子才会自觉主动地去学习，才会去奋斗拼搏。只见知识不见人的教育，是缺德的教育。其危害不仅仅在于导致孩子们对知识的厌倦，更为重要的是因缺乏善良与美德的体验而造成人格的缺陷。从这个意义上讲，真正的教育是以人为本的教育。让人去体验美好、体验成功、体验快乐、体验崇高。只有这样，才能培养积极的生活态度、鲜明的价值判断、丰富的思想体系。

一个孩子从家长和老师那里学会了勤劳善良、自强不息、坚韧不拔、博学博爱、以礼待人、诚实守信、认真做事，那么即使他们的学习成绩不好，也只是暂时的；即使他们毕业时成绩平平，将来也可能大有作为。才的不足可以用德来弥补，德的不足无法由才来弥补。小学课本里有一个种葫芦的故事：一个人只盯着葫芦，因为他想要的只是葫芦。他不去管叶子生了虫子,他也不去施肥。他白天看着夜里梦着他的葫芦能快快长大,但结果如何呢?他的葫芦没有成熟就脱落了。只盯着分数的家长,无异于种葫芦的蠢人,难以达到想要的结果。教孩子做学问,先要教会孩子做人。育人是培养能力,育智是学习知识,先能力、后知识。只盯着分数,无异于舍本求末,终究会害了孩子。人的一切成功源于做人的成功。

教其生活

父母教育孩子,再没有比教会他生活的能力、给予他克服困难的力量再好的了。父母是孩子的第一位老师。父母要经常让孩子了解老人们所走过的艰辛生活之路,把自己的感受告诉他们,让他们获取自己的体验。我相信,善良的孩子一旦体验到父母的不易、生活的艰辛、过去的苦难,便会发自内心地敬佩父母,体谅父母,珍惜今天幸福的生活。

要耐心地培养孩子独立生活的能力,让他们干力所能及的家务劳动,特别是他们自身的事,尽量地让他们自己去做。不要包办代替,不要处处不放手。有些家长,对孩子是有求必应,十多岁的孩子,还要替他洗脸洗脚,替他去换洗衣服。有的孩子在这种呵护下,养成了饭来张口、衣来伸手的习惯,处处依赖于父母的照顾和料理,稍有不到,还会怪罪于父母。试问,这样的孩子走上社会会如何生存呢?大家都看过动物世界,诸多种类的小动物,到了能够觅食的年龄,父母会撕咬着把它们撵出洞窝,撵出身边,让它们自己去觅食,自己去寻求生存的空间。我曾经看到一本写为人父母的书,作者是一个英国的心理学博士。他在书的开头说了一段非常好的话。他说,在这个世界上,所有的爱都是以聚合为最终目的的,只有一种爱是以分离为目的的,那就是父母对孩子的爱。当然,这指的是成功的爱——让孩子尽早作为一个独立的个体从你的生命中分离出去。这种分离越早,你就越成功。反之,不成功的爱,就是长久地把孩子留在自己的身边,可这会是什么结果呢?

“如果你生长在一颗大橡树的树荫下,这种同母树靠得很近的幼树大概是得不到足够的阳光的。”这是英国首相温斯顿·邱吉尔对自己的独生子讲的。大家还记得发生在北京的“流星雨事件”吧,女中学生马×,由于没有自护能力,竟被一个假警察骗到小树林中杀害了;山西一位大学生,白天在校园里,被一个声称是“教务处的”坏蛋骗到一个废旧房屋内强奸后焚尸灭迹。一个个令人发指的恶性事件的发生,给我们敲响了警钟:做父母的要保护自己的孩子,不只是用自己的臂膀,还要教会孩子自己保护自己的生存能力。

爱什么?

儿童是父母的镜子,也是学校、社会和自己内心世界的镜子。从这两面镜子里我们能看到什么呢?

生活在批评中,便学会谴责;
生活在敌视中,便学会好斗;
生活在友谊中,便会觉得世界多美好;
生活在爱的环境中,便学会去爱别人。

一个孩子,不能缺少父母的爱。没有父母的爱,他的心会逐渐荒芜。爱孩子,是父母的天性,“可怜天下父母心”。做父母的,可以把终身的爱献给孩子,并为此可以劳苦一生而丝毫不要求子女的报偿。父母的爱是最伟大的爱,是无私的爱,是伴随子女成长的爱。但是,不同的父母给予子女的爱的方式和内容是不尽相同的,其爱的效果也是不一样的。有的爱结出了丰硕的甜果,而有的爱却长出了难以品尝的苦果。所以,如何爱,爱什么?是非常值得研究和思考的。

就我说,真正成功的爱,有三种方式特别值得提倡:

一是细节的爱;二是尊重的爱;三是播苦的爱。

细节的爱

细节,最容易感染人。一部小说,催人泪下的往往不是那恢弘的大场面,大事件,反而是一些小小的细节。一个教育家指出,善于发现爱、感受爱,把爱的细节当做“珍珠”一颗颗地串起来珍藏的人,会成为一个懂得爱的父母。这不仅使他自己,而且也使孩子对生活充满热情,不断产生生命的激情。

细节,需要发现,需要领悟。正如一位名人所说:“生活中不是没有美,而是缺少发现。”爱的细节每时每刻都在我们身边,它需要通过父母在生活的细节中表现出来。

用爱的目光注视孩子

爱的目光是孩子成长的营养源。与孩子交流时,大人爱的目光,往往胜过语言。

93 岁高龄的日本小儿科医生内藤博士,爱哭闹的孩子只要到他那儿就会停止哭泣。

有一天,一位妈妈带着两岁的男孩来找内藤看病。妈妈说,一升一袋的牛奶,这孩子一口气就能喝光。孩子因为喝牛奶患了牛皮癣,皮肤痒睡不着觉,举止焦躁不安。

内藤不慌不忙地将白大褂脱下,然后跪在那个孩子面前,看着对方的眼睛。

“你喜欢喝牛奶吗?”内藤温和地问道。

孩子点点头。

内藤先生仍然目不转睛地看着他说:“如果不让你喝你特别喜欢喝的牛奶,你能忍住吗?”

男孩显出一副烦躁和不满的神色,并且把脸扭向一边。

内藤先生并不气馁,他跟着转到孩子面前,蹲下身子说:“你可以不喝牛奶的,是吗?”不管男孩怎样不耐烦,拒绝回答,内藤先生的目光一直充满着信赖,口气也十分诚恳。

终于,孩子轻轻地点了点头。

奇迹发生了,男孩回家不喝牛奶了,湿疹状况很快消失。一年半以后,他的母亲认为可以少喝点牛奶了,可男孩说:“大夫说能喝我才喝。”母亲只好请内藤帮忙。

这一次,内藤先生仍然是看着男孩的眼睛,微笑着说:“你现在可以放心地喝牛奶了。”从那天起,男孩真的又喝起牛奶了。

内藤先生通过这件事总结出:哪怕是才两岁的孩子,只要他明白了道理,就能控制自己。于是,他响亮地提出一个口号:“爱的目光足吗?”这个口号已经提出半个世纪了,现在听起来仍然十分亲切。

因为,今天的孩子多么渴望爱的目光!

一个男孩在外面玩耍弄脏了新衣服,妈妈用愤怒的眼光盯着儿子说:“瞧瞧你把衣服弄成什么样子了!”抡起扫帚就打,男孩不满地说:“等我把新衣服脱下来再打吧,我知道,妈妈喜欢的是衣服不是我。”孩子的话多么尖锐!

假如你的孩子变得烦躁不安,你可以想一想,是不是孩子缺少爱的目光?假如你的孩子变得孤独寡言,你是不是扪心自问,对孩子爱的目光足吗?

用爱的微笑面对孩子

对孩子来说,父母的面部表情非常重要。微笑能照亮所有看到它的人,它像穿过乌云的太阳,带给人们温暖。

孩子们喜欢爱笑的人。笑是爱的语言,你冲他微笑,这表达了你内心的感情:“我爱你,我喜欢你,你使我快乐,我很高兴见到你。”从小在微笑中长大的孩子,容易形成乐观、积极的心态。

孩子需要爱的微笑,做父母的再忙、再累、再烦,也不要忘记把微笑留给孩子。

用爱的语言鼓励孩子

爱的语言能够培养出懂得爱的孩子。我有一个邻居,夫妇俩有四个孩子。父母因为自己识字不多,吃尽了人生的艰辛。他们觉得,孩子要有出息,就必须把学习搞上去。于是他们以分为本,以考试成绩为尺子要求子女。可是，子女中唯一的儿子成绩并不理想。有一次，孩子回家说，他在学校打扫卫生得到了表扬。妈妈训斥说："扫地能扫出100分，你今后就是去扫地的吗？"又一次，儿子在学校扫雪得到了老师的表扬。妈妈又训斥说："劳动好有什么用？我不是干了一辈子吗？就混成这个样子，你难道就是一块劳动的料吗？"儿子渐渐失去了信心，总觉得再怎么学也不如人家，就这么混吧！后来，这对夫妇逐渐认识到，家庭教育也要讲科学，也是一门艺术，它是靠语言来完成的。父母与其拼死拼活地给孩子挣一笔财产，不如培养孩子有一个良好的心态。如果能改变过去一训、二骂、三打的不良态度，以好的心态去耐心地说服教育，也许能收到好的效果。

这以后，他们对孩子的看法和态度有了改变，学会"太好了"这句话。于是，他们发现孩子在慢慢地变化，作业比以前认真多了，成绩也慢慢地好了起来。每一次，他们都微笑地对他说："太好了，孩子。"

爱的鼓励从哪里来呢？从父母自身的改变中来。父母改变了心态，于是就改变了自己的目光和态度。把"目中有分"变成"目中有人"，把"以分为本"变成"以人为本"，把挑剔不满的目光变为欣赏满意的目光，把讽刺否定的语言变为赞扬肯定的语言。于是，成果出现了，奇迹也就发生了。

用爱的渴望调动孩子

渴望，能给孩子带来快乐。今天的"六一"，我们往往发现孩子并不快乐，是因为好吃的、好玩的、好看的少吗？不是，这是为什么？原来，他们被过量的好东西淹没了，他们无法从渴望中体现快乐了。欢悦产生于强烈的需求得到满足之时。没有需求，就无所谓欢悦。对于一个渴得要命的人，一杯水胜于金子。如果一个孩子没有渴望就得到了东西，该是多么不幸啊！

今天的物质生活比过去有很大的提高。但是，过分充足的东西反而剥夺了孩子的快乐。当什么都来得那么轻而易举的时候，他们感到无所谓，不珍惜也不兴奋。孩子不想骑童车的时候，你就为他买来了，他便没有学车的兴趣；他不想读的书，你非要买回家不可，他连看也不看。可是他自己借的书，却读得如饥如渴，这种事情在生活中真是屡见不鲜。

人总是在得不到的时候最想得到，轻易得到的东西反而不珍惜。要做聪明的父母，就得给孩子留一点“渴望”的余地。

用爱的胸怀包容孩子

世界上什么地方最广阔，是人的心灵。

法国作家雨果有一段很恰当的比喻：“世界上最宽阔的是海洋，比海洋更宽阔的是天空，比天空更宽阔的是心灵。”宽阔的心灵能包容万物，父母的心能包容各种各样的孩子。

作为父母，要容得下那些学习差、淘气的孩子和所谓“问题孩子”。作为社会，要容得下那些“问题父母”的孩子，不论孩子的父母是谁，哪怕是罪犯，我们都坚信“孩子无罪”！

有一个男孩，父亲因犯事被判了刑。学校在评优秀生时，这孩子品学兼优，而且很有组织活动能力，当学校征求班主任意见时，班主任说：“行，孩子无罪。”老师十分坚定地说：“只要符合条件，无论谁的孩子都有权利做优秀学生。”后来，这孩子被评上优秀学生。若干年后，这孩子在学术上很有成就，在全国还得了一次大奖。他爸爸在监狱中知道后，感动得放声大哭。他说，没想到我犯了罪，孩子不仅没有受到牵连，还获得全国大奖。从此，他认真改造，连连受奖，终于提前释放。

天下所有的孩子都需要包容。著名教育家苏霍姆林斯基说过：“有时宽容引起的道德震动比惩罚更强烈。”父母的宽容，会让孩子有一个更宽松的成长空间。

大学者钱钟书教子有方，奉行“不教”主义。他常说：“教子不可太严。”古人也说得好：“攻人之过勿太严，要思其堪受；教人之善勿过高，要令其可行。”对孩子宽容，决不是迁就放纵，而是给孩子一种宽松自由的空间，让他们拥有自己的天空和领地，轻松愉快，健康成长。

把爱的机会留给孩子

爱是什么？爱是一个口袋，往里装，产生的是满足感；往外掏，产生的是成就感。

爱是什么？爱是一种感受。一种人在被他人需要时，才能感受到自己的价值。一个孩子在大人需要时，才能感受到自己幼小的生命是多么的伟大，可以感受到一种深深的爱意。

对成人来说，接受孩子的爱是幸福的、快乐的。对孩子来说，给予别人的爱，别人能理解、能接受、能领悟到，比接受成人的爱更快乐。比如，当你倒一杯水给孩子喝时，孩子的表情往往是一般的。而当孩子倒一杯水给你喝时，你说声“谢谢”，孩子的脸上就乐开了花。然而，我们许多父母却把孩子爱的机会垄断了，爱的权利剥夺了。在独生子女家庭中，孩子被各种各样成人的爱包围了。所有的大人都比孩子“强大”，比孩子有“实力”。孩子没有爱大人的机会，反而被大人爱得“死去活来”。

真正爱孩子的父母，要在孩子面前表现得弱一点，给孩子一点儿爱他人的机会。别总是把自己看成是高山，视孩子为小草，让孩子靠着你、仰视你、惧怕你。更不要当大伞，视孩子为小鸡，为孩子遮风挡雨，让孩子弱不禁风。

换个位置、换个形象吧！让孩子做高山，孩子就成为高山；让孩子当大伞，孩子就能顶天立地。

尊重的爱

在物质条件越来越好的今天，孩子的成长却出现了“三多三少”现象：生活的空间越来越大，生长的空间越来越小；房屋的空间越来越大，心灵的空间越来越小；外界的压力越来越大，内在的动力越来越小。治理孩子心灵的荒漠，要从解放孩子的成长空间开始。陶行知先生早就呼吁过："解放孩子的创造力，解放孩子的头脑，解放孩子的空间，解放孩子的双手，解放孩子的时间，解放孩子的胆。"林语堂曾言："现代青年的保姆太多了，保姆多就难免养成良医之子多死于病的症象。"如果不尊重孩子的人格，以上都无从谈起。从小在压抑和施舍中长大的孩子失去的不仅仅是自由，还有人的尊严。

父母和孩子，在人格上是平等的。孩子应当尊重父母，父母也要尊重孩子的人格。只有把爱付诸于尊重中，这种爱才会产生效果。

尊严是人类灵魂中不可践踏的东西。一个从小失去尊严的孩子，长大了是很难堂堂正正地做人，很难抬起头来走路的。人没有尊严，哪里还谈得上自信、自强？

如何把爱付诸于尊重之中呢？

坐下来听孩子的倾诉

一位心理学家说，父母让孩子通过语言把所有的感情——积极的和消极的——都表达出来，是对孩子最大的爱护。无论是大人还是孩子，只有觉得对方能真正理解他的想法时，才能听得进对方的话。我们在听孩子的想法时，立即用自己的语言重复其中的要点，并同他交流，孩子会觉得我们一直在认真倾听，对他是尊重和理解的，孩子的心里会感到满足，也会从内心感激父母。

蹲下来和孩子平视

我听到这样一个故事。一个大人发现有个孩子聚精会神地蹲在路边观察蚂蚁，便问："小朋友，你在干什么？"孩子仰起稚气的脸得意地说："我在听蚂蚁唱歌。"大人哈哈大笑："蚂蚁怎么会唱歌呢？"孩子不高兴地回答："你不蹲下来听，怎么知道蚂蚁不会唱歌？！"

在美国的家庭，大人跟孩子谈话时，总是蹲下来的。他们认为孩子虽小，但也是独立的人，只是他们矮一些，所以应该蹲下来和他们谈话。同孩子面对面看着谈话能让孩子意识到自己同成年人一样是平等的，有利于培养孩子自尊、自信的人格。

父母要被孩子所接受，就应该找准自己的位置。蹲下来听孩子说话，了解他们的思考，知道他们要做什么。有许多事情，用我们成人的眼光看，怎么也理解不了。这就需要我们放下架子，变换一下角色，抛弃自己的偏见，和孩子平等地去对待问题。

遇事与孩子商量

两代人的沟通，最重要的是相互理解、相互尊重。而实现相互理解、相互尊重的方法是——学会商量。

有一位家长，从孩子上学到高中时代，和孩子一直用商量的方法同他相处。“商量”使父子之间增进了感情，增强了信任，避免了冲突和对抗。“商量”也使孩子学会了从别人的角度去观察事情、思考问题，学会了民主和平等、尊重和友谊。孩子的世界是独立的世界，这个世界蕴藏着极大的潜能。潜能的开发，要靠个人努力，更要靠父母的尊重、赏识和肯定。父母应当相信，孩子的世界会比自己的世界更辉煌，因为未来属于他们。有了这样的认识，才能平等地面对他们，真正地尊重他们，由衷地赞美他们，他们才可能以自己健康的成长来回报父母。

让孩子自己学会选择

学会选择人生，才能把握好自己的命运。选择的能力是从小培养的。父母对孩子的一生负责，就要把选择的权利交给孩子，不可包办代替，因为人生的道路要靠他们自己走。不要把自己的愿望强加在孩子的身上，不要等着让孩子来实现你的愿望。要尊重每个孩子的个性，让孩子在规则中选择自己的路，留一个自由的空间，让孩子尽情地成长。你的孩子并不是你，你可以给他爱，却不能给他思想，因为他有他的思想。可是，有些父母却习惯把“选择权”牢牢地把握在自己的手中，千方百计地为孩子设计未来，逼着孩子做他们没有兴趣的事。结果只有两个：一是孩子变得胆小怕事，只会顺从地按照父母的意见办事，自己缺少主见；二是引起孩子的反感，总是跟自己的父母“较劲”，你让我朝东，我偏要向西，父母对孩子的期望无法实现，还造成同孩子的心理隔阂。

给孩子留面子

一个人最宝贵的是尊严。对孩子来说，最害怕的不是棍棒、拳头，而是失去面子、失去尊严。孩子的心灵世界是靠人格尊严去支撑的，而在高压下，孩子永远没有被尊重的感觉。一个人没有被尊重的感觉，他就不会去尊重别人，不会去遵守社会规范。当你知道孩子偷了东西，但你还未能确定时，请你要保持冷静，千万不要冤枉了孩子。而当你已经有了证据确认孩子犯了错误时，请一定给孩子留点面子，孩子会为此感谢你一辈子。

我忘不了作家梁晓声的一篇文章《橘皮》。梁晓声上小学时，家里十分困难，父亲又患了哮喘病，咳得很厉害。他听说橘皮能治哮喘病，便偷偷地拿走了教室窗台上晾的橘皮。老师发现了这件事，一直替他保密，没有对别人说起。梁晓声说，他从内心感激这位老师，这种感激之情持续至今，鼓励着他用一生的努力来回报社会。

对孩子没有比保护他的自尊更重要的事了。

播苦的爱

俗话说：“育儿不费难，略带几分饥和寒。”俗话还说：“老人不宜过逆境，中年不宜过闲境，少年不宜过顺境。”要把孩子培养成人，要在爱中播点苦，也就是要人为地让孩子吃点苦。

苦难，是孩子成长的大学校。温室里长不出青松，不曾经历过苦难的人，是一个不完善的人生。尤其是在孩童时期，人为地让他们吃点苦、受点罪，会使他们终身受益。

不要说培养孩子，就是农民种田都懂得这个道理。小苗长出一尺多高的时候，不要急于浇水、施肥，而是让其旱一旱，让太阳晒得蔫头蔫脑，好像要活不下去的样子。俗话说："有钱难买五月旱，六月连阴吃饱饭。"小苗在干旱时要生存，只有往地下深深地扎根。六月来了大雨，由于根系发达，一下子就长了起来，也不倒伏。这就是农民常讲的"蹲苗"。育人何尝不是如此呢？

有一句口号叫做："再穷也不能穷了孩子。"这句话虽是针对教育讲的，可容易被误导。我认为，应当响亮地提出"再富也不能富了孩子"的口号。我们看到，发达国家倒有不少父母在孩子的消费上比较"吝啬"，甚至达到锱铢必较的地步。比如，有的父母给孩子的零花钱有限额，文具要从零花钱中开销。家长一旦发现孩子乱花钱，就会扣除下月的零花钱以示惩罚。洛克菲勒家庭是全美最富裕的家庭。但是，整个家庭崇尚节俭，父亲经常检查孩子的账本。有一个孩子为了赚取零花钱，还养过小兔子卖给附近的实验室。兄弟姊妹经常一起做家务活，给父母擦皮鞋、拍打苍蝇等，赚取一些"劳务费"。据说每拍死 100 只苍蝇，就能从父母那里领到 10 美分的奖励。沃尔玛是世界上最大的零售业集团，它的创始人临终前警告他的后代：子孙当中要有谁敢玩弄纨绔子弟的那一类奢侈品，我到地狱里也要起诉他。

"一粥一饭当知来之不易，半丝半缕恒念物力维艰。"今天，我们的生活一天天好起来了，家长更应当帮助孩子树立勤俭节约的意识。事非经过不知难，得之点滴却艰辛。即使居家过日子，也要懂得"成家犹如针挑土，败家如同水推沙"的道理。须知，正确的世界观、人生观、道德观正是通过这些具体细微的事情确立起来的。不仅如此，家长还应通过这种途径，让孩子体会劳动的艰辛和生活的不易。千万不要让孩子养成大手大脚的习惯，这才是对孩子真正的爱。

有人问球王贝利:“你的儿子今后会有你这样成功吗?”贝利说:“不可能,因为他不是贫民窟里成长的。”冯玉祥的儿子要到美国求学,冯玉祥送给他两句话:“欲除烦恼须忘我,历经艰难好做人。”这些都告诉我们一个道理:小孩无冻饿之悲,却有饱暖之灾。为了你的孩子能成为有用的人,能成为孝顺父母的人,人为地让孩子吃点苦吧。

爱孩子,还有不成功的爱。最突出、最普遍的是溺爱。溺爱,害了多少孩子,害了多少家庭。

对子女要疼爱得当,教育要宽严相济。切莫一味地溺爱,过分娇宠惯养。否则,就会像鲁迅家乡绍兴民间的一句谚语:“腌菜缸里养螺蛳——越养越臭,越养越死。”

诚然,世界上最伟大的爱是“母爱”。但母爱之所以伟大,唯因这种爱是以教人、育人为根本的。倘若是一味地溺爱,便会如高尔基说的,那是一种连母鸡也会的爱。

俗话讲:“棍棒出孝子,筷子出逆子。”对年幼的孩子不仅要人为地让其受到一些艰苦的锻炼,对其行为也不能少了管教。爱孩子绝不是纵容孩子、放任自流,必须大胆地管教儿女,约束他们不正当的行为。“轻者重之端,小者大之源。”当发现孩子有小毛病时,也不能放过。要注意早察、早教、早防。古人说:“三岁看大,七岁看老。”这话不是没有道理的。有些坏习惯是从小养成的。所以,我们做父母的要有一个信念:孩子每一次的无理取闹,绝不能让他得到好处,尤其是第一次。总之,要把管教和爱紧紧地结合起来。

在这方面,美国人经历了惨痛的教训。

第二次世界大战后,经济增长给整个美国社会带来了极大的变化。美国的父母把压抑已久的感情和温暖倾注在下一代身上。有的人认为“爱就是一切”,鼓吹“放任自流”,让孩子自行其是。这一代倒是幸福地成长起来了,他们享有美国历史上从来没有过的繁荣和最优越的受教育的机会。然而，二十多年后，正是这一代人中，吸毒、早孕、自杀、暴力犯罪等丑恶现象五花八门，给 20 世纪 60 年代的美国带来一场大动荡。同时，这一代人对老一代并没有什么感激之情，反而带来他们对老一代的对抗、傲慢和蔑视。

一些学者分析了问题的根源——童年时期的放纵，没有人要求他们举止有礼，尊重他人，没有人要求他们对自己的行为负责、对别人负责。父母们终于发现，是他们亲手把下一代逼上娇生惯养、放任自流、爱得让人窒息的祭坛！他们终于明白了一个道理——爱的管教不可缺少，责任和义务也不能没有，放任孩子就是伤害孩子，也是在伤害自己和危害社会。

留什么？

孩子是父母的继承人。那么，做父母的忙忙碌碌一辈子，最后，应给孩子留下些什么呢？我觉得，还是多留点精神遗产，少留点物质财富。

有一位父亲带着儿子到农村去“探亲”，儿子写了一篇《我随爸爸“故乡行”》。文中说，在去乡下的路上，“我”长了很多见识，如看到玉米、大豆、小麦都长得什么样？车到一座山下停了，是爸爸要看他三十年前抗洪抢险时差一点牺牲的地方。他当年要是“光荣”了，也就没有今天的“我”了。一进村，矮矮的房子，几乎都是泥巴做的，窄窄的土道上是车轱辘压出的道沟。真难想象，爸爸就是在这样的地方劳动生活了 5 年。爸爸说，这才是过去的生活。这次故乡行给“我”的印象很深，爸爸和他的同伴们把青春献给了这块土地，这块黑土地上的人们都记住了他们。有一位老先生对我说过一句话：“在少年时代经历磨难是一种财富！”爸爸他们享有这笔财富，而“我们”没有，所以，“我们”要更好地把握今天的美好生活。

别怪孩子不懂事，社会存在决定他们的意识。孩子们的世界往往是通过自己的切身体验来认识的。父母要让孩子尊重自己，珍惜生活，除了要教会他们做人的责任，还要让孩子去获取自己的体验。善良的孩子一旦体验到父母的不易，便会发自内心地敬佩父母，体谅父母；一旦了解了过去的苦难，便会珍惜今天的幸福，知道怎样生活下去。这笔精神财富会使他们享用终身。

老人是一部书，里边蕴藏着做人处世的“真经”。这些真知灼见留给孩子，也是一笔用钱买不到的财富。

山西太原郝庄双塔寺院中有一碑额，叫做《近溪隐君家训》，是明万历辛卯(公元1591)年，在山西做按察史的吕坤给其子留下的“遗训”：

其一：“存阴鹭心，干公道事，做老成人，说老实话。天理先放在头顶上，处人只要个谦逊，居家只要个和平，教子只要个学好，吃穿只要一个温饱。房屋家什只要个坚守耐用，寇婚丧祭只要个合理。才开口便想这话中说不中说，才动身便想这事该做不该做，才接人便想这人该交不该交，才见利便想这物该取不该取，才动怒便想这气该忍不该忍。”这段话是吕坤给后代谆谆教诲的“处人”之诀。

其二：“处事要俭，与人要丰。见善就行，有过便认。尤可戒者，奢侈一节。令人劳作无益只图看相，强似费了财帛俗人眼目，不如那些钱粮救了穷汉性命。锦上添花，何如施冬天破絮者，与救天地生灵；案前积肉，何如施日无饱糠者皆同饱。赤子看那悭吝攒钱之人，娇奢破家之子，天道甚明，愚夫不悟。尔曹切记吾言也。”此段讲的是“处世”之诀。

做人、处世、接物、立身之要，历历在目。笃行之，生活中还会有大灾大难吗？

林则徐在大宅的厅堂上，也写了一副教育子孙后代的对联：

萍草无根，醴泉无源，人贵自立；

流水不腐，户枢不蠹，民生在勤。

人“自立”，体“在勤”，生活中有什么坎过不去呢？

黄炎培是我国著名的教育家。生前，他给儿子写过这样一幅座右铭:“理必求真,事必求是,言必守信,行必踏实。事闲勿荒,事繁勿慌,有言必信,无欲则刚。和著春风,肃若秋霜,取像于钱,外圆内方。”

细细品味,真是留给子孙后代的一贴正品矫行的良药啊!

与此不同的是,有些父母千方百计地为子孙留下钱财,谋取一些权力,为的是让子孙过上高人一等、锦衣玉食的生活。可结果呢?他们的子孙往往躺在父母的功劳簿上,或利用父母的权力和留下的钱财,过着骄奢淫逸的生活。有的成了寄生虫,有的坐吃山空,最终走上穷困潦倒的末路。

江泽民在中纪委一次会议上曾引用《夏州胡希诗》中“国计已推肝胆许,家财不为子孙谋”两句,来教育那些一心一意专为子孙谋取权利、钱财的人。林则徐曾有警世良言:“子孙若如我,留钱做什么?贤而多财,则损其志;子孙不如我,留钱做什么?愚而多财,益增其过。”多么深刻的辩证法啊?清朝有一亲王有家训,寓意深刻,写的是:“财也大,产也大,后来子孙祸也大。借问此理是若何?子孙钱多胆也大,天样大事都不怕,不丧身家不肯罢;财也小,产也小,后来子孙祸也小。借问此理是若何?子孙钱少胆也小,些微产业知自保,俭使俭用也过了。”

这些生活中的至善至理之言,难道不值得我们每一位孩子的父母深思吗?

交朋友

友谊是两颗心真诚相待,而不是一颗心对另一颗心的敲打。

——鲁迅

与善人居,如入芝兰之室,久而自芳也;与恶人居,如入鲍鱼之肆，久而自臭也。

——颜之推

真实的十分理智的友谊，是人生最美好的无价之宝。

——高尔基

人生活在社会中，朋友是不可缺少的。布莱克说："鸟需巢，珠需网，人需友情。"我国第一部诗集《诗经》中写道："嘤其鸣矣，求其友声；相彼鸟矣，犹求其声。矧伊人矣，不求友声？"鸟儿嘤嘤，意在求伴。作为万物之灵的人，岂可无友？希腊哲学家伊壁鸠鲁曾说过："在智慧提供给人生的一切幸福之中，以获得友谊最为重要。在人的世界上，也许没有比友谊更愉悦的东西了。失去了友人的情谊，仿佛世界失去了太阳，失去了亲人的爱抚、慰藉，则生活比苦胆还难品尝。"因此，人们向往友谊，追求友情，尤其是"恩德相结、腹心相照、声气相求"的知心友谊。在中国古代，有"摔琴谢知音"的美谈，有"桃花潭水深千尺，不及汪伦送我情"的绝唱。现代人，"为朋友，终身不悔"的例子也不胜枚举。

选择一个朋友，就选择了一种生活方式。交一个好朋友，其实就是开创了一段美好的生活。俗话说："在家靠父母，出外靠朋友。"朋友在一个人的社会生活中无疑是非常重要的。外国有一句谚语说得好：每一个人距离总统只有 6 个人的距离。你认识一些朋友，他们又认识一些朋友，而这些朋友又认识另外一些朋友，这种连锁反应一直延续到总统的办公室。而且，如果你距离总统 6 个人的距离，那么你距离你想见的任何人也不会超过 6 个人的距离，不管他是一家大公司的总经理，还是你想让他加入你的团队支持你的名人。因此，善于结交朋友的人，将会产生莫大的力量。

然而，获得真正的朋友并不是一件容易的事。林黛玉就讲过："万两黄金容易得，世间知己最难求。"因为，朋友不仅有真假之别，而且有好坏之分。而能结交一个知心的好朋友，不仅与其识别能力有关，而且与其自身素质有关。有人讲，一个人有什么样的朋友，直接反映着他的为人。要了解一个人，你只要观察他的社交圈子就够了，从中可以看出他的价值取向、看出他的雅俗品位。这就是人们常讲的“物以类聚，人以群分”。

孔夫子就非常重视一个人成长过程中朋友的作用，他尤其对交朋友有着非常深刻的见解。他认为，要交好的朋友，不要结交坏的朋友。而世上对自己有帮助的朋友有三种，就是所谓的“益者三友”：友直、友谅、友多闻。

友直，指的是为人真诚坦荡，刚正不阿，有朗朗人格，没有谄媚之气。他可以在你怯懦时给你勇气，在你犹豫时给你果断。

友谅，指的是为人诚恳、不作伪，与这样的朋友交往，内心是妥贴的、安稳的，精神能够得到净化和升华。

友多闻，指的是见闻广博、知识面广，与这样的朋友在一起，可以学到很多知识，使自己逐渐成熟起来。

归纳起来，就是要交正直、诚实、广见多识的朋友。

孔夫子又说有三种坏朋友，即“损者三友”：友便辟、友善柔、友便佞。而有这三种朋友，“损矣”。

友便辟，是指喜欢谄媚逢迎、溜须拍马的人。

友善柔，是指典型的“两面派”：当面和颜悦色，满面春风，恭维你，奉承你，就是孔子说的“巧言令色”；而背后传播谣言，恶意诽谤，挑衅离间，搬弄是非。

友便佞，是指言过其实、夸夸其谈、伶牙俐齿、缺少才学的人。

归纳起来，就是不要交谄媚拍马、两面三刀、言过其实的人。

那么，生活中如何才能交到真正的好朋友呢？依我看，一要真交，二要慎交，三要淡交，四要少交。

真交

和一个人交上朋友，就必须真心实意地交往下去。

既然你选择一个人做知心朋友，这个人肯定有过人之处。“结交须胜己,似我不如无。”与卓越人士结交,你便能见贤思齐;与程度远逊于自己的朋友结交,你自己也难免同流合污。对于朋友的长处,应当学习他、仿照他、赞美他。赞美朋友的优点,是一种信任和友好的表示,这样做,最容易赢得朋友的友情。关于称赞的效应,有这样一则故事:

过去有一个富翁特别爱吃烤鸭,他用重金聘用了一个名厨师,每天为他做烤鸭。大厨师做烤鸭美味可口,但每次都只有一条腿。时间一长,富翁就问厨师:“你烤的鸭子为什么只有一条腿?”厨师指着缩了一只脚站着休息的活鸭子回答说:“你看,鸭子确实只有一条腿啊!”富翁气得用双掌拍了几下,掌声惊动了鸭子,伸出另一条腿匆匆走了。富翁说:“那鸭子不是两条腿吗?”厨师回答说:“是啊,如果你早鼓掌的话,那烤的鸭子早就是两条腿了。”这则故事告诉我们,不能像富翁那样吝惜自己的赞美,要为别人多鼓掌,生活在掌声中的人是愉快的。当朋友受到你的赞美时,他会对生活充满信心。同时,当朋友遇到好事、喜事时,要像自己遇到好事那样为他高兴,分享他的愉快和幸福,却不可嫉妒他。有人说:“朋友最近变得疏远了,因为他盖了新粮仓。”新粮仓意味着收获好,而有人见到别人有了成就,就会莫名其妙地燃起嫉妒之火。法国思想家卢梭曾说,“人除了希望自己幸福之外,还喜欢看到别人的不幸”,而这恰恰是交朋友的大忌。

朋友幸运时,为他祝福,为他高兴;当朋友有过错时,也要为他惋惜,还要敢于批评纠正。《因果经》讲处友有三法:一、有好事时,要为他高兴;二、有过错时,要劝告他;三、有苦难时,也不能舍弃他。陈毅元帅有诗云:“难得是诤友,当面敢批评。”对于朋友,当发现他有过错时,要敢于当面提出劝告和批评,不要去掩饰他的问题。你应当相信,他如果是你的真诚朋友,不但不会记恨你,反而会从内心由衷地感激你、赞赏你。反之,连真诚的批评和帮助都接受不了,这样的人还算朋友吗?说到底,你用不值得的仁厚去面对以德报怨的人和事，这也是一种人生的浪费。作家三毛说："批评朋友，除非识人知性，不然，不如不说。"孔子也讲过此类的话，子贡曾请教他，朋友应当怎样相处呢？孔子说："忠告而善道之，不可则止，勿自辱焉。"意思是说，看到朋友做了不对的事，你要真诚地劝告、善意地引导。如果他实在不听就算了，别再说了，不然要自取其辱。有一句民谚说得好："你要孤立一个人，你就去表扬他；你要损害一个人，你就去赞美他；你要断送一个人，你就去奉承他。"掩盖朋友的毛病等于助长他的毛病，赞美错误等于纵容他继续犯错误，那会让朋友在错误的道路上越走越远。美国政治家切斯特菲尔德就说过一句话："批评很少受到欢迎，最需要批评的人也总是最不喜欢批评的人。"不管朋友欢迎不欢迎、喜欢不喜欢，对朋友的过失要敢于批评，不要去掩饰、讥笑。掩饰、讥笑朋友的短处和过错，那你已经不是人家的朋友了，而且你自己已和短处接吻了。

上面讲的是对朋友的错误要敢于批评和帮助，但这并不意味着不尊重朋友的人格，不包容朋友的短处。

交友，是以互相尊重为前提的。对于朋友的人格，要特别地予以尊重。"自尊心是一个人灵魂中的伟大杠杆。"人人都有自尊的欲望，对于朋友的长处和优点，要肯定和赞美；对于朋友的短处，除了批评和帮助外，还要有容人之量、让人之腹。有道是，"量小失众友，度大集群朋。"不以众人使其身，不以圣人望于人。嫉人之贤、妒人之能、讥人之短、美人之过，这对朋友是一种无形的排斥力。今天的社会，是一个多层次的复杂社会，三教九流、芸芸众生都在社会现实中步履匆匆。为了和睦相处，我们每一个人都应该扬己之长、避己之短。"勿以求备取人，勿以己长格物"，"毋宁不能，毋恶不知"。在与朋友相处中，彼此间互相学习，相互谦让，取长补短，沟通心灵，精诚团结，这是十分可贵的，也是为人处世最紧要的哲学。法国诗人圣布福说过，和朋友在一起生活，"某种错觉是必要的。"要想结交一个十全十美的朋友是办不到的。"水至察则无鱼，人至察则无徒。”对于朋友的短处，尤其是隐私，也就是那些令人不快、痛苦、羞愧的事，比如爱情的破裂、事业的失败、生活的挫折、成长中的过失、感情上的纠葛等，第一条准则是“为对方保密”。对于知心朋友，有事无所不谈，连自己的隐私，做过见不得人的事，可能让你知道了，你如果张扬出去，就等于置朋友于死地。当朋友把自己的隐私告诉你，即使没有叫你保密，也表明他对你极度信任。对此，你只有为他分忧解愁的义务，而没有把这种隐私张扬出去的权利。如果张扬出去，势必失去朋友的信任，因为你连起码的做人的道德都没有了，想换取别人的尊重那就更不可能了。当然，对朋友短处的忍让和包容，并不是无原则的迁就，也不是无度之让，是非还是要讲的。孔子讲：“当仁，不让于师。”意思是说仁义之事，对老师也不能谦让。对于朋友的不当、不义之事，一是要加强沟通、为之剖析。人之相交，贵在沟通。生活中有很多事，原本不大，常常就因为缺乏沟通而酿成大事，弄成坏事。所谓“通则不痛，痛则不通”，既是医理，又是哲理。不怕犯错，就怕不知错。有时就是一张纸，不点不破，一点就破。二是不能轻易放过。“让”只能让“三分”，不能让四分，更不能让十分，这个度，是十分原则的。让到十分，那便是“纵”了。

不难看出，能得到一个真心朋友很难，但这并不意味着交不上真心朋友。这里的要诀只有一个：你要真心地去交朋友。

慎交

朋友有真假。很多显得像朋友的人其实不是朋友，而有些不像朋友的人倒是真朋友。因此，交友要慎重，不可错交，不可乱交。

既是知心朋友，当对方遇到不幸和困难时，要及时地伸出援助之手。有的人，为了能使朋友摆脱困境，即使是散尽家财，也在所不惜。人和人之间的情感是在相互的施爱中生长的。爱把宽容、温暖和幸福带给朋友。无爱的社会太冰冷，无爱的荒原太寂寞。爱能让尘封已久的心重新温暖起来，爱能使朋友度过艰难，走上新的生活。顺境时可以交朋友,逆境时可以考验朋友。如果当你的朋友遇到困难时,你不是去帮助他、支持他、理解他,而是作壁上观,甚至幸灾乐祸,这就不是真朋友了。“时来谁不来,时不来谁来?”当朋友红运高照时,过从甚密,极尽体贴关爱之能事;当朋友遭难时,冷眼相看,袖手旁观,一副无关痛痒的架势,这样的人还能算朋友吗? 凡是自私自利、只会利用对方的人,也永远得不到真正的朋友。这种人在对方还有利用价值时,会表现出一副亲密的样子。一旦利害关系不存在了,甚至需要自己为朋友付出时,会立刻离去。而真实的友情,是不管对方处于何种境地,都不会言悔的。鉴真和尚在《四分律》里说:“施舍难舍的,为难为的,忍难忍的,密语不与他人语的,遭苦不舍,不轻贫贱,才是真正的朋友。”吕蒙正昔日贫穷不第时,世态似冰,人情如纸。今科夺魁,人们都争相逢迎,丑态着实可厌。于是吕蒙正亲笔撰写了一副奇妙的对联贴在门上:

旧岁饥荒,柴米无依靠,走出十字街头,赊不得、借不得,许多内亲外戚,袖手旁观,无人雪中送炭;

今科侥幸,衣禄有指望,夺得五经魁首,姓亦扬、名亦扬,不论张三李四,踵门庆贺,尽来锦上添花。

真正的朋友,是与势利之交绝缘的。在我不能替他办事时,在我失去那种他们可能从中得益的职业与地位时,他们仍能与我保持亲密的关系,这样的朋友是可交的。但在你顺风顺水时,对那些“尽如我意”、“尽说我好话”的所谓朋友要特别小心。

记得古人说过这样一句话:“可畏人尽如我意。”用今天的话来讲,就是事事处处合我意的人,这样的朋友可怕。

人要“尽如我意”,一定得将自己个性中的某些方面或主要方面掩盖起来,一定得费尽心机地来揣度,适应我的个性和嗜好。而他之所以不在我面前暴露自己的“庐山真面目”,委屈自己待我,必有某种不可告人之目的:或借我之力,遂己腾达之愿;或图我之声名，以此炫耀自己；或谋我之财产，以饱个人贪欲；或图谋我之权位，企图取而代之……一旦“如意”得我昏昏然时，他就要“屈以求伸”了。像易牙等人困恒公那样，可不畏哉！“知之非艰，行之惟艰。”古今中外多少人，因所谓朋友的“尽如我意”，而难免受这种朋友“尽如我意之害”。

对于那些“尽说我好话”的朋友，也不能掉以轻心。这种人往往口蜜腹剑，心怀鬼胎，用好话、奉承、送高帽子换取实利，亦是不可交的。“阿谀者把全身的重量都放在舌头上，他的灵魂怎能不轻呢？”对于这种没有德性的小人，还是远离的好。但是，这也并不是一件容易做到的事。清代才子袁枚外放做县令，上任之前与同学去向老师——乾隆时名臣尹文瑞辞行请训。老师问他，去做县令有什么准备？袁说什么都没有，就是准备了一百顶高帽子。老师讲年纪轻轻怎么搞这一套！袁说，世间人人都喜欢戴，有几个像老师这样不喜欢戴的？老师听了很高兴。当袁枚出来，同学问他与老师谈得如何。袁说，高帽子已送出去一顶。真正吹捧他人者决不会说自己要给人家戴高帽子的，然而，严肃批评给人戴高帽的人，自己却不知不觉地戴上了一顶，可见“拒捧”之难。17世纪末美国伦理学家曼德威尔说过：“如果谀媚之术施用得巧妙，而正中一个人之所长，那么就没有任何一个具有洞察能力的人，能够坚决抗拒得住。”

历来有识之士对精神贿赂都十分鄙视和憎恨。宋代司马光曾对王安石讲过，拍马溜须的人到处迎合你，使你感到高兴，但你一旦失势，必然会有人出卖你，以达到向上爬的目的。对于捧人者，鲁迅认为他们“十之八九不是好东西”。契诃夫则说：“被混蛋称赞，不如战死在他们手中。”在“尽说我好话”者面前，我们应比古人、前人更有觉悟、更加警惕才是。

淡交

俗话讲：“君子之交淡如水，小人之交甘如醴。”整天厮混在一起，吃吃喝喝，拉拉扯扯，卿卿我我，这并不是交友之道。尤金说："真正的友谊，是需要保持一定距离的。有距离，才会有尊重。有尊重，友谊才会天长地久。"友谊和花香一样，还是淡一点比较好。越淡的香气越使人依恋，也越能持久。即使你和才华横溢、魅力十足的人交往，也不可全身心地投入。不丧失自己的判断力，才是最适当的交往方法。

少交

鲁迅说："人生得一知己足矣，斯世当以同怀视之。"朋友，不可多交、滥交，要少交。尤其是能同呼吸、共命运的至交，一生中有一二人足矣。夸美纽斯也说："选择朋友，一要谨慎，二要控制数量。"

很久以前，有一武夫，知道他儿子结交了很多朋友，很为儿子担心。临终前，他对儿子说："我闯荡江湖几十年，结交的人如过江之鲫，其实我这一生就结交了一个半朋友。"儿子纳闷不已，武夫就向他交待了一番，叫儿子去见见他那一个半朋友。并说，见到后，你就知道朋友的要义了。

儿子先去父亲"一个朋友"那里，对他说，我正在被追杀，请你搭救。这人一听，不加思索，叫来自己的儿子，喝令儿子和武夫的儿子衣服互换一下。武夫儿子顿时明白了"一个朋友"的含义：在你生死攸关的时候，那个能不惜割舍自己的亲生骨肉来搭救你的人，可称得上是你的朋友。儿子又去他父亲说的"半个朋友"那里，把求救的话同样说了一遍。这"半个朋友"听了说：孩子，我可救不了你的命，我给你足够的盘缠，你远走高飞快快逃命，我保证不去告发你。武夫儿子明白了"半个朋友"的含义：在你患难的时候，那个能明哲保身不落井下石加害于你的人，可称得上是半个朋友。

有的人认为，朋友是愈多愈好，多个朋友多条路嘛！是的，真正的朋友当然愈多愈好，可是，生活的哲学告诉我们，能生死与共、相濡如沫的朋友是不可多得的。过多的朋友,可能并不会给你带来愉快和帮助,而可能常常要给你带来许多不必要的麻烦。

恋山河

你不要忘了我最喜欢的一句箴言:“自然总是美的。”

——罗丹

天地景物,如山间之空翠,水上之涟漪,潭中之云影,草地之烟光,月下之花容,风中之柳态,若有若无、半真半幻,最足以悦人心目而豁人性灵,真天地一妙境也!

——洪远朋

江山如此多娇,引无数英雄竞折腰。

——毛泽东

我们生活在大自然中,苍天、大地、山水、花草、树木与我们作伴。是大自然孕育了人的生命,是大自然维系着人的生存。人是大自然的一员,我们有什么理由不去热恋自己赖以生存的大自然呢?

中国人生智慧第一位思考的就是人与自然的关系。

自古以来,探索人与自然关系的学说,也称为天人之学。与义理之学、会通之学称为三大学问。天人关系是研究知天的问题,也是探索人生意义的问题。在这个问题上,中国文化和人生智慧强调人与自然的统一,人的精神、行为与外在自然的一致,以及由此而达到天道与人道的统一,从而实现完满和谐的精神追求。

关注天人关系,是中国文化和人生智慧的显著特点。从先秦时代到明清时期,我国大多数思想家、哲学家都有自己的“天人观”，这是中国文化的一个独特现象。纵观中国传统文化的天人观，一是老子的“见素抱扑”、“回归自然”的“顺天说”；二是荀子的“制天命而用之”的“制天说”；三是《易传》提出的天人和谐论。百花齐放，百家争鸣，观点各有差异，而主张天人和谐是一致的。在他们看来，天与人，天道与人道，天性与人性是相类相通的，是可以统一的。

传统的天人和谐一方面强调天地人相统一，另一方面强调人的特殊性，将人与自然的关系定位在一种积极的和谐关系上，不主张片面征服自然。它肯定天道之创造力充塞宇宙，而人则“与天地合其德，与日月合其明，与四时合其序”，并能够将仁的精神推广及于天下，泽其草本禽兽有生之物，达到天地万物人我一体的境界，天、地、人合德并进，圆融无间。这些思想启示我们，人生要“顺天”，才能实现天人和谐的目标。

中国文化与人生智慧向来主张亲近自然、关注自然，在思考人与自然关系时，重视自然资源的作用。自然资源是大自然奉献给人类的珍贵礼物，它不仅是人类赖以生存的重要基础，也是人类文化的重要载体。山水养性，花木陶情，有多少仁人志士眷注于大自然之中，从大自然中感悟人生、启迪灵性。宋朝罗大经在《鹤林玉露·观山水》中说：“大抵登山临水，足以触发道机，开豁心智，为益不少。”赵季仁对他说：“平生有三愿：一愿识尽世间好人，二愿读尽世间好书，三愿看尽世间好山水。”罗答道：“尽则安能？但身到处莫放过耳。”古人有言：“登山则情满于山，观海则情溢于海。”可见登临之中心境随景致而移，而愉悦之美亦不期然而致，岂不乐哉！感叹“醉翁之意不在酒，在乎山水之间也”的欧阳修更有其妙笔雅致：“朝而往，暮而归，四时之景不同，而乐亦无穷也。”他们都认识到，和谐不仅是邻里间的和谐，也不仅是人与人的和谐，还一定包括大地上万物和谐而快乐地成长。人对自然，要有一定的敬畏，有一种顺应，有一种默契。有的学者用“劝君莫打三更鸟，子在巢中待母归”的诗句，来证明中国固有思想中对鸟兽表达的同情和怜悯。有的人还常用陶渊明的诗“孟春草木长，绕屋树扶疏。众鸟欣有托，我亦爱吾庐”，来证明人与自然环境平等相处的“生态境界”在传统文化中有何等重要的地位。

是的，大地上的山山水水、草草木木是多么的可亲可爱。没有大自然的恩赐，人的生活将是无法想象的。范仲淹在赞颂桐庐郡严先生时写道：“云山苍苍，江水泱泱；先生之风，山高水长。”用“山高水长”比喻人品节操之高洁，足见人们乐山、爱山、赞山、比山，往往是由表及里、重神取义的。因为山不仅代表着恒久和安祥，更有稳重、宽厚、大度、刚毅等品格。

山的性格是稳重的，对谤不戚，对誉不喜，对侮不怒，天天看云卷云舒，年年观花开花落。身高不言高，体厚不称厚。砥柱中流降怒涛，每临大事有静气。任凭风吹雨打，我自岿然不动。这种性格，这种品质，正如南宋诗人杨万里所道：“却有一峰忽然长，方知不动是真山。”

山的胸怀是宽大的。无论是参天大树或是歪树藤枝，无论是名茶贵卉或是野花小草，山都给以生存的空间。无论是百鸟争鸣或是虎啸狼叫，无论是孔雀展翅或是小猴淘气，山都给以居住的自由。无论是有人绿化还是有人伐木，山都不怨不恨，笑迎笑送。难道我们不是从中看到了山的灵性与人有相通之处吗？

有人赞水。水是生命之源，是万物之命。《管子·水地篇》里有“水者何物也，万物之本原也，诸生之宗也 ”的记载。古希腊的泰勒斯也说万物由水产生。没有水，就不会有包括人在内的一切生命；爱水，就是爱惜生命，爱水，就是热爱自己的生活。

水有自己的特性。我们应当顺应它、利用它，而不是一味地强调要征服它。

传说，北宋王安石一次拜托携眷赴任黄州的苏东坡，在途经三峡时汲一瓮瞿塘中峡水。苏东坡在船至下峡时才想起所托之事，匆匆汲下峡之水交差。王安石以此烹茶品味，不禁摇头：此非中峡之水，并对惊讶的苏东坡说，上峡水急，烹茶味浓；下峡水缓，烹茶则味淡；唯中峡水缓急相半，在浓淡之间……东坡听了叹服不已。

看来，数百里三峡中，仅因地点不同，水性竟也各异，况万里大江，雪峰源头与入海江口，穿越峡谷的激流，涌入平川的洪波，水性更是各有不同。由此可以看出，对水要识其性、导其流、用其利，切不可一概而论并横加治理而受其害。

有人赞树。它布满于山水之间，给大自然以秀美，给人类以舟楫之材，给鸟兽以栖身之地，给大地以清新之气。据科学测算，一亩茂盛的森林，一般每天可以吸收二氧化碳 67 公斤，放出氧气 49 公斤，可供 65 人一天的需要。每一棵树木都有自己的生命和灵气，不能践踏它，不能随意地砍伐它。印度加尔各答农业大学达斯教授曾对一棵树的身价专门作过估算。他指出，一棵长了 50 年的大树，通常按木材产出计算值 625 美元。其实，一棵树的价值至少应该从以下几方面计算：一、按每年平均释放 1 吨氧气计算，50 年生产氧气的价值为 31250 美元；同期防止空气污染的价值达 13440 美元。二、为牲畜遮风挡雨和提供鸟类筑巢、栖息，促进生物多样化，所产生的价值为 8540 美元。三、防止水土流失及增加土壤肥力所产生的价值为 68750 美元，同期创造动物蛋白质的价值为 2500 美元。

三项加起来，总共为 124480 美元。它还不包括大树每年所结花果所产生的价值，不包括调节气候、美化环境的价值，更没有将它活到 100 年甚至更长时间所产生的大幅度的价值计算在内。

当你看到这个科学计算的结果，你是否会对每一棵树产生敬畏、爱怜之心呢？

大自然中存在着风水现象。风水的核心内容是人们对居住环境进行选择和处理的一种学问，是一种能在心理和生理上都能满足人的需求的地形条件。风水是建筑吉祥地点的景观评价系统，是中国古代地域与市场选址的艺术。

讲究风水就是讲究一种环保。逐风之地自然空气好、采光好；近水之地自然会有一个美好的环境。过去的风水书中说，门前有一个臭水沟，主女子崩漏，男子痔瘘，门户衰落。二者虽不一定有直接关系，但门前的臭水沟有害健康是肯定的。有人把讲风水说成是“唯心主义”、“迷信至上”，看来，这个评价是不是有些脱离大自然的客观存在而真正的“唯心”、“迷信”呢？

与风水有关，中国的建筑设计思想与大自然的和谐也是具有自己的特色的。比如，四合院关键是院子，这是中国建筑和外国建筑的一个最大区别。中国的建筑是由建筑包围空间，外国的建筑是空间包围建筑。卢浮宫的建筑面积比我们故宫的太和殿大，却没有我们故宫的气势大。

大地母亲给我们提供山水生态，让我们世代在大自然的怀抱中衍生。可到了人类进入“文明”社会的今天，我们却进入了与大自然不和谐共处的时代，大地母亲受到了自己子孙不公正的待遇。

现代人相信，大自然的资源是无穷无尽的，是可以恣意地开发利用的。人们还相信，科学是万能的，它可以改变一切，包括大自然不过是让人类任意使唤的奴仆。我们经常挂在嘴边并且努力去做的是截弯取直、三通一平、移山填海、平湖造田、江河截流等等，我们信心满怀地抛弃了“天一合一”的理念，还很自觉地张扬起“喝令三山五岳开道，我来了”的豪迈。于是，在一味强调发展经济的同时，能源被过度地开发，大片森林被毁灭，空气污染了，水质变坏了，人类赖以生存的大地被破坏得满目疮痍。

有人也许会说，中华传统文化中不是有“人定胜天”的思想吗？这岂不就是要征服大自然吗？这话不对。“人定胜天”的“天”不是指大自然，而是指“天命”或“上帝”的意思。“人定胜天”就是不怕“上帝”、不信“天命”的奋斗精神，这种精神是积极的。可是，后来却被错误地理解为人能够任意地去支配和战胜大自然。

我国目前的废水排放量多达500亿吨,超过环境容量的80%。废气中二氧化硫的排放量为2200余万吨,烟尘排放量为1100万吨,工业粉尘排放量为950万吨。我国70%的河流湖泊被污染,地下水枯竭,整个华北地区的地层下是个空洞,地面大面积下沉。上海由于地下水过度被抽,地面也在下陷。全国400个城市80%缺水,因缺水影响的国民产值达2400亿元。空气质量下降,40%的国土受到酸雨的威胁。森林植被递减,水土流失严重,资源问题突出。据经济学家测算,400年资本主义经济体系把整个人类在数亿年间积累下来的不可再生能源消耗了40%。影响中国发展的最大问题也是资源供应问题。中国人均土地相当于世界的1/3、人均矿藏相当于世界的3/5、人均水相当于世界的1/4、人均森林相当于世界的1/5。到2020年国民经济翻两番,电力需求增长200%,大约占世界发电量的13%,相当于整个西欧2020年的发电量。石油需求占世界的6.3%,到2020年需求为4.5亿吨,占全球需求量的8.5%,这些靠现有的资源是绝对不够的。我国人口占世界的21%,而石油、天然气、铜和铝等重要资源的人均储量分别相当于世界人均水平的8.3%、4.1%、2.55%、9.7%。到2020年我国常规资源的剩余总开采量为1500亿吨标准煤,仅够我国使用25年。

由于人类生存环境被破坏,各种自然灾害接踵而至、层出不穷。2000年巴黎发布的《全球经济综合报告》指出,过去十年,因线性经济方式导致环境恶化和灾难加剧,对世界造成1082亿美元的损失——相当于此前40年的总和。我国每年因环境导致的经济损失占GDP的8%以上。

据说,动物世界最近开了一个集体会议,讨论的主题是:"究竟什么动物是世界上最危险的敌人?"讨论的结果是:人类是世界上最危险的敌人。于是,他们准备联合起来,将人类消灭干净。可它们目前还没有这个能力，只好寻找机会，不时地给人类制造一些骚扰。

人，大地母亲的孩子，不会在谋害母亲的活动中幸免于难。恩格斯在《自然辩证法》中指出："我们不要过分陶醉于我们人类对自然界的胜利，对于每一次这样的胜利，自然界都对我们进行报复……因此，我们每走一步都要记住，我们统治自然界决不像征服者统治异族人那样，决不是像站在自然界之外的人似的——相反的，我们连同我们的肉、血和头脑都是属于自然界和存于自然界的。我们对自然界的全部统治力量，就在于我们比其他一切生物强，能够认识和正确地运用自然规律。"

"认识和正确地运用自然规律"，这是恩格斯给我们指明的方向。自然规律和其他规律一样，是不能违背的，违背了就要受到惩罚。我们的教训已经够深刻的了。我们必须重新审视大自然，必须重新审视人类的发展道路。有一点必须加以肯定：搞发展，要把河山摆在第一位。我们应该确立一个最朴实、最环保的概念，那就是：当代重要，后代更重要；舒适重要，安全更重要；美观重要，科学更重要。为此，我们必须认真贯彻执行"科学发展观"，加倍地反哺于大自然母亲，用更多的情与爱去呵护祖国的山河，与大自然融为一体，休戚与共，使我们的生活更加和谐、幸福、安康。